U0124446

权威·前沿·原创

皮书系列为
"十二五""十三五""十四五"时期国家重点出版物出版专项规划项目

BLUE BOOK

智 库 成 果 出 版 与 传 播 平 台

区块链蓝皮书
BLUE BOOK OF BLOCKCHAIN

中国区块链发展报告（2022）

ANNUAL REPORT ON BLOCKCHAIN DEVELOPMENT IN CHINA (2022)

主　编／姚　前

执行主编／朱烨东

社会科学文献出版社

SOCIAL SCIENCES ACADEMIC PRESS（CHINA）

图书在版编目（CIP）数据

中国区块链发展报告. 2022 / 姚前主编. --北京：
社会科学文献出版社，2022.8
（区块链蓝皮书）
ISBN 978-7-5228-0556-6

Ⅰ.①中… Ⅱ.①姚… Ⅲ.①区块链技术-研究报告
-中国-2022 Ⅳ.①F713.361.3

中国版本图书馆 CIP 数据核字（2022）第 152643 号

区块链蓝皮书
中国区块链发展报告（2022）

主　　编 / 姚　前
执行主编 / 朱烨东

出 版 人 / 王利民
责任编辑 / 高　雁
责任印制 / 王京美

出　　版 / 社会科学文献出版社·经济与管理分社（010）59367226
　　　　　地址：北京市北三环中路甲 29 号院华龙大厦　邮编：100029
　　　　　网址：www.ssap.com.cn
发　　行 / 社会科学文献出版社（010）59367028
印　　装 / 三河市东方印刷有限公司

规　　格 / 开　本：787mm×1092mm　1/16
　　　　　印　张：22　插页：0.5　字　数：321 千字
版　　次 / 2022 年 8 月第 1 版　2022 年 8 月第 1 次印刷
书　　号 / ISBN 978-7-5228-0556-6
定　　价 / 158.00 元

读者服务电话：4008918866

版权所有 翻印必究

《中国区块链发展报告（2022）》
编　委　会

主　　编　姚　前

执行主编　朱烨东

主　　审　杨　继

编　　委　（按姓氏拼音排序）

安　立	陈　昌	陈　超	陈鸿刚	陈敏聪
程　烨	丁　慧	董　宁	董坤朋	丰沛林
高玉翔	顾　冉	顾青山	侯　哲	胡　峰
胡志高	黄　云	黄婧祎	金　键	李　斌
李　鸣	李　宇	李梦尧	李朋乐	梁　威
鹿淑煜	罗　松	马　超	母强生	潘　妍
秦瑶瑶	冉　伟	苏　仟	孙　荣	孙　晔
佟　伟	王　惠	王　洋	王晨辉	王姣杰
魏长征	夏　凝	肖　伟	谢吉磊	徐少山
闫　莺	严　挺	杨大炯	杨梦琦	姚辉亚
余宇舟	袁立威	张　辉	张　亮	张　钰
张京辉	张小军	张新芳	赵　桐	种法辉
周怀珏	周永红	朱　立	朱　岩	朱培宇
左　春				

支持单位

国家工业信息安全发展研究中心

中国银行业协会

中国电子技术标准化研究院

中国质量认证中心

中国信息通信研究院工业互联网与物联网研究所

清华大学互联网产业研究院

清华大学智慧物流与供应链系统研究中心

北京区块链技术应用协会

北京微芯区块链与边缘计算研究院

华为技术有限公司

工银科技有限公司

牧融集团有限公司

中国移动通信有限公司

蚂蚁区块链科技（上海）有限公司

深圳前海微众银行股份有限公司

北京百度网讯科技有限公司

北京中科金财科技股份有限公司

中科软科技股份有限公司

深圳壹账通智能科技有限公司

北京猿链网络科技有限公司

北京众享比特科技有限公司

博雅正链（北京）科技有限公司

北京中招公信链信息技术有限公司

三未信安科技股份有限公司

纸贵（西安）科技有限公司

杭州煋辰数智科技有限公司

杭州复杂美科技有限公司

北京猎豹锦程信息科技有限公司

主要编撰者简介

姚　前　工学博士，教授级高级工程师，博士生导师，国务院参事室金融研究中心研究员，全国金融标准化技术委员会秘书长，中国证券监督管理委员会科技监管局局长。曾任中国证券登记结算有限责任公司党委副书记、总经理，中国人民银行科技司副司长、巡视员，中国人民银行数字货币研究所所长，中国人民银行征信中心副主任。中国人民银行金融研究所博士后科研流动站、中国人民银行征信中心博士后科研工作站学术委员会委员，中国电子学会区块链分委会主任委员，清华大学区块链技术联合研究中心学术委员会委员，上海新金融研究院学术委员，发表学术文章近150篇，著作8部，百余项专利发明人，多次获得银行科技发展奖一等奖等奖项。

朱烨东　北京大学经济学院金融硕士、北京大学政治经济学博士，清华大学五道口金融学院EMBA，北京中科金财科技股份有限公司董事长、创始人。北京区块链技术应用协会会长、中国上市公司十大创业领袖人物、中国软件和信息服务业十大领军人物、新三板企业家委员会首席区块链专家、2018中国区块链行业十大领军人物、2018中国新经济产业百人、2017年度中国金融科技最具影响力人物，《中国金融科技发展报告》《中国区块链发展报告》《中国资产证券化发展报告》执行主编，清华五道口全球创业领袖项目导师。

摘　要

2021 年以来，区块链面临新的发展机遇，主要表现在技术上的不断成熟和应用场景的不断丰富，特别是元宇宙的兴起和数字藏品的推行，使得区块链这一底层技术得到更多的发展机遇，同时也蕴藏着一定的风险与挑战。区块链的迅猛发展使互联网 3.0 进入了新的阶段，并作为一项独立的创新技术与虚拟币逐渐分离。

本报告分为总报告、政策与市场篇、技术创新篇、行业应用篇、经典应用案例、附录六个部分。总报告全面概述了区块链技术不断进步催生的互联网 3.0 发展阶段的主要特点、潜在的风险，同时对分布式基础设施建设、技术创新以及通用标准、税收规则和针对 DAO 的法律框架的设计等创新发展战略进行了分析和研判。第二，探讨了 2021 年区块链领域颁布的相关政策、产业整体发展情况、服务能力成熟度和区块链基础设施安全测试体系发展状况。第三，对 2021 年区块链技术发展的新动向进行了总结，2021 年是区块链技术向精细化方向发展的一年，主要表现在与其他技术，如边缘技术、隐私账本、联盟链等的融合发展上。第四，分析了区块链 2021 年落地的部分重要场景，主要包括政务、银行、工业、节能环保、数字藏品、联盟链、中小微企业融资、高等教育等。第五，分享了区块链技术应用案例，包括招标采购、密码应用、银行函证、数据要素流通和数字藏品等。此外，为了更全面地汇总 2021 年我国区块链行业发展的具体情况与细分领域，本报告还提供了区块链发展的大事记和产业地图。

关键词： 区块链　互联网 3.0　隐私计算　数字藏品　产业地图

目 录 ↖

I 总报告

B.1 Web 3.0：渐行渐近的新一代互联网 …………… 姚　前 / 001

    一　Web 3.0是用户与建设者拥有并信任的互联网基础

       设施 ……………………………………………………… / 002

    二　Web 3.0是安全可信的价值互联网 ……………………… / 005

    三　Web 3.0是用户与建设者共建共享的新型经济系统 …… / 007

    四　Web 3.0是立体的智能全息互联网 ……………………… / 008

    五　分布式账本技术与元宇宙经济系统 ……………………… / 010

    六　警惕元宇宙炒作风险 ……………………………………… / 012

    七　Web 3.0创新发展战略 …………………………………… / 013

II 政策与市场篇

B.2　2021年国内外区块链相关政策梳理与分析

    …………………………………… 梁　威　冉　伟　丰沛林 / 015

B.3　互联网3.0发展及研究 ……………… 黄婧祎　朱　岩　朱培宇 / 032

B.4 区块链服务能力成熟度标准化研究

　　………………………………… 李　鸣　王晨辉　谢吉磊 / 041

B.5 区块链基础设施安全测试体系构建

　　………………… 潘　妍　种法辉　佟　伟　杨梦琦　余宇舟 / 054

Ⅲ　技术创新篇

B.6 zkLedger++：一种增强型的可审计隐私保护账本 …… 朱　立 / 065

B.7 基于区块链的隐私协作平台建设及数据价值流转探索和实践

　　………………………… 魏长征　丁　慧　闫　莺　张　辉 / 089

B.8 区块链技术赋能文化产业数字化发展………… 肖　伟　黄　云 / 106

B.9 "区块链+"的多技术融合体赋能数据要素可信流转

　　………………………………………………………… 张小军 / 113

B.10 区块链与边缘计算应用研究 ………………… 张京辉　陈　超 / 128

B.11 基于联盟链平台的互操作与集成机制研究

　　………………………………………… 左　春　王　洋 / 138

B.12 基于区块链的个人信息可携带权实践

　　………………………… 姚辉亚　李　斌　高玉翔 / 148

B.13 zkEVM 基本原理 ………………………………… 朱　立 / 164

Ⅳ　行业应用篇

B.14 基于长安链提升数字服务效能的实践

　　…… 北京市政务服务管理局　北京微芯区块链与边缘计算研究院 / 182

B.15 基于区块链的数字函证基础设施实践应用

　　………………………… 博雅正链（北京）科技有限公司 / 191

B.16 工业互联网公共服务平台赋能供应链金融风控

　　………………………………… 王　惠　李　宇　王姣杰 / 201

B.17 基于区块链的"双碳"数据可信管理研究

.... 赵 桐 顾青山 安 立 徐少山 董 宁 / 206

B.18 基于区块链的数字藏品应用实践

.... 孙 荣 夏 凝 袁立威 陈敏聪 / 219

B.19 "星火·链网"骨干节点的应用场景探索与实践

.... 金 键 罗 松 马 超 张 钰 陈 昌 / 233

B.20 区块链技术在中小微企业融资中的应用实践

.... 牧融集团有限公司 / 242

B.21 区块链在高等教育管理领域的应用实践

.... 严 挺 李梦尧 胡 峰 杨大炯 陈鸿刚 / 255

V 经典应用案例

B.22 招标采购行业混合链模式的应用研究

.... 胡志高 张新芳 周怀珏 秦瑶瑶 / 270

B.23 区块链密码应用安全解决方案 .... 鹿淑煜 董坤朋 / 276

B.24 以区块链技术推动银行函证业务数字化转型探索与实践

.... 张 亮 周永红 侯 哲 母强生 李朋乐 / 281

B.25 隐私计算技术在数据要素流通领域的探索与实践

.... 顾 冉 程 烨 / 287

B.26 基于区块链技术的数字藏品赋能实体产业探究与实践

.... 杭州复杂美科技有限公司 / 293

VI 附 录

B.27 中国区块链发展大事记（2021） .... / 297

B.28 中国区块链产业图谱（2021） .... / 303

区块链蓝皮书

Abstract ……………………………………………………………………… / 305

Contents ……………………………………………………………………… / 307

皮书数据库阅读**使用指南**

总 报 告

General Report

B.1

Web 3.0：渐行渐近的新一代互联网

姚　前*

摘　要： 随着当前各类信息技术的迭代创新，互联网正呈现向 Web 3.0
演进的趋势。Web 3.0 以用户为中心，强调用户拥有（own）自
主权，利用分布式账本技术，构建分布式公钥基础设施（DPKI）
和一种全新的可信分布式身份管理系统。Web 3.0 是安全可信的
价值互联网，是用户与建设者共建共享的新型经济系统，也是立
体的智能全息互联网。分布式账本技术作为可信的端对端价值转
移技术，将成为元宇宙经济系统的基石。在 Web 3.0 的发展中，
要警惕产业泡沫、资本炒作和应用风险。Web 3.0 创新发展战略
包括分布式基础设施建设、治理良好的技术创新以及通用标准、
清晰公平的税收规则和针对 DAO 的法律框架的制定等。

关键词： Web 3.0　分布式账本　元宇宙　风险监管

---

* 作者系中国证监会科技监管局局长，本报告仅代表个人学术观点。

互联网是人类通信技术领域的重大革命，对人类社会产生了极其深远的影响。随着当前各类信息技术的迭代创新，互联网正呈现向下一代互联网演进的趋势。这一演进将引发新一轮的信息革命，进一步深刻改变人们的生活、工作以及社会的各个方面。1993年，美国克林顿政府出台"国家信息基础设施"战略计划，大力建设信息时代的"高速公路"，从而获得Web 1.0和Web 2.0的全球领导地位。互联网经过30年的迭代发展，如今正处在从Web 2.0向Web 3.0演进的重要时点。加强Web 3.0前瞻研究和战略预判，对我国未来互联网基础设施建设无疑具有重要意义。本报告拟结合国内外互联网发展实践和技术演变趋势，分析Web 3.0的可能形态并展开相关思考。

一　Web 3.0是用户与建设者拥有并信任的
互联网基础设施

科技创业者兼投资人克里斯·迪克森（Chris Dixon）把Web 3.0描述为一个建设者和用户的互联网，数字资产则是连接建设者和用户的纽带。加密研究机构Messari研究员江下（Eshita）则把Web 1.0到Web 2.0再到Web 3.0描述成为：Web 1.0为"可读"（read），Web 2.0为"可读+可写"（read+write），Web 3.0则是"可读+可写+拥有"（read+write+own）。

Web 1.0是早期的互联网，用户只能被动地浏览文本、图片以及简单的视频内容，是内容的消费者，互联网平台提供什么就看什么。在Web 2.0时代，用户不仅可读，而且可写，尤其是随着移动互联网以及YouTube、Facebook、Twitter等网络平台的发展，用户可以在平台上创造和传播属于自己的内容（包括文字、图片、视频等），并与其他用户进行交流互动。但无论是Web 1.0还是Web 2.0，用户的线上活动都十分依赖特定的互联网平台；即使在Web 2.0阶段，用户虽然可以是内容的生产者，规则依然是由互联网平台制定，用户缺乏自主权，主要表现在以下几个方面。

一是用户数字身份缺乏自主权。用户只有在互联网平台上开立了账户，才能获得参与相应线上活动的数字身份，一旦销户则失去了权限。每开一次户，用户都要反复填写个人信息。不同互联网平台一般会建立不同的账户体系，各账户体系规则也不尽相同，用户需要管理诸多账户和密码。不同账户体系相互独立，容易形成"孤岛"，不利于互联网生态发展，还会衍生出垄断、不正当竞争等问题。近年来，联邦化身份管理（Federated Identity Management，FIM）模式逐渐流行起来。虽然该模式减少了用户重复开户次数，为用户提供一定的身份自主体验感，但并没有从根本上消除互联网平台身份管理模式的弊端，数字身份仍捆绑在互联网平台的具体账户上。

二是用户对个人数据缺乏自主权。面对大型互联网平台，用户个体相对弱势。在"要么同意，要么不服务"的条约下，用户只能同意个人数据被采集甚至被过度采集。如今，互联网平台高度渗透到社会的方方面面，向用户提供通信、社交、网购、资讯、娱乐等各类服务。为了获取这些服务，用户不得不让渡数据主体权利。大量用户数据集中于互联网平台，一旦泄露，将对用户隐私造成极大损害，比如 Facebook 就发生过类似案例。一些互联网平台还可能滥用技术上的优势，引导和劝诱用户，在用户不知情的情况下收集和使用数据，并利用技术手段规避法律约束。

三是用户在算法面前缺乏自主权。算法是互联网平台的核心。通过"千人千面"的用户画像，可以形成独特的客户洞察，成为在网络经济中制胜的法宝。近年来，算法滥用、算法作恶等问题日益突出。比如，一些平台利用大数据"杀熟"，同样的商品或服务，老客户获取的价格反而比新客户贵；只推荐能带来潜在商业利益的产品甚至假冒伪劣产品，而不是对用户来说最适合、最恰当的东西；滥用人性弱点，过度激发、劝服、诱导用户消费，使人习惯于"被喂养"，不自觉地对算法投放的产品沉迷上瘾；算法的具体原理和参数只有运营企业的少部分人知道，容易引发利益侵占问题；一些平台甚至利用算法作恶，推送低级庸俗的内容或耸人听闻的虚假信息以扩大流量。

相比之下，Web 3.0 以用户为中心，强调用户拥有自主权。

一是用户自主管理身份（Self-Sovereign Identity，SSI）。Web 3.0 以用户

为中心，强调用户拥有自主权。用户无须在互联网平台上开户，而是通过公私钥的签名与验签机制相互识别身份。加密密钥公开，是为公钥；解密密钥由个人秘密持有并维护其机密性，是为私钥。私钥持有者可以通过私钥给自己发出的信息签名，任何获得对应公钥的人均可经由公钥对其进行验签。只要通过验签，即可证明数字身份。为了在没有互联网平台账户的条件下可信地验证身份，Web 3.0 可利用分布式账本技术，构建一个分布式公钥基础设施（Distributed Public Key Infrastructure，DPKI）和一种全新的可信分布式身份管理系统。分布式账本是一个严防篡改的可信计算范式，在这一可信机器上，发证方、持证方和验证方之间可以端到端地传递信任。这一方式不仅破除了对互联网平台的依赖，而且基于分布式账本的分布式自主管理身份还具有极大的开放性和包容性。发证方不局限于某特定机构，只要是能提供可验证身份信息的任何一方，都可以成为发证方，而且不仅可证明"我"是"谁"，还可证明任何有关"我"的信息，如属性特征、行为特征，甚至包括涉及"我"的任何发生过的事件，从而衍生出更丰富的应用场景，如数字资产流转、分布式金融、物联网等。需要注意的是，基于分布式账本的分布式自主管理身份体系并不排斥传统的基于中心化机构的身份管理模式。政府或其他权威机构可以作为分布式网络的重要节点，在自主管理身份体系的框架下，为各方提供可验证证书服务，如实名认证服务，从而为分布式网络空间治理与监管奠定基础。只有政府和相关机构参与治理，分布式网络才不会沦为暗网、非法交易网络和洗钱的"天堂"。

二是赋予用户真正的数据自主权。Web 3.0 不仅赋予用户自主管理身份的权利，而且打破了中心化模式下数据控制者对数据的天然垄断。分布式账本技术提供了一种全新的自主可控数据隐私保护方案。用户数据经密码算法保护后在分布式账本上存储。身份信息与谁共享、做何种用途均由用户决定，只有经用户签名授权的个人数据才能被合法使用。通过数据的全生命周期确权，数据主体的知情同意权、访问权、拒绝权、可携权、删除权（被遗忘权）、更正权、持续控制权得到真正的保障。

三是提升用户在算法面前的自主权。智能合约是分布式账本上可以被调用的、功能完善、灵活可控的程序，具有透明可信、自动执行、强制履约的优点。当它被部署到分布式账本上时，程序的代码就是公开透明的。用户对可能存在的算法滥用、算法偏见及算法风险均可随时进行检查和验证。智能合约无法被篡改，一定会按照预先定义的逻辑去执行，产生预期中的结果。契约的执行情况将被记录下来，全程监测，算法可审计，可为用户质询和申诉提供有力证据。智能合约不依赖特定中心，任何用户均可发起和部署，其天然的开放性和开源性可以极大地增强终端用户对算法的掌控能力。

四是建立全新的信任与协作关系。在 Web 1.0 和 Web 2.0 时代，用户对互联网平台信任不足。20 年来，爱德曼国际公关公司（Edelman Public Relations Worldwide）一直在衡量公众对机构（包括大型商业平台）的信任。2020 年的调查结果发现，大部分商业平台都不能站在公众利益的立场上考虑自身的发展，难以获得公众的信任。而 Web 3.0 不是集中式的，没有单一的平台可以控制，任何一种服务都有多家提供者。平台通过分布式协议连起来，用户只要花费极小的成本就可以从一个提供商转移到另一个提供商。用户与建设者平权，不存在谁控制谁的问题，这是 Web 3.0 的显著优势。

二　Web 3.0是安全可信的价值互联网

在计算机世界，电子信息很容易被复制和修改。若没有可信机制，由电子信息承载和传送的价值（value）很容易被随意复制和篡改，引发价值伪造与"双花"问题。Web 1.0 和 Web 2.0 仅是信息网络，虽然可以传播文字、图片、声音、视频等信息，但缺乏安全可信的价值传递技术支撑，因此无法像发邮件、发短信一样点对点发送价值（比如数字现金），只能依赖可信机构的账户系统，开展价值的登记、流转、清算与结算。分布式账本的出现则创造了一种高度安全可信的价值传递技术。它以密码学技术为基础，通过分布式共识机制，完整、不可篡改地记录价值转移（交易）的全过程。其核心优势是不需要依赖中介机构即可实现价值的点对点传递，使互联网由 Web 1.0 和 Web 2.0 的信息互联网向更高阶的安全可信的价值互联网 Web

3.0 转变。

在 Web 3.0 登记和传递的价值可以是数字货币，也可以是数字资产。分布式账本技术为数字资产提供了独一无二的权益证明。哈希算法辅以时间戳生成的序列号保障了数字资产的唯一性，使其难以复制。一人记录、多人监督复核的分布式共识算法杜绝了在没有可信中间人的情况下数字资产造假和"双花"的问题。数字资产还能做到不可分割，如 NFT，可以完整状态存在、拥有和转移。

除了链上原生的数字资产，数字资产还可来自链下实物资产，如一幅画、一幢房子。如何保障链上数字资产和链下实物资产的价值映射是关键。可考虑通过射频识别标签（RFID）、传感器、二维码等数据识别传感技术以及全球定位系统，实现物与物相连，组成物联网（Internet of Things，IoT），与互联网、移动网络构成"天地物人"一体化信息网络，实现数据自动采集，从源头上降低虚假数据上链的可能性。

Web 3.0 一方面能够实现用户侧自主管理身份，另一方面也可实现网络资源侧的自主管理地址，真正做到端到端访问过程的去中心化。传统互联网作为全球化开放网络，其资源访问依赖中心化管理的域名系统（Domain Name System，DNS）。DNS 作为互联网最根本的基础设施，虽然从 IPv4 到 IPv6 进行了系统扩充和优化，但仍有可能被操控。Web 3.0 作为全新的去中心化的价值互联网，需要全新的去中心化的 DNS 根域名治理体系。这在技术上可以通过分布式账本实现，即资源发布方自主注册和管理域名，用户自主查询和解析域名。不仅可以支持传统互联网信息资源，还可以对更广泛意义的数字资产资源、数字实体、区块链等进行命名和解析，从而使智能合约以更为方便和可读的方式操作数字资产，使 Web 3.0 可以更好地实现数字空间与现实空间的互动。

举例来说，以太坊域名服务（Ethereum Name Service，ENS）就是一种 Web 3.0 域名服务。它是一个基于以太坊区块链的分布式、开放和可扩展的命名系统。ENS 的工作是将可读的域名（如"alice. eth"）解析为计算机可以识别的标识符，如以太坊地址、内容的散列、元数据等。ENS 还支持

"反向解析"，使得将元数据（如规范化域名或接口描述）与以太坊地址相关联成为可能。与 DNS 一样，ENS 是一个层次结构的域名系统，不同层次域名之间以点作为分隔符，我们把层次的名称叫作域，一个域的所有者能够完全控制其子域。顶级域名（如".eth"和".test"）的所有者是一种名为"注册中心"（registrar）的智能合约，该合约指定了控制子域名分配的规则。任何人都可以按照这些合约规定的规则获得一个域名的所有权并为自己所用，同时可以根据需要为自己或他人配置子域名。

三　Web 3.0是用户与建设者共建共享的新型经济系统

互联网经济的典型特征是流量为王——用户越多，价值越高。最简单的用户价值变现方式是广告。直到现在，广告依然是互联网产业收入的重要源头。互联网平台还可利用大数据分析技术，从海量的用户数据中挖掘用户的特征、习惯、需求和偏好，借此开展精准营销和智能推荐，或者将相关数据分析产品卖给第三方从中获益。在 Web 1.0 和 Web 2.0 时代，用户虽然可以免费使用服务，且在早期引流时还会得到优惠券和消费红包之类的福利，但用户作为互联网价值的源泉却享受不到互联网的价值收益。由生态沉淀出的用户数据也被互联网平台占有，用户作为生态的重要参与者和贡献者无法从中获益。

Web 3.0 将重构互联网经济的组织形式和商业模式。Web 1.0 和 Web 2.0 以互联网平台为核心，由互联网平台组织开展信息生产与收集，通过平台连接产生网络效应，降低生产者与消费者之间的搜寻成本，优化供需匹配，因此被称为平台经济。而 Web 3.0 利用分布式账本技术，构建了一个激励相容的开放式环境，我们称之为去中心化自治组织（Decentralized Autonomous Organization，DAO）。在这样的环境中，众多互不相识的个体自愿参与"无组织"的分布式协同作业，像传统企业一样投资、运营、管理项目，并共同拥有权益（stake）和资产。项目决策依靠民主治理，由参与者共同投票决定，决策后的事项采用智能合约自动执行。DAO 是一种"无组

织形态的组织力量"，没有董事会，没有公司章程，没有森严的上下级制度，没有中心化的管理者，去中介化，点对点平权。用户共创共建、共享共治，既是网络的参与者和建设者，也是网络的投资者、拥有者以及价值分享者。

在 Web 3.0 时代，开发者可以创建任意的基于共识的、可扩展的、标准化的、图灵完备的、易于开发的和协同的应用，任何人都可在智能合约中设立他们自由定义的所有权规则和交易方式，以此发展出各类分布式商业应用，从而构建新型的可编程金融、可编程经济。一个智能合约可能就是一种商业模式，它可以具有无限的想象空间，用户将共同分享各类可编程商业项目发展壮大带来的利益。

如前所述，Web 3.0 还赋予了用户真正的数据自主权。个人信息将成为用户自主掌控的数据资产。用户可以在数据流转和交易中真正获益，使自己的数据不再是互联网平台的免费资源。

四　Web 3.0是立体的智能全息互联网

超文本（Hyper Text）和网页浏览器（Web Browser）是 Web 1.0 和 Web 2.0 的关键技术。万维网（World Wide Web，WWW）服务器通过超文本标记语言（Hyper Text Markup Language，HTML）把信息组织成为图文并茂的超文本。WWW 浏览器和服务器之间使用超文本传输协议（Hyper Text Transfer Protocol，HTTP）传送各种超文本页面和数据。WWW 浏览器在其图形用户界面（Graphical User Interface，GUI）上以一种易读的方式把 HTML 文件显示出来。由此，用户可以在界面上读取或浏览 HTML 文件，并且可以利用 HTML 文件附加的超文本链接标记，从一台计算机上的一个 HTML 文件跳转到网络上另一台计算机上的一个 HTML 文件。通过超文本技术连接起来的无数信息网站和网页的集合即是万维网。万维网使全世界的人可以史无前例地跨越地域限制相互连接，通过互联网搜索信息、浏览信息、传送信息、分享信息。但人们并不满足于此，随着信息技术的迅猛发展，新一代互联网将更加智能。

目前的信息互联网是通过标准机器语言把信息组织起来，虽然在浏览器界面上以人类自然语言展示，但底层仍是机器语言，浏览器并不理解网页内容的真正含义。新一代互联网不仅能够组合信息，而且还能像人类一样能读懂信息，并以类似人类的方式进行自主学习和知识推理，从而为人类提供更加准确可靠的信息，使人与互联网的交互更加自动化、智能化和人性化。万维网发明者蒂姆·伯纳斯－李（Tim Berners-Lee）1998 年提出语义网（Semantic Web）概念。语义网就是能够根据语义进行判断的智能网络，被认为是 Web 3.0 的特征之一。在万维网联盟（W3C）国际组织的推动下，语义网的体系结构和技术标准正在建设中，如 RDF/RDFS、OWL、SPARQL 等。

Web 3.0 不仅是智能互联网，而且是立体全息互联网，为用户提供前所未有的交互性以及高度的沉浸感和参与感，也就是当前人们热议的元宇宙（Metaverse）。人们可以把元宇宙想象为一个实体互联网，在那里，人们不只是看客，而是置身其中的演员。获得这样高度的真实性与沉浸感，需要多种先进技术的支撑。

一是虚拟现实技术。为了给用户提供更加逼真、更加沉浸、更多感官的虚拟现实体验，元宇宙需要包括沉浸式 AR/VR 终端、脑机接口、触觉手套、触觉紧身衣等先进设备，以及虚拟化身（Avatar）、动作捕捉、手势识别、空间感知、数字孪生等相关技术。就像电影《头号玩家》一样，玩家头戴 VR 设备，脚踩可移动基座后进入虚拟世界。在虚拟世界，每个动作都与真人的体感动作如出一辙，除了视觉和听觉外，玩家在虚拟世界中感受到的触觉甚至也可以通过特殊材料的衣服真实传导给本人。相比之下，Web 1.0 和 Web 2.0 仅能传递视觉和听觉。

二是 5G、边缘计算、云计算、AI、图像渲染等技术。为了传达同现实一样的交互感受，Web 3.0 需要先进的高带宽网络通信技术，以便使各种终端能随时随地、低延迟地接入网络。比如，利用图像渲染和 AI 技术，可增强用户在虚拟世界的实时拟真度，消除失真感；云计算可为用户提供顺畅无

阻、即时反馈、稳定持久及虚拟共享的大规模交互与共享体验。

三是芯片。要支持海量的数据计算和传输，Web 3.0需要极强的算力支持，而强大的算力则离不开高性能的芯片。

五　分布式账本技术与元宇宙经济系统

除了极致的沉浸式体验和虚实交互，完整独立的分布式经济系统被广泛认为是元宇宙的核心要素之一。同现实世界一样，元宇宙具有自己的经济系统。这是不依赖特定中心的创造者经济。用户在元宇宙中创建、投资、拥有、租赁、出售或购买虚拟服务和商品。用户不仅可进行社交、游戏、娱乐，还可生产和消费。经济系统是驱动元宇宙不断前进和发展的引擎。经济激励不断驱动用户在虚拟世界生产内容，创造价值，并获得回报，从而使元宇宙更加繁荣。元宇宙的资产亦可以来自线下。现实资产通过数字化，转化为元宇宙的数字资产，在虚拟世界与真实世界中转化和流通。许多人认为，分布式账本技术作为可信的端对端价值转移技术，将成为元宇宙经济系统的基石。

一是分布式账本技术将成为元宇宙价值功能实现的载体。元宇宙脱胎于现实世界，又与现实世界平行。因此，在理想状态下，元宇宙的价值登记和转移应完全独立于现实世界。有人认为，在去中心化条件下，分布式账本技术作为可信的价值转移技术，将成为元宇宙经济系统的核心。分布式账本不仅是一种全新的信息网络架构，而且创造了一种去中心化的不依赖任何方的清结算平台，可支撑元宇宙数字资产的确权和"点对点"流转。因此，2021年元宇宙概念翻红还引发了区块链行业的"狂欢"。区块链领域的人认为元宇宙是一大利好，理由很简单，想要在虚拟现实里搭建经济系统，就需要利用分布式账本技术建立公信力。很多人认为，新世界将超越互不相连概率下的马尔可夫链，将历史和未来、信任和真理的问题扩展到区块链。

二是数字货币将成为元宇宙中的流通货币。如果分布式账本技术成为元宇宙经济系统的核心，那么自然而然，元宇宙可以"移植"目前所有基于分布式账本的新型货币金融模式，如数字货币、DeFi。在元宇宙可发行统一的去中心化数字货币，人们可以使用数字货币在平台内消费，也可以通过一定汇率兑换现实货币。从比特币的案例来看，完全虚拟的数字货币很难成为真正的通用货币，考虑到元宇宙与现实世界的高交互性，未来元宇宙的流通货币很可能是像 Facebook 的数字货币 Libra 这样的稳定代币。Facebook 从 2016 年开始重金投入 AR/VR 业务，2017 年推出 AI 框架 PyTorch（目前已成为流行框架），2019 年提出数字货币项目 Libra，2021 年则大谈元宇宙概念。我们可以从中看出它的战略考量及布局，并预计未来元宇宙的货币形态很可能是锚定现实法币的稳定代币。元宇宙将为各类基于智能合约的去中心化金融产品（DeFi）提供生动的应用场景，用户可以随时随地开展数字货币存贷、资产交易、保证金交易、金融衍生品交易、保险等 DeFi 活动。DeFi 和传统金融领域一样，参与者包括资金供给者、需求者以及金融机构。在 DeFi 中，这些参与者均体现为分布式账本内的地址和智能合约，而智能合约也有地址。因此，可以将 DeFi 简单理解为具备数字身份的金融市场参与者，利用智能合约这种特殊的金融协议，在分布式账本这种新型金融基础设施的支撑下，进行的纯线上的、数字化的金融活动。通过"稳定代币+DeFi"，元宇宙将创造出完全不同于现有金融体系的金融模式。

三是非同质化通证将成为元宇宙中的权益证明。非同质化通证（NFT）是目前与元宇宙捆绑炒作最热的概念。非同质化体现在 Token 的不可分割，即只能以完整状态存在、拥有和转移，并且不可替代，即独一无二、不能复制、具有唯一性。NFT 通常包括一个元数据（metadata）包，里面有这枚 NFT 的名称、描述、底层资产信息（如数字媒体签名、原始媒体文件存储地址或者链下资产指向等信息），以凸显唯一性。多数专家认为，分布式账本的 NFT 标准可为元宇宙的用户提供数字资产的权益证明，让资产的转移不受外在载体和中介的约束，构建了一个环环相扣的可信支付清算路径，能够支持实时到账，安全可信、成本更低。未

来，NFT 将成为元宇宙的价值承载物，使虚拟物品资产化，从而实现元宇宙数字内容的价值流转。

六　警惕元宇宙炒作风险

元宇宙是一个极为宏大的概念，它为我们描绘了一个前所未有的立体互联网虚拟空间。但如前述所言，它的实现需要各种先进技术的支撑，如虚拟现实、5G、人工智能、云计算等，甚至只有这些前沿技术实现量级以上的突破，元宇宙才有可能真正落地。在技术发展初期，要特别警惕和防止泡沫炒作，避免出现万物皆可"元宇宙"的无序生态。

一是警惕产业泡沫。在前几年出现的虚拟现实（VR）热潮中，"Metaverse"就被不断提起，当时国内翻译为"超元域"，并引发了一波创业热潮。然而，该行业在 2017 年至 2018 年进入了惨淡期，不少初创企业倒闭，时至今日 VR 仍不是广泛应用的成熟产品。此次元宇宙概念翻红，势必为包括 VR 在内的许多行业提供新的炒作热点，然而这些产业的进步并不是简单的数字加减，涉及芯片的升级、能源的支撑、算力的提升、基础网络的全面升级，不是一朝一夕可以实现的。

二是警惕资本炒作。游戏公司 Roblox 率先尝到元宇宙第一股概念的甜头，许多公司也开始向这一概念靠拢，包括中青宝、汤姆猫等在内的诸多国内上市公司公开表示已具备元宇宙产品开发的用户基础，积极探索元宇宙产品开发的技术储备，股价一度大涨。此外，NFT 市场存在高度投机的问题，如 Uniswap 平台的一双袜子 NFT 被拍出 15 万美元；推特创始人最早发出的五个单词 NFT 拍出 250 万美元；敦煌飞天 NFT 最高被炒到 150 万元一个；某币圈"大佬"宣称以 1050 万美元拍得 NFT 头像。元宇宙概念翻红为 NFT 炒作提供了新的噱头，可能进一步吹大 NFT 泡沫。

三是警惕应用风险。元宇宙涉及的新技术应用，势必会带来很多新型风险。比如，在底层技术方面，区块链技术应用可能存在共识机制漏洞、智能合约困境、密钥丢失危机、跨链技术瓶颈等风险；在用户使用方面，可能存在全网传播造成冗余、链前数据难以保真、隐私泄露、信息安全、技术滥用、匿名交易难以追责、秩序重构引发混乱等风险。同时，面对全新的平行未知世界，伦理风险也是需要关注的风险之一。

七　Web 3.0创新发展战略

Web 3.0有望大幅改进现有的互联网生态系统，有效解决Web 2.0时代存在的垄断、隐私保护缺失、算法作恶等问题，使互联网更加开放、普惠和安全，向更高阶的可信互联网、价值互联网、智能互联网、全息互联网创新演进。作为公共基础设施，Web 3.0的建设不仅需要发挥私人部门的创新精神，通过大众创新，竞争择优，更需要国家顶层设计以及宽严相济的治理框架给予规范和引导。

一是建设高质量的分布式基础设施。不少行业人士将Web 3.0称为"寒武纪创新爆炸"。但目前很多技术要素与基础设施仍然不完善，如开发工具、技术标准、商业模式、分布式身份管理等均处于初期阶段。建议加大芯片、密码学、物联网等相关技术研发投入，合理进行产业布局，在此基础上建设权属清晰、职责明确、安全可控、利用高效的数据托管新型基础设施。

二是推动治理良好的技术创新。通过创新试点机制，为新型的可编程经济和可编程金融创新提供"安全"创新空间，降低创新成本和政策风险。在试点过程中，不断改进完善监管重点、工具、手段、规则和制度安排，找到创新与安全的新平衡点，最终建立契合Web 3.0技术创新和行业发展特点的监管框架。探索构建以用户为切入点、以建设者为核心、以智能合约为重点的新型监管框架，加强反洗钱和反恐怖融资。加强Web 3.0网络治理，维护国家数字主权，避免分布式网络沦为暗网、非法交易网络和洗钱的"天堂"。

三是建立通用标准，增进互操作性。TCP/IP、HTTP、SMTP、TLS/SSL作为Web 2.0的标准协议，是目前互联网开放协作的基础。与此类似，

Web 3.0同样需要建立通用标准，避免各分布式网络成为新的"孤岛"。政府应为标准制定提供支持，在行业标准、国家标准、国际标准制定中发挥积极作用。

四是建立清晰、公平的税收规则。加强数字税理论研究和实践探索，密切跟踪数字税国际改革进展，积极参与国际税收规则制定，结合我国数字经济发展实际建立规范、公平、科学、合理的数字税制度。

五是建立针对 DAO 的法律框架。DAO 是无组织形态的"组织"，是 Web 3.0 的新型经济协作机制。建议在国家层面针对 DAO 建立一个明确的法律框架，使其履行普通企业的法律义务和权利，如申报、纳税、开设银行账户、签署法律协议等，从而充分扩展分布式经济的合规创新空间。

政策与市场篇
Policy and Market Reports

B.2

2021年国内外区块链相关政策梳理与分析

梁 威 冉 伟 丰沛林*

摘　要： 随着区块链加速融入社会与经济发展的各个领域，其应用价值不断得到凸显，相关风险也日益受到重视。在此背景下，各国政府部门在2021年持续出台相关政策，以跟上变革步伐。这些政策涵盖区块链产业应用、加密货币监管、央行数字货币发行三大主题。在政策推动下，各国在区块链产业生态构建，区块链基础设施打造，区块链热点应用领域，以及应用成果等方面形成了不同的传导效应。由多维度的国内外对比分析可见，中国已经建立起全球最系统、最完善的区块链政策环境。与此同时，区块链技术与产业格局仍处于快速变化之中，国内区块链政策将随之不断做出调整和优化。

关键词： 区块链　元宇宙　新基建　数字经济　产业政策

---

* 梁威，北京区块链技术应用协会；冉伟，北京猎豹锦程信息科技有限公司；丰沛林，北京区块链技术应用协会。

一 2021年国内外区块链政策要点

对于区块链这样一项重要的新兴技术，各国都高度关注，并制定了相应的顶层战略及产业政策，以推动区块链技术的开发与应用，促进社会经济各部门的数字化转型，并借此建立起在该技术领域的全球竞争力。

从过去几年，特别是从2021年的情况来看，各国区块链政策主要涵盖三大核心主题：产业应用、加密货币监管以及央行数字货币发行。

（一）产业应用

2021年，以中国、美国、欧盟和印度为代表的国家/地区不断加速推进区块链技术在各产业的应用。

1.中国

据不完全统计，2021年，由中央、各部委及各省市地方政府发布的区块链相关政策超过1100项，较上年度大幅增长。

从行业应用角度看，2021年度政策涵盖了区块链应用涉及的所有行业、领域与场景。与上年度相比，特别值得关注的是，与政务、司法、工业互联网、交通、知识产权、信息安全、乡村振兴等相关的区块链政策密集出台。

从地方政策角度看，目前有29个省份将区块链技术纳入其"十四五"规划。其中，广东、山东、北京、江苏、上海、浙江等发布的区块链政策较为集中，一定程度上表明这些地区整体经济发展与区块链产业处于领先地位。

总体来看，区块链技术在2016年被纳入"十三五"规划，2019年上升为国家战略，2020年被纳入"新基建"范畴，2021年被纳入"十四五"规划，加之相关部门、各地方政府密集推出促进区块链发展的规划、政策与行动，区块链技术发展的政策环境持续优化，并日趋完善。

2.美国

2021年美国国会共提出35项与区块链相关的法案，涉及加密货币监管、区块链应用开发和央行数字货币（CBDC）三大领域。[①] 首先大部分法案指向了加密货币监管，主要涉及美国证券交易委员会（SEC）等监管机构；其次是区块链与分布式账本技术方面的法案，旨在促进美国政府机构及其他经济部门更广泛地采用该技术；最后是加大 CBDC 的探索力度，以应对稳定币等加密货币对美元世界储备货币地位的潜在威胁。

美国全国州议会会议（NCSL）的数据显示，2021 年美国 17 个州出台了与区块链相关的 34 项立法，主要涉及区块链技术在身份验证、政务记录、投票选举、商业交易、供应链管理、数字资产监管等方面的应用场景监管。[②]

值得关注的是，在与区块链及其他前沿技术相关的多项法案中，美国都体现出了应对中国竞争并建立或保持其在相关技术领域全球领导力的姿态。

3. 欧盟

总体来看，欧盟主要围绕泛欧洲区块链平台建设进行战略布局，并进行相应的政策引导和资金支持。

2018 年以来，29 个欧洲国家（含所有欧盟成员国、挪威和列支敦士登）与欧盟委员会联合组成了欧洲区块链伙伴关系（European Blockchain Partnership，EBP），致力于构建欧洲区块链服务基础设施（European Blockchain Services Infrastructure，EBSI），以打造泛欧洲公共服务区块链，并为基于区块链的应用程序构建法律和监管框架，为大型研究和创新计划提供资助。按计划，EBSI 将建成 36 个分布式区块链节点，由 EBP 框架下的成员国主管部门在国家层面运营，已上线 25 个节点。

EBSI 前期的工作重点在于实现相关可验证凭证（如公民身份、教育证书、企业注册文件、税务数据）在欧洲地区的跨境认可和使用。2021 年，欧盟委员会公布了一项通过欧洲数字身份钱包在欧洲创建统一数字身份识

[①] Forbes, "In 2021, Congress Introduced 35 Bills Focused On US Crypto Policy," https：//www.forbes.com/sites/jasonbrett/2021/12/27/in-2021-congress-has-introduced-35-bills-focused-on-us-crypto-policy/.

[②] National Conference of State Legislatures, "Cryptocurrency 2021 Legislation," https：//www.ncsl.org/research/financial-services-and-commerce/cryptocurrency-2021-legislation.aspx.

别系统的提案。2021年底，EBSI发布了第一个生产就绪版本，并对入选的22个项目进行孵化，以帮助首批EBSI用户及其合作伙伴开发和启动试点应用。

在政策方面，欧盟委员会希望避免欧盟国家法律和监管的碎片化，正在数字资产（代币化）和智能合约领域开发相关的法律框架，在支持区块链技术创新的同时，保护消费者权益，并为企业提供法律上的确定性。

欧盟一直通过各平台为区块链技术的开发与应用提供资金来源。2016~2019年，欧盟通过"地平线2020"（Horizon 2020）计划为区块链研究和创新提供了1.8亿欧元的支持。2020年10月，欧洲投资基金（EIF）宣布了一项7亿欧元的投资计划，将在2021年至2027年对欧盟国家在人工智能与区块链领域的创业活动提供风险资本支持。此外，连接欧洲基金（CEF）也为EBSI的部署提供了持续资助。

4. 印度

2021年12月，印度电子信息技术部（MeitY）发布了区块链国家战略，旨在建立基于区块链的可信数字平台，为居民及企业提供透明、安全和可信的数字服务，同时确保印度成为区块链技术的全球领导者。

印度的区块链战略提出了相应的五年路线图，包括推出国家区块链框架（National Blockchain Framework，NBF）和分布式区块链即服务托管基础设施搭建，以启动一系列区块链用例。这些用例初期将专注于电子政务，并将逐步扩展到政务应用之外的更广泛的超过40个应用场景。

5. 其他国家

2021年，除了上述国家和地区，在区块链领域同样处于领先地位的韩国、日本、新加坡、英国、德国、阿联酋等国家基本上延续了其之前的政策路径。

此外，值得关注的是，乌兹别克斯坦、塔吉克斯坦、利比里亚、桑给巴尔、图瓦卢、萨尔瓦多、直布罗陀等国家和地区2021年也开始进行基于区块链的"数字政府"顶层设计，以此推动区块链基础设施的搭建工作，并逐步拓展区块链在政务、金融及各产业的应用。

（二）加密货币监管

从比特币、以太坊、瑞波币等原生加密货币，到 USDT、BUSD、USDC 等稳定币，在过去 10 余年间，一个庞大的"加密货币家族"已经形成，并不断对传统金融市场造成冲击。这种冲击反过来又推动了各国政府部门持续调整监管思路、政策与手段，力求达到有效监管与促进创新之间的平衡。

2021 年 11 月，美国国会法律图书馆发布了一份全球加密货币监管研究报告，并对其在 2018 年发布的报告进行了更新。该报告主要从两个层面展开研究：一是加密货币的法律地位，即某个国家是否绝对禁止或隐性禁止加密货币；二是加密货币的监管框架，特别是税法，以及反洗钱与反资助恐怖主义（AML/CFT）法规对加密货币的适用情况。

报告数据显示，自 2018 年以来，发布加密货币禁令的国家数量呈大幅增长趋势。在 2018 年报告中，发布绝对禁令和隐性禁令的司法管辖区分别为 8 个和 15 个。到了 2021 年，发布绝对禁令的司法管辖区有 9 个，发布隐性禁令的司法管辖区则增长到 42 个。发布绝对禁令的司法管辖区包括阿尔及利亚、孟加拉国、中国、埃及、伊拉克、摩洛哥、尼泊尔、卡塔尔和突尼斯。

同时，根据该报告，在监管框架中分别适用税法、AML/CFT 法规，或同时适用这两类法规的司法管辖区由 2018 年的 33 个急剧增长到了 2021 年的 103 个。

通过上述两组数据，并结合相关国家的监管政策，可以发现：一方面，各国政府部门对加密货币在货币主权、网络安全、市场波动、消费者保护、犯罪媒介、金融稳定性等方面的风险和威胁已经形成大体上的共识；另一方面，各国在加密货币监管的总体态度、法律适用、监管主体、监管方式、宽严程度等方面仍存在高度差异。总体而言，加密货币监管具有高度的复杂性，将成为数字化时代各国监管部门需要长期应对的一项重要挑战。

此外，从加密货币当前的演进方向来看，特别是随着加密货币被用于更多类型的流通、投资和交易活动，以及 NFT、DeFi 模式的兴起，监管部门

需要建立起更广泛的监管视野和更有效的政策应对，而不是仅聚焦于前述的税法与AML/CFT法规。国际货币基金组织（IMF）在2021年10月发布的《全球金融稳定报告》中对此做出了相关评述："目前，针对加密资产的标准大多局限于洗钱活动和有关银行风险敞口的提议。然而，其他国际标准（如证券监管，以及支付、清算和结算等领域）也可能适用，需要予以关注。"

在全球主要经济体中，中国对加密货币的监管展现了最为明确、果断的态度和实施了最为稳定、有力的措施。2021年，中国延续了对加密货币的严格监管趋势，并在监管政策方面做了进一步完善和升级。其中，最重要的两个文件是9月初由国家发展改革委等11部门联合印发的《关于整治虚拟货币"挖矿"活动的通知》，以及9月中旬由中国人民银行等10部门联合印发的《关于进一步防范和处置虚拟货币交易炒作风险的通知》。

随着新政策的实施，国内与虚拟货币相关的挖矿、投资和交易等活动基本被禁止。根据剑桥大学比特币电力消耗指数（CBECI）的监测数据，在中国加大对虚拟货币"挖矿"的整治力度后，全球比特币挖矿市场算力（哈希率）的份额发生了立竿见影的变化：2019年9月，中国比特币挖矿算力的全球占比高达75.5%，而到了2021年9月，算力份额已经归零。①

（三）央行数字货币发行

作为一个新兴而重要的区块链应用领域，各国央行对央行数字货币（CBDC）的重视程度日益提升，并通过持续的政策探索与实践行动推进CBDC的开发与应用。从长远来看，这些新的政策和行动将推动全球金融体系开启一场前所未有的数字化变革。

根据国际清算银行2022年5月发布的央行数字货币调查报告（该项调查于2021年秋季开展，涵盖81家央行），2021年从事CBDC开发的央行比例由上年度的86%上升至90%。其中，26%的CBDC项目已进入开发或试点

---

① https：//ccaf.io/cbeci/mining_ map.

阶段，远高于上年度的 14%。同时，68% 的央行表示可能会在短期（1~3 年）或中期（1~6 年）内发行零售型 CBDC。上述数据表明，全球央行对 CBDC 的开发与应用已经显著提速。

从开发动因来看，各国的 CBDC 计划主要基于金融稳定性、货币政策实施、金融包容性、国内支付效率、跨境支付效率，以及支付安全性这六大因素的考量。在过去几年中，上述因素对于新兴市场和发展中经济体的重要程度总体都超过发达经济体。换句话说，在 CBDC 开发领域，新兴市场和发展中经济体相较发达经济体有着更为强烈的驱动力。

在众多国家加速 CBDC 开发进程的同时，美国和欧盟相对缓慢的政策实践印证了上述判断。在过去几年中，美国一直未就是否进行 CBDC 的开发做出决策。其最新动向是，美国于 2022 年 3 月发布了《关于确保数字资产负责任发展的行政命令》，该文件授权相关部门进行为期 180 天的 CBDC 研究，为下一步是否进行 CBDC 开发提供决策支持；欧盟 2021 年 10 月在欧元区国家启动了数字欧元（Digital Euro）的讨论和调查。该项调查将持续到 2023 年 10 月，欧盟将基于调查结果决定是否开始开发数字欧元。

不过，当前尚难以通过各国 CBDC 开发的快慢与缓急对其未来 CBDC 项目的实际实施效果进行评判。

此外，值得关注的是，稳定币与加密货币的兴起对各国央行投入 CBDC 开发形成了不可忽视的刺激作用。在国际清算银行的调查中，约 60% 的央行表示，加快 CBDC 开发的原因之一是由于稳定币与其他加密货币的快速发展。从某种意义上看，这非常鲜明地体现了监管部门在面对新技术带来的新冲击时，以创新的姿态采取的应对措施。

就中国来说，政府部门一方面延续和强化对加密货币的严格监管趋势，另一方面就 CBDC 保持了稳健、灵敏而快速的开发步伐。自 2014 年中国人民银行开始进行法定数字货币研究以来，中国的 CBDC 项目，即数字人民币（e-CNY）项目已经走在全球最前列，并成为全球关注的焦点。截至 2021 年 12 月 31 日，数字人民币试点场景已超过 808.51 万个，累计开

立个人钱包 2.61 亿个，交易金额 875.65 亿元。[①]

普华永道于 2021 年 4 月发布的《CBDC 全球指数》数据显示，自 2014 年以来，全球已有超过 60 家央行参与到 CBDC 的开发与应用阵营中，其中 88% 的 CBDC 项目将区块链作为其底层技术。[②] 在众多的零售型 CBDC 项目中，巴哈马的 Sand Dollar、柬埔寨的 Bakong 和中国的数字人民币（e-CNY）分别居成熟度前三位。

在大部分央行致力于国内零售型 CBDC 开发的同时，一些国家和机构已经将跨境支付与结算中的批发型 CBDC 应用提上议事日程，并启动了"多边 CBDC（Multiple CBDC，mCBDC）"项目的开发。这主要体现为国际清算银行牵头实施的 mBridge 项目和 Project Dunbar 项目。

mBridge 项目由国际清算银行创新中心香港中心、香港金融管理局、泰国银行、中国人民银行数字货币研究所和阿联酋央行联合实施，旨在探索分布式账本技术可发挥的功能，并研究 CBDC 在夯实金融基础设施、支持多币种跨境付款方面的应用。该项目已进入原型开发的第三阶段。

Project Dunbar 项目由国际清算银行与澳大利亚储备银行、马来西亚央行、新加坡金融管理局和南非储备银行合作实施，旨在探索金融机构之间以不同币种进行直接跨境交易。

总体来看，上述项目有望在大幅降低国际支付与结算成本的同时，显著提升国际支付与结算效率。不过，上述项目仍然面临各国司法管辖权、特定法规与政策适应性、国家安全、平台权限、银行间信任等多方面的挑战，需要各国政府更大力度的协同。

二 从政策到产业生态：传导效应观察

本部分主要从区块链产业整体生态构建、基础设施打造、热点应用领

---

① 《2021 年末我国数字人民币试点场景超 800 万个》，新华社，http：//www.gov.cn/xinwen/2022-01/19/content_ 5669217. htm。

② PwC，"PwC Global CBDC Index 2021，" https：//www.pwc. ch/en/insights/digital/pwc-global-cbdc-index-2021. html.

域、各应用成果等角度对区块链政策的传导效应进行对比分析，以更深入地观察各国区块链政策的实施效果。

（一）中美区块链产业生态对比

作为区块链应用最活跃的两个国家，中美在区块链政策的制定与执行方面存在明显区别：在产业促进方面，中国在政务、金融、行业应用三大领域有着全面、系统的政策安排；美国更关注金融与行业应用。在加密货币监管方面，中国采取了严格、一贯的监管措施；美国的政策相对柔性化，强调在实践中调整监管手段。在 CBDC 开发方面，中国进行了更快速的布局，且已形成领先成果；美国尚处于论证和研究阶段，且相关部门就该主题存在不一致意见。

在不同的政策背景，以及其他因素的共同作用下，中国与美国的区块链产业生态呈现了明显差异。

在基础算法研究、公有链和联盟链的底层技术开发，以及全球开源社区建设方面，美国企业在全球占据主导地位。

在应用场景方面，美国企业更多地集中于金融应用与行业应用，中国企业则在金融、政务，以及更广泛的实体行业中形成了大量应用成果。

在政府部门发挥的作用方面，中国政府部门在政策环境与区块链基础设施建设，以及自身对区块链的应用方面力度更大。

在市场主体方面，中国呈现以"国家队"、科技巨头、行业龙头为引领，创业公司竞逐的多元化发展态势。

从行业垂直度来看，中国拥有更多的综合型区块链服务商，美国则拥有更多的垂直型区块链服务商。

在国际市场拓展方面，美国企业吸引了来自全球的开发商与应用方，有着更广泛的国际市场布局、更多的国际合作项目，并展示出其国际影响力和国际话语权。

在知识产权与应用成果方面，中国企业基于更丰富的落地应用经验，有着全球最多的专利申请量，并发起和形成了更多的区块链国际标准。但是，

与美国相比，中国企业在专利授权、专利引用率、海外专利、专利家族、创新质量等方面仍存在一定差距。

总体来看，中美两国在区块链应用市场方面的差异，在一定程度上反映了两国社会治理体系、国家战略、政策环境、市场规模、产业结构、地缘政治等差异。

（二）中国的区块链基础设施已在全球形成先发优势

在过去两年间，越来越多的国家开始投入力量打造国家级区块链基础设施。例如，斯洛文尼亚2020年1月推出区块链基础设施平台SiChain，成为首个在国家层面试点打造区块链基础设施系统的欧盟国家；自2018年以来，欧洲区块链服务基础设施（EBSI）持续推进，2020年2月首个比利时节点上线。

2021年，更多的国家加入了这一行列。例如，印度发布了区块链国家战略，推出国家区块链框架和分布式区块链，即服务托管基础设施；萨尔瓦多政府与Koibanx达成合作，将基于Algorand区块链平台搭建政府区块链基础设施，并实现政府官方文件的数字化存储；塔吉克斯坦政府与Fantom公链合作，将推动该国IT基础设施的数字化，特别是电子政务基础设施的发展；桑给巴尔电子政务局与World Mobile、Input Output Global达成合作，将共同搭建基于区块链的数字基础设施，并推动该政府部门的数字化转型及经济发展；图瓦卢政府宣布将采用Bitcoin SV（BSV）架构，旨在建立世界首个"国家数字账本"和区块链基础设施，并成为世界上第一个无纸化社会。

中国的区块链基础设施建设已经在全球形成先发优势：一方面，以"星火·链网"、长安链、区块链服务网络BSN为代表的国家级基础设施快速发展，持续为"新基建"提供助力；另一方面，蚂蚁链、百度超级链、京东至臻链、华为云等纷纷推出了面向各行业的区块链基础设施服务，并不断对其进行升级。总体来看，中国已经成为首个真正意义上建立起全国性区块链基础设施的国家。此外，基于自主性、安全性、高性能等方面的战略考虑，中国正在围绕区块链基础设施探索一条适合本国特点的发展道路。

（三）中国具有最高的区块链应用活跃度与领先的政务应用成果

据资本实验室不完全统计，2020~2021年，全球区块链应用典型案例共2594起，分布在92个国家和地区，涵盖政务应用、金融应用与行业应用三大类型。从大洲分布来看，亚洲、欧洲、北美洲的应用占比较高。从国家分布来看，中国的应用案例占比达到47%，居全球首位，其次是美国（15%）、韩国（4%）、日本（4%）与英国（3%）（见图1）。这一数据表明，中国有着全球最高的区块链应用活跃度。同时，中国远非只是在应用案例数量上领先，而是已经构建起全球最系统、最完善的区块链应用生态，并率先进入区块链3.0时代。

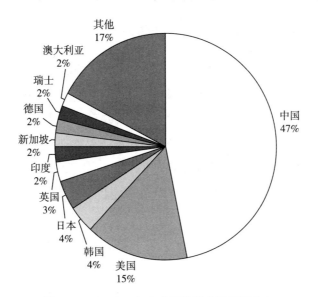

图1　2020~2021年全球区块链应用区域分布

资料来源：资本实验室，2022年3月。

此外，值得关注的是，在政务应用领域，中国的应用案例占比达到全球的78%，远超其他国家的总和。之所以产生如此巨大的差距，主要是由于中国在政务区块链应用方面较早形成了明确的顶层设计，各级政府部门能够快速跟进和高效协同。在此背景下，政府部门持续推动了区块链在证照/许可、财政/税务、司法/执法、人力/社保、市场监管、公共资源交易、不动

产管理、社区/城市管理等政务领域的全方位、一体化、规模化应用。目前，中国的政务区块链应用已经从国家层面、省市层面快速下沉到了县域、社区和乡村，并形成了其他国家难以模仿和复制的应用成果。

需要注意的是，在区块链应用的三大类型中，政务应用的成熟度对一国区块链战略与政策的实施具有不可替代的基础性作用。只有当政务区块链应用开始充分发挥系统性、整体性和长期性的作用，面向未来的"可编程社会"、"价值互联网"以及"元宇宙"才具备发展的牢固基石。这正是各国政府在推进区块链应用时，首先从政务领域入手，再逐步或同步扩展到金融领域与相关行业领域的深层次原因。

（四）应用热点与产业政策的联动

由2020~2021年的相关数据可见，全球区块链应用市场的变革正在加速，应用热点也发生了大幅度的新旧替代。一方面，基于区块链的司法存证/验证应用、农业供应链溯源应用，以及以数字收藏品为核心的NFT等应用开始普及；另一方面，"双碳"应用、知识产权管理应用、工业互联网应用、网络安全应用等领域也实现了快速增长。

从全球来看，应用热点的快速迭代在一定程度上反映了各国区块链政策的最新变化。

"双碳"应用是2021年全球区块链市场最大的应用热点，主要分布在专业化的碳排放管理领域，以及各行业的可持续管理领域。该类应用的快速发展主要来自各国日益趋向严格的应对气候变化政策、能源转型政策、可持续管理政策的推动。

知识产权管理应用广泛分布在文化/传媒、工业/制造、金融服务、司法/执法等行业或领域。2021年，随着大量基于区块链的知识产权管理与服务平台的推出，中国在该领域保持着最高的应用活跃度。与之相应的是，中国在"知识产权强国"的总体战略之下，2021年推出了大量与"知识产权+区块链"相关的产业促进政策。

2021年，"工业互联网+区块链"应用在案例数量、国家/地区与行业覆盖率等方面均较上年实现了大幅增长。其中，中国在该领域有着最高的应用案例占比。从政策层面来看，国内各级政府部门针对智能制造、工业互联网、信息化与工业化融合发展等出台的促进政策发挥了重要的引导作用；从基础设施层面来看，国家区块链与工业互联网协同新型基础设施——"星火·链网"的快速发展，各行业节点的不断上线，加之工业互联网标识解析体系的持续扩充，为工业互联网领域的区块链应用拓展提供了强力支撑。

（五）从更多维度分析区块链产业政策的实施效果

通过对比分析，可以发现区块链产业政策与区块链应用市场相关指标之间具有较高的相关性。例如，在中国，区块链政策出台较为密集的省市在区块链政策数量、信息服务备案数量、专利数量，以及应用活跃度方面往往也有着更好的表现（见表1）。

表 1　中国相关省份区块链政策与相关产业指标排名对比

排名	区块链政策数量	信息服务备案数量	专利数量	应用活跃度
1	广东	北京	广东	北京
2	山东	广东	北京	广东
3	北京	上海	浙江	浙江
4	江苏	浙江	香港	山东
5	上海	江苏	上海	上海
6	浙江	云南	江苏	江苏
7	湖南	湖南	四川	四川
8	河南	山东	山东	云南
9	四川	福建	湖北	福建
10	湖北	四川	湖南	河北

注："区块链政策数量"来自零壹智库发布的《中国区块链政策普查及监管趋势分析2021》，指各省份2021年发布的区块链产业政策数量；"信息服务备案数量"来自中央网信办发布的《境内区块链信息服务备案清单》的第一到第七批名单，数据截至2022年3月；"专利数量"来自零壹智库发布的《中国区块链专利数据报告（2021）》，指截至2021年的各省份专利申请数量；"应用活跃度"来自资本实验室发布的《2021/2022 全球区块链应用市场报告》，指各省份2020~2021年的典型区块链应用案例数量。

不可否认的是，区块链政策的实施效果与当地经济发展水平、产业配套情况、整体创业环境等因素紧密关联。不过，上述数据的对比仍然提供了一

个有价值的分析视角。

值得一提的是，2021 年，中国各地方政府对区块链产业的推动体现出一个重要的新趋势：更多地方政府开始由单纯的区块链应用向上游延伸，并强化其在区块链基础设施建设与服务方面的引导作用，以推动本地区块链产业生态的进一步完善。例如，昆明市区块链赋能平台正式发布并进入试运行阶段，将加速区块链业务应用开发、测试和上线，并助力全市各行业的区块链应用场景落地；江苏无锡市正式启用"太湖链"管理服务平台，并计划到 2023 年形成一个通用性强、用户量大的底层平台，推动形成"3+10+50"区块链产业应用；中国移动重庆分公司与四川分公司联合发布"成渝链"，以形成连接川渝、跨地域、跨云服务、跨底层框架，用于部署和运行区块链应用的公共信息基础设施网络。

可以预测，上述政策的实施对于各地区块链产业的发展将起到进一步的助推作用，也将有助于形成各具特色、更为多元的地方区块链产业生态。

从全球来看，区块链应用活跃度与专利数量同样有着高度的正相关性（见图 2）。

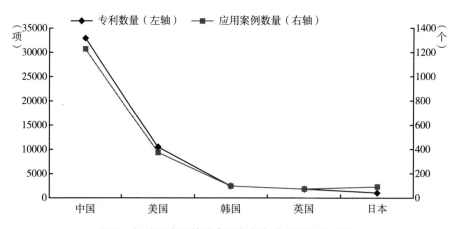

图 2　相关国家区块链专利数量与应用活跃度对比

注："区块链专利数量"指各国在 2015 年 1 月至 2021 年 6 月申请并公开的区块链专利数量；"应用活跃度"指各国 2020~2021 年的区块链应用典型案例数量。

资料来源：零壹智库、智慧芽、资本实验室。

由图2可见，2020~2021年区块链应用活跃度排名全球前五位的国家，累计区块链专利申请量同样排名全球前五。该数据非常鲜明地反映出应用活跃度越高的区块链市场催生了越多的区块链专利，而更多的区块链专利反过来又推动了本国区块链市场的发展。此外，上述国家同样是政府部门对区块链产业引导和参与力度较大的国家。也就是说，政府部门在推动区块链产业创新与产业生态构建方面发挥了不可替代的重要作用。

三　结论及建议

通过对各国区块链政策及其传导效应与实施效果的对比分析，可以发现中国已经建立起全球最系统、最完善的区块链政策环境。这种环境能有效、快速地促进区块链在政务、金融以及各行业中的应用，并在多个领域形成领先成果。此外，中国各地方政府在构建本地区块链产业生态，推进数字经济的发展方面同样发挥了不可替代的基础性作用。取得上述成果得益于持续多年的政策推动，并非短期的政策刺激。

与此同时，其他国家在推动区块链产业发展以及寻求创新与监管的平衡方面，也有大量的经验值得总结和参考。

全球尚处于区块链3.0时代的初期阶段，区块链技术仍在不断演进，围绕区块链及其他前沿技术的竞争将进一步升级，国际区块链市场格局将快速发生变化，区块链应用热点此起彼伏，Web 3.0与元宇宙的大门正在徐徐打开，数字经济的发展质量需要不断提升。在上述大背景下，国内的区块链政策将在以下方面做出持续调整和优化。

技术开发与信息安全。区块链技术领域呈现众多新特征：跨链需求日益增长，带动跨链项目快速发展；区块链基础设施开始更频繁地与KYC平台、机密计算平台、隐私计算平台、预言机网络、碳交易市场等区块链服务进行业务集成；区块链开发商对区块链基础设施的安全、可信数据、环保、吞吐量、可扩展性、交易成本等提出了更高要求；基于区块链技术的分布式算力与存储平台正在成为一种新业态。在此背景下，我国需要加强自主可控区块

链底层技术的开发，并不断强化区块链网络安全建设。

国际合作与市场拓展。目前，随着更多国家开始投入区块链基础设施的建设与应用开发，国际区块链市场日趋活跃。但在目前，中国相关机构对国际区块链市场的拓展相对缺位。未来，相关机构需要持续提升国际市场拓展能力，并进一步提升国际影响力与掌握国际话语权。

区块链"双碳"应用。区块链"双碳"应用是当前全球区块链应用市场的最大热点，也将成为区块链应用的一个长期重要主题。国内相关机构需要紧密关注的是：如何在标准制定、体系构建、交易市场建设、优质服务商培育等方面形成领先优势与足够的话语权，以及如何对国际市场进行有效拓展与融合。

智慧城市管理。从目前来看，无论是自然灾害，还是新冠肺炎疫情的发生，都给正常的城市管理，乃至已经建立的智慧城市管理系统带来了巨大压力和考验。未来，需要进一步提升智慧城市管理，特别是应急管理水平。区块链技术在其中能否以及如何发挥更大作用，需要进行持续的研究和实践。

数字资产与元宇宙。从长远来看，以数字藏品为核心的NFT应用只是通证应用的初级形态。只有当通证应用进一步延伸为社会治理和经济发展的基础要件时，元宇宙才会真正实现。因此，仍需要持续关注和研究数字资产及元宇宙。

中小企业培育。总体来看，中国的区块链应用市场主要由大型国企/央企、大型科技公司、各行业的龙头企业，以及综合性的区块链公司构成。未来，需要继续培育更多优质的中小企业，包括为各行业提供垂直型服务的企业，以形成更为多样化、更具生机与活力的行业生态。

参考文献

［1］中央网信办：《境内区块链信息服务备案清单》，2022年3月。
［2］零壹智库：《中国区块链政策普查及监管趋势分析2021》，2022年1月。

［3］零壹智库:《2021年区块链专利质量发展报告》，2021年10月。

［4］资本实验室:《2021全球区块链应用市场报告》，2021年7月。

［5］资本实验室:《2022全球区块链应用市场报告》，2022年3月。

［6］National Conference of State Legislatures，"Cryptocurrency 2021 Legislation，" https：//www. ncsl. org/research/financial-services-and-commerce/cryptocurrency-2021-legislation. aspx.

［7］EU，"A Digital Euro，" https：//www. ecb. europa. eu/paym/digital _ euro/html/index. en. html.

［8］Law Library of Congress，"Regulation of Cryptocurrency Around the World，" https：//www. loc. gov/item/2021687419/.

［9］IMF，"Crypto Boom Poses New Challenges to Financial Stability，" https：//blogs. imf. org/2021/10/01/crypto-boom-poses-new-challenges-to-financial-stability/.

［10］BIS，"Gaining momentum-Results of the 2021 BIS survey on central bank digital currencies Behind the Scenes of Central Bank Digital Currency，" https：//www. bis. org/publ/bppdf/bispap125. pdf.

［11］PwC，"PwC Global CBDC Index 2021，" https：//www. pwc. ch/en/insights/digital/pwc-global-cbdc-index-2021. html.

B.3
互联网3.0发展及研究

黄婧祎　朱　岩　朱培宇 *

摘　要： 作为自2021年以来持续火爆的概念，以区块链为基础的互联网
3.0正在成为未来互联网发展的必然趋势，并已经在技术创新、
应用场景以及金融服务等方面取得了一定的进展。本报告首先
介绍了互联网自1.0至3.0时代的发展情况，着重讨论互联网
3.0与元宇宙的依托关系，论述了互联网3.0在技术革新、社会
形态发展、社会治理进步等方面的情况。其次，指出了互联网
3.0在数字资产确权、开放式金融、开放式治理等领域的核心应
用方式。最后，阐述了以互联网3.0形式提升数据要素价值对我
国数字经济发展的重要影响。

关键词： 互联网3.0　数字经济　元宇宙　区块链

一　互联网3.0基本情况及发展

（一）互联网3.0基本情况

互联网3.0的概念是2014年由以太坊联合创始人Gavin Wood提出的，
随后互联网3.0基金会成立，用以资助各类团队构建去中心化网络项目。
Gavin Wood认为，互联网3.0应该是一个构建于去中心化网络上的生态系

---

* 黄婧祎、朱培宇，北京猿链网络科技有限公司；朱岩，清华大学互联网产业研究院。

统，"少一点信任（trust），多一点真实（truth）"。可以预见的是，在这种网络下，每个用户都将通过具有唯一性的数字身份接入，并且用户可以完全掌握基于这个数字身份的所有数据及资产。用户可以凭借这个身份在任意平台使用或授权平台使用自己的数据或资产，只要这样的形式是经过用户同意的。在这种生态下，平台经济将面临严峻的挑战，用户数据将不能再作为过度收集、滥用的对象。平台不能再通过违规手段收集用户数据并生产价值，当然平台也不能使用违规收集的数据进行分析并用于广告投放甚至买卖等。用户的数据将不会在未经用户授权的前提下出现在电话销售、互联网推广名单中，更不会被置于涉赌、涉黄、隐私数据贩卖等各类黑灰产的风险下。这将遏制市场中"强制同意""大数据杀熟""隐私数据泄露"等数据滥用、数据安全问题。

（二）互联网3.0发展沿革

在经历了"元宇宙"和"NFT"之后，"互联网3.0"成为另一个火爆的概念。从字面意思上看，互联网3.0是基于互联网1.0和互联网2.0定义的互联网发展的下一阶段。

互联网1.0时期（1995～2004年），是网络生产信息、内容的阶段。从形式上看，互联网虽然以一种新的形式将内容呈献给用户，也起到了对广播、报纸、电视等传统媒介补充的作用，但对于用户来说，这种形式仍是内容单向输出、用户被动接受的；从内容上看，早期互联网也只是将传统媒介上的内容以数字化的形式进行复制并传播的。因此，互联网1.0并未从体验上让用户规模性地脱离传统媒介。

互联网2.0时期（2005～2020年），基于"互动、互联"思维的平台开始崛起，UCG模式逐渐成为主流。用户可以在平台上生产内容，并将内容信息通过平台传递给其他用户形成信息交互，这也使得互联网生态发生"信息大爆炸"，提高了信息收集、分析的成本以及被虚假信息误导的可能。互联网2.0做到了将人与人、人与资产通过一种数字化的形式互通互联，催生了包括社交媒体平台、搜索引擎、视频内容平台在内的各类移动应用爆发

式增长，也奠定了互联网经济平台模式的基础。同时，互联网2.0也造就了各类数据寡头，形成了用户数据"孤岛"。用户数据变为"平台资产"，平台通过收集、利用用户数据积聚平台自身的广告价值，进而导致数据违规收集、数据隐私泄露、大数据杀熟等问题。

因此，互联网3.0时期（2021年至今）的核心诉求，就是将数据所有权回归至用户，即构建如Gavin Wood所说的"实现无服务器、去中心化的互联网，即用户掌握自己身份、数据和命运的互联网"。在这个阶段，用户将是内容信息价值的最大受益者，并推动构建一个以区块链技术、分布式账本及密码学为基础，安全、可信的价值互联生态。

对资本市场而言，直到2021年，通过密码学保护数据权益及金融稀缺性的方式才受到资本关注，加密爱好者、大型科技公司和风险投资公司等纷纷跑步入场，仍然希望通过提前布局，打造互联网3.0应用入口或生态，推动形成自家平台的互联网3.0经济。2022年3月，虎嗅的一篇文章《互联网巨头"海外会战"Web 3》更是拉开了国内电商、社交、支付相关的互联网巨头海外布局互联网3.0的序幕。可以预见的是，未来会有更多的资本布局互联网3.0领域，互联网3.0的概念也将借助资本落地，充分实践其让互联网更安全及更加去中心化的理念。

（三）互联网3.0的信任机制

互联网3.0被定义为用户创造价值的互联网。创造价值的前提便是在一个安全、可信的网络中，在满足用户身份与资产保持唯一性及互操作性的前提下，进行身份与身份、身份与资产的交互、流通。因此，区块链技术对互联网3.0的建设起到了至关重要的作用。区块链技术由于具有开放性及透明性，被视为构建互联网3.0可信网络的核心基础设施。区块链技术赋予了用户在不依赖第三方的前提下，对特定身份或资产进行确权的能力。利用分布式存储技术，可以有效防止数据丢失，为数据价值的永续性保存提供了可能。除此之外，区块链技术还提供了"可编程的智能合约"，使得任何同意这个合约内容的人都可以在没有第三方信任的场景里自由执行合约。区块链为互联网 3.0 提供了更加公平、开放的接入方式，而互联网 3.0 也为区块链提供了更加丰富的应用场景，引入了更加多元化的用户与资产。因此，区块链是互联网 3.0 信任体系建设中极为重要的一环，而互联网 3.0 应用的落地也将带动区块链产业的长足发展。

（四）互联网3.0的特点

互联网 3.0 技术的发展及生态的落地将重新激活"创作者经济""内容经济"，使得数据安全地在全球范围内流通，并以"点对点"的形式捕获价值。因此，互联网 3.0 网络生态具备以下几个特点。

第一，永续性信任及安全。互联网 3.0 借助区块链、分布式存储等技术，在确保网络安全、可信的前提下，能够实现数据性资产的永续性保存，防止数据丢失。同时，通过内容寻址、点对点传输协议进行数据的检索与呈现，可以构建数据内容可信且自运转的交互机制。

第二，开放式互联互通。互联网 3.0 的开放性主要体现在其生态应用的无准入性、可组合性以及互操作性。用户可以通过唯一性身份自由地接入各类网络生态应用中。根据需求，可以将同一身份下同一应用或不同应用中的资产进行自由组合、搭配，实现跨域、跨链、跨网络的互联互通。

第三，数据要素隐私保护。互联网 3.0 隐私保护的核心目的是确保用户在隐私得到保护的前提下进行互联网活动。用户首先需要通过身份与资产的确权与映射，再由自己决定数据资产的商用授权情况，牢牢地将各类数据权益掌握在自己手中，既能保护个人数据隐私，又能进一步锁定数据收益。

二 互联网3.0与元宇宙及 NFT 的关系

在高速发展的互联网时代，每年都有无数个热词出现。这些热词会连同新的话题迅速进入公众视野，与热词相关的产品和产业也会迅速占领各大媒体头条。2021 年至今的互联网热词，非互联网 3.0、元宇宙、NFT 莫属。元宇宙、互联网 3.0 以及 NFT 的关系，就像是社会形态、社会治理与社会资产

的关系，三者共同组成了未来完整的社会生态。因此，这些热词不仅从技术、商业角度成为舆论的焦点，甚至在社会变革方面，也为未来世界的运行提供了新的范式思考。

元宇宙（Metaverse）除了是一种由多种因素、多个概念，如 VR、AR、脑机接口、AI、区块链等现实世界与虚拟世界"桥梁技术"的进步而逐渐形成的一种融合性生产关系之外，更代表了一种新的社会形态。元宇宙世界更像是通过技术改变生活方式，再通过新的生活方式结合、催生出新的社会形态、社会关系、社会治理的一种结果。在元宇宙的世界中，人们可以从文化、社交、娱乐等方面进行身份的互动以及资产的互通。这除了要依靠各类技术构建可信虚拟社会环境，也要通过制定虚拟世界新的社会规则和秩序，即在基于现实世界社会形态的虚拟数字映射的基础上，构建虚拟世界的新型原生社会，提升元宇宙虚拟世界发展的内在驱动力，打造基于元宇宙虚拟世界自生长的经济循环，使元宇宙虚拟世界不再是真实世界的数字复刻，而是发展成为全部或部分真实世界的虚拟替代品。最终，利用虚实结合、脱虚向实的方式共同推进人类社会的发展与变革。

互联网 3.0 则更近似一种特定社会形态下的社会运行及治理手段或方式。人们通过互联网 3.0 的形式，在一个可信的环境中，以一种相对安全且能够进行数据隐私保护的形式，将自己的身份与他人进行互动，将自己的资产与其他资产进行交易。对于金融监管及执法部门来说，首先需要基于对用户身份及资产的行为方式、交易特征等数据要素的分析，建立互联网 3.0 形式的可控、匿名的风险防范体系。其次，利用大数据、人工智能、隐私计算等技术手段形成基于互联网 3.0 社会运行模式的防范风险、打击犯罪的新手段，并结合 KYC、KYT 等完善社会治理体系。人们凭借自己的唯一身份标识，自行证明"我是我"，并可以在合法合规的前提下，自由支配属于其身份下的各类资产，形成一种特定条件下的"自我治理型"社会模式。在这种模式下，机构业务模式将向服务类业务转型，从获取各类数据要素、建立数据要素屏障及"孤岛"、强制用户授权数据等数据寡头的形态，转向以用户为核心，提供社交、支付、娱乐、数据分发、内容创作等各类应用，从而帮助用户更好地以互联网 3.0 形式参与社会活动。

NFT（Non-Fungible Token，非同质化通证）就是作为身份与资产的唯一标识存在的。NFT 本质上仍然是一种标准化的区块链协议，但已经通过数字商品、数字收藏品、数字艺术品的形式参与数字商业、数字经济，并以这种形式赋予链下实物某种数字化所有权、交易权、可编辑、通用性等。NFT 凭借其不可篡改、不可分割置换，具有唯一及永续收益的特性成为元宇宙虚拟社会以及互联网 3.0 社会运行机制下个人身份及其资产或资产权益的最优表达方式。游戏、收藏品、艺术品、域名、身份、专利等具有独特特性的应用，均可通过 NFT 的唯一标识来保证其唯一性、稀缺性。因此，通过 NFT 对用户身份及资产进行加密确权赋能，是构建互联网 3.0 社会运行方式的关键一步，也是形成元宇宙虚拟数字世界的加密基石。需要注意的是，近期中国互联网金融协会、中国银行业协会、中国证券业协会在关于防范 NFT 相关金融风险的倡议中指出，市场应确保 NFT 产品的价值有充分支撑，引导消费者理性消费，防止价格背离基本的价值规律，赋能实体，并坚决遏制 NFT 金融化、证券化倾向，抵制 NFT 投机炒作行为，从严防范非法金融活动风险。

三 互联网3.0应用场景

（一）数字身份与资产

作为互联网 3.0 的入场券，以数字身份、数字资产为代表的数字应用正在自下而上地搭建互联网 3.0 的基础应用。在数字身份方面，作为互联网 3.0 的基础设施之一，OID（Object Identifier）是一套具有唯一性的数字身份证。任何应用程序均可以建立在基于 OID 的数字身份之上，这使得用户不必再为使用每一个新应用"授权登录"。OID 的优势就是由指定对象在信息处理中明确自己的身份与资产，并具有极高的可扩展性。基于 OID 进行确权后的数字资产正在与数字身份结合，能够确保身份的唯一性与资产的安

全，为未来虚拟数字世界中身份与资产的映射建立基础，也为虚拟数字经济的发展带来新的秩序。

（二）元宇宙生活方式

元宇宙虚拟世界的发展，必将建立在一套成熟的虚拟数字生活方式之上。在元宇宙世界中进行各种应用、活动时，不再需要注册多个账号、依赖第三方验证、执行多个交易账本，而是所有数据及资产都归集于一个数字身份之下。用户凭借这个身份，通过各类互联网 3.0 形式的工具与其他用户及资产进行交互，减少元宇宙虚拟数字世界中的权益纠纷及交互摩擦，使用户可以轻松地跨越平台与地域，形成社群、组织以及社会。互联网 3.0 形式的接入，在降低了元宇宙虚拟世界准入门槛的同时，也提升了数据隐私的安全性，赋予元宇宙世界更加开放的可能性。互联网 3.0 作为元宇宙创建和生产的原动力，是元宇宙的基础设施，是形成元宇宙社会生活方式的基石。同样，元宇宙也是未来互联网 3.0 应用集群式落地的最佳载体，是实践互联网 3.0 的最佳方式之一。

（三）开放式治理

DAO（Decentralized Autonomous Organization，去中心化自治组织）是基于互联网 3.0 核心理念衍生而来的一种新型开放式自动化协议，是建立在互联网 3.0 社会运行方式之上的一种新的尝试，是互联网 3.0 生态发展到一定阶段时，平衡大规模协作与分散治理的重要应用之一。在互联网 3.0 生态应用中，当用户接受个体自由接入、退出方式时，也需要通过集体协作的方式进行共创、共享、共治。基于 DAO 的开放式治理方式在鼓励提升个体创造力的同时，也赋予了个体对其参与项目的部分话语权。在一个公开透明且自动化的 DAO 协议下，用户既可以成为项目贡献者并从中获利，又可以决定项目的走向。互联网 3.0 为 DAO 的开放式治理提供了安全可信的参与方式，DAO 也作为核心组件之一，丰富了互联网 3.0 的应用生态及治理方式，为互联网 3.0 用户提供了一个公平、民主的新型组织范式。

（四）开放式金融

DeFi（Decentralized Finance，去中心化金融）是一种建立在区块链上的分布式金融应用或服务，是较为成熟的互联网3.0形式的金融或类金融应用之一。DeFi也被认为是互联网3.0生态的价值应用层，是互联网3.0对外输出价值的集中表达。在DeFi生态中，用户可以无准入地与标准化的开放式金融协议交互，并通过加密授权的方式进行数字资产的转移。未来，在互联网3.0生态应用爆发时，基于DeFi的融资、支付以及可组合性金融服务将为这些应用的落地及数字经济生态的建立提供更有力的支持。

四　互联网3.0与数字经济

自2021年以来，我国陆续发布了推动数字经济产业化建设、转型及升级的相关纲要及规划，从2021年3月12日的《中华人民共和国国民经济和社会发展第十四个五年规划和2035年远景目标纲要》到2021年11月30日工业和信息化部印发的《"十四五"软件和信息技术服务业发展规划》，从2022年1月12日国务院印发的《"十四五"数字经济发展规划》到2022年5月30日北京市经济和信息化局印发的《北京市数字经济全产业链开放发展行动方案（征求意见稿）》，无不在强调应加快推动以区块链、云计算等新一代信息技术为核心的"数字产业化"和"产业数字化"转型。互联网3.0正在从创作者经济、数据要素价值提升、社会信用体系建设等方面推动以数据权益、数据要素为核心的数字化产业变革。

在创作者经济方面，互联网3.0将建立起创作者经济新范式。从某种程度上讲，互联网3.0将打破原有以平台为内容承载中心，以广告收入为核心收益的经济模式。将原本由职业或兴趣内容创作者及内容消费者集成的流量式平台经济打散，并通过互联网3.0的形式还权于用户，使创作者及消费者可以越过平台直接交互。所有的创作者不必再依附各个平台发布内容并从平台方获取收益分成，而是可以真正以"独立创作者"的身份进行内容创作、

发布并赚取收益，实现个人数据要素价值最大化，从而带动整个数据要素产业发展。

在数据要素价值提升方面，互联网 3.0 是基于区块链技术打造的，旨在推动数字经济发展、提升数据要素价值及确保隐私安全的下一代互联网生态模式。通过完善互联网 3.0 基础设施及应用生态，各类数据权益可以回归用户自身，打破数据要素壁垒，从而使各类数据资源在可信加密的前提下进行数据资源共享，释放数据要素潜力，提升数据要素价值，促进数字经济可持续发展。

在信用体系建设方面，互联网 3.0 的核心特点便是以密码学的方式打造可信且唯一的数字身份及资产，并支持这类具有唯一标识的身份与资产的映射与互动。同时，互联网 3.0 在隐私保护前提下的开放性赋予了互动用户事前、事中、事后的可验证性。这既减少了由数据"孤岛"引起的信用画像缺失或偏离的现象，又给予了用户不依赖第三方征信机构进行"交易对手信用评估"的权益。用户可以在弱信任或零信任的情况下完成身份的互动或资产的转移，形成以用户为核心的数据生产、数据分享以及数据评估新方式，并打造更加真实可信的数据要素评估标准，最终使整个信用体系更加完善。

B.4
区块链服务能力成熟度标准化研究

李　鸣　　王晨辉　　谢吉磊[*]

摘　要： 区块链应用已渗透到产品溯源、数据流通、供应链管理、政务服务、能源电力等多个领域，在优化业务流程、降低运营成本、建设可信体系等方面的作用逐步显现。随着我国区块链技术和产业的不断发展，综合实力持续提升，产业规模逐步壮大，总体呈现从产品驱动向服务驱动转变的发展态势。本报告从区块链服务需求侧出发，借鉴 CMMI、ITSS 等核心思想和方法论，梳理区块链服务评价要素，研究区块链服务能力模型，形成区块链服务基本框架，并探索提出一套区块链服务能力成熟度评价体系和要求，从而对区块链服务最佳实践进行总结、凝练和提升，推动区块链产业高质量发展。

关键词： 区块链　区块链服务　区块链产业

一　区块链服务发展背景

（一）政策力度持续加强，产业规模不断扩大

习近平总书记在中央政治局第十八次集体学习时指出，要构建区块链产业生态，提高运用和管理区块链技术能力，加快推动区块链技术和产业创新发展。2021 年 10 月 10 日，中共中央、国务院印发《国家标准化发展纲

---

* 李鸣、王晨辉、谢吉磊，中国电子技术标准化研究院。

要》，指出要在区块链等应用前景广阔的技术领域，同步部署技术研发、标准研制与产业推广，加快新技术产业化步伐。2022年1月12日，国务院正式印发《"十四五"数字经济发展规划》，指出要构建基于区块链的可信服务网络和应用支撑平台，为广泛开展数字经济合作提供基础保障。

以政策为指导，以标准为指引，区块链在激发数据要素可信流通价值、筑牢新型基础设施信任基石等方面的作用正在逐渐显现。根据前瞻产业研究院的数据，我国区块链产业市场规模从2017年的0.85亿美元增长到2020年的5.61亿美元，年复合增长率60.21%，且在2021年市场规模达到10.54亿美元。① 未来，如何进一步夯实产业基础，提升服务质量，完善服务生态，成为我国区块链技术和产业发展的重要方向。

（二）服务需求与日俱增，供给水平显著提升

2022年1月30日，为深入开展区块链创新应用工作，中央网信办秘书局、宣传部办公厅、工业和信息化部办公厅等16部门联合印发通知，公布15个综合性和164个特色领域国家区块链创新应用试点名单，积极探索多主体参与、多业务协同、跨地区合作、数据有序共享流动创新应用场景。区块链应用场景已逐步延伸至工业互联网、政务服务、产品溯源、数据流通、社会治理等重点领域。

区块链作为新一代信息基础设施，在数字化转型中发挥了重要作用。根据《中国区块链产业全景报告（2021）》数据，我国2021年区块链相关企业数量突破12.1万家，其中仅2021年就新增超过4万家。此外，基于区块链的"数字藏品""元宇宙"等概念火热，各地政府纷纷加大引导力度，头部企业持续加大研发投入，产业格局也在快速形成。随着应用场景不断丰富，产业需求逐步攀升，对区块链企业的要求也越来越高，具备核心技术的自主研发能力已成为标配，如何应对规模化、产业化的生产需求，提供专业化、体系化的服务能力，已成为推动区块链融合应用落地的关键点。

---

① https：//baijiahao.baidu.com/s？id=1703446976861741449&wfr=spider&for=pc.

二 面临的问题和难点

（一）需方：服务保障能力亟须提升

从需求侧看，"区块链+工业制造""区块链+政府服务""区块链+能源电力""区块链+供应链""区块链+金融服务"等项目不断涌现，对区块链企业的综合服务能力要求也在不断提高。不同于产业发展初期，现阶段的区块链项目总体呈现资金投入力度大、生产环境融入深、开发运维要求高、风险防范责任大的特点。对区块链需求方来说，构建区块链产品技术基线和服务基线，既需要有成熟过硬的区块链产品，还需要有稳定可靠的服务保障，才能满足实际生产需求和业务需求。

（二）供方：能力建设缺乏指导

从供给侧看，除传统互联网和软件开发头部企业外，技术型、创新型的中小微企业成为区块链产业主体，同时也是推动产业发展的创新动力。面对不断扩大的市场需求，以及日益激烈的竞争压力，区块链企业亟须开发一套科学化、体系化和标准化的能力建设方法，以指导提升技术研发能力、管理实施能力、资源配置能力、人员专业能力和组织综合能力，从而进一步扩大企业规模、提升生产效率、降低生产成本、控制管理风险，以承担更重要的建设工作任务和社会责任。

（三）监管方：监管治理缺乏抓手

从监管角度看，根据国家发改委联合十部门共同发布的《关于整治虚拟货币"挖矿"活动的通知》和中国人民银行联合十部门共同发布的《关于进一步防范和处置虚拟货币交易炒作风险的通知》等要求，一方面要严厉打击虚拟货币相关非法金融活动和违法犯罪活动，另一方面要鼓励支持合规经营的区块链企业发展。如何以标准化为手段，筑牢合规发展底线，构建

技术发展基线，为主管部门打造一套监管治理工具，完善对区块链市场主体科学的、合理的评价机制，成为产业发展亟须解决的问题。

三　总体思路和研究方法

（一）总体思路

从标准化角度来看，区块链服务，就是区块链供方面向区块链需方，以区块链服务框架为核心，开展第三方服务、应用服务、中间件服务、平台服务、基础设施服务和数据服务的过程。构建区块链服务能力评价标准，能有效评价区块链供方的能力水平，指导服务框架的建立和完善，同时为区块链需方提供保障，为区块链服务监管方提供支持，具体如图1所示。

（二）研究方法

为科学、合理地研制区块链服务能力评价标准，重点要围绕现状分析、关键要素提炼、成熟度构建和优化建议四个阶段开展相关工作。在现状分析阶段，应涵盖信息技术服务标准及最佳实践、评价标准及最佳实践和区块链服务评价框架三个方面，充分调研分析CMM（能力成熟度模型）、BSC（平衡计分卡）、ITIL（信息技术基础架构库）、ISO20000（信息技术服务管理体系标准）、ITSS（信息技术服务标准）和区块链服务框架，有效提炼各个能力域的关键要素，并通过关键指标法，构建区块链服务成熟度和评价方法。最后，开展差距分析，优化内容，并形成工作建议。

四　能力模型和评价要素

（一）相关标准和最佳实践

1. CMM

20世纪80年代末，为了有效地评估供应商的能力进行了软件过程能力

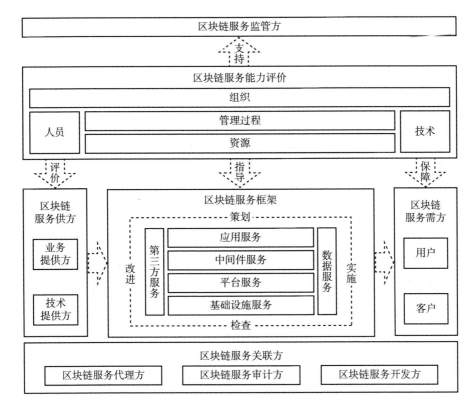

图1 区块链服务能力评价总体思路

框架研发，卡内基梅隆大学软件工程研究所牵头研发了 CMM（能力成熟度模型）。CMM 把整个软件任务看作一个过程，该过程可以进行控制、测量和改进，从而指导软件机构向成熟的软件工程体系演化。CMM 强调连续的软件过程改进，该连续的改进基于多个演化步骤，并将这些演化步骤划分成五个级别，每一级别都包括若干目标。CMM 以标准化定义五级成熟度，用以度量机构的软件过程成熟度和评价其软件过程能力。

2. BSC

BSC（平衡计分卡）诞生于 20 世纪 90 年代初，它将企业战略目标逐层分解转化为各种具体的相互平衡的绩效考核指标体系，并对这些指标的实现状况进行不同时段的考核，从而为企业战略目标的完成建立起可靠的执行基

础。BSC 将战略分成财务、顾客、内部运营和学习发展四个不同角度的运作目标，并依此设计清晰有效的绩效衡量指标。BSC 的指标具有可量化、可测度、可评估的特点，有利于企业进行全面系统的监控，促进企业战略与远景目标的达成。

3. ITIL

ITIL（信息技术基础架构库）诞生于 20 世纪 80 年代，是英国商务部为解决"IT 服务质量不佳"的问题，逐步提出和完善的一整套对 IT 服务的质量进行评估的方法体系。ITIL 包含用于管理 IT 服务和提高 IT 支持及服务级别的全球最佳实践，它是 IT 部门用于计划、实施和运维的高质量的服务准则。ITIL 通过服务策略、服务设计、服务转移、服务运营和服务改进 5 个关键阶段 26 个流程，可以帮助各类组织应对行业不断增长的对 IT 服务的要求，确保 IT 服务吻合业务目标。

4. ISO20000

ISO20000（信息技术服务管理体系标准）是国际标准化组织设立的信息技术服务管理体系标准，旨在确保按照用户和企业的需求来提供 IT 服务。它通过"集成的过程方法"和"质量管理的 PDCA 方法"，让每个服务节点或流程都建立一个持续改进的循环，将工作的策划、执行、检查与持续发现问题相结合，并为探寻系统化的解决问题的方法提供途径。

5. ITSS

ITSS（信息技术服务标准）是在工业和信息化部、国家标准化管理委员会的领导和支持下，由 ITSS 工作组研制的一套 IT 服务领域的标准库和一套提供 IT 服务的方法论。它规范了信息技术服务产品及其组成要素，用于指导实施标准化和可信赖的信息技术服务，定义了 IT 服务由人员、过程、技术和资源组成，并对这些 IT 服务的组成要素进行标准化。这些要素组成了一个有机整体，由具备匹配的知识、技能和经验的人员合理运用资源，并通过规定流程向客户提供 IT 服务。

（二）区块链服务能力模型

通过调研分析 CMM、BSC、ITIL、ISO20000、ITSS 等相关标准和最佳实践，运用工程化的思想对提供区块链服务的主体进行解耦，充分考虑第三方服务、应用服务、中间件服务、平台服务、基础设施服务和数据服务的过程，以 ITSS 为基础，围绕组织、人员、技术、资源和管理过程等维度，构建形成区块链服务能力模型。

（三）区块链服务能力评价要素

依据区块链服务能力模型提出的组织、人员、技术、资源和管理过程 5 类要素，组织作为提供区块链服务的主体，人员要素作为发展基石，技术要素作为竞争力核心，资源要素作为服务支撑，管理过程要素作为内部管理健康度的有效反映，充分结合我国区块链服务和产业发展现状，并进行工程化解构和逐步细化，最终形成 5 大类 23 小类的区块链服务能力评价要素，具体如图 2 所示。

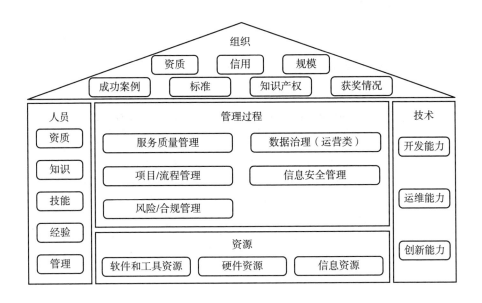

图 2　区块链服务能力评价要素

其中，组织要素主要涵盖资质、知识产权、成功案例、规模、信用、获奖情况和标准 7 个子要素；人员要素主要涵盖管理、资质、知识、技能和经验

5个子要素；技术要素主要涵盖开发能力、创新能力和运维能力3个子要素；资源要素主要涵盖软件和工具资源、硬件资源、信息资源3个子要素；管理过程要素主要涵盖服务质量管理、项目/流程管理、信息安全管理、风险/合规管理和数据治理（运营类）5个子要素。

五　区块链服务能力成熟度评价

为更加清晰、直观地表现区块链服务能力水平，借鉴 CMM 和 ITSS 分级思想，区块链服务能力成熟度设计了基本级、拓展级、优化级和引领级四个等级，分别对应一级、二级、三级、四级，同时为未来服务等级拓展预留空间。

（一）基本级

基本级（一级），区块链服务提供方应具备提供区块链服务的基本条件，能够对核心业务进行流程化管理，评价指标概况如表1所示。

表1　区块链服务能力成熟度基本级（一级）评价指标概况

级别	要素	内容概况
基本级	组织	能提供企业法人营业执照,专利、论文、软著、出版物等研究成果数量总和大于等于10,具有落地的区块链项目,具有区块链相关企业标准等
	人员	从业人员具有中等及以上职业教育学历,能提供人员培训机制、培训记录、绩效考核记录等证明文件
	技术	具备技术开发规划、测试执行过程文档、研发环境、运维技术研发规划等
	资源	具备开发联调环境,具备区块链开发工具、底层平台、管理平台、有效的知识库等
	管理过程	初步建立服务流程和服务质量标准、项目管理相关制度、风险管理组织机构、数据治理组织机构等

（二）拓展级

拓展级（二级），除达到基本级要求外，区块链服务提供方应具备较强的研发创新能力，能够对核心业务进行规范化管理，评价指标概况如表 2 所示。

表 2　区块链服务能力成熟度拓展级（二级）评价指标概况

级别	要素	内容概况
拓展级	组织	专利、论文、软著、出版物等研究成果数量总和大于等于 20，落地运营的区块链项目大于等于 5，通过区块链项目服务的行业领域数量大于等于 2，拥有或控制的总资产或固定资产大于等于 300 万元，从事区块链软件开发和技术服务的团队人员数量大于等于 10，区块链服务相关应用收入大于等于 50 万元，主导或参与制定区块链领域行业标准等
	人员	从业人员本科及以上学历占比大于等于 60%，有适宜的人才储备机制等
	技术	区块链研发人员占比大于等于 10%，具有技术操作标准和规范等
	资源	具备硬件资源的使用手册，具备有效的区块链开发工具、底层平台、管理平台，建立知识积累和使用的相关制度等
	管理过程	建立比较完整的服务流程和服务质量标准，建立了项目管理相关制度、风险管理计划、数据治理相关实施流程和制度等

（三）优化级

优化级（三级），除达到拓展级要求外，区块链服务提供方应具备良好的研发创新能力及良好的服务策划能力，评价指标概况如表 3 所示。

表 3　区块链服务能力成熟度优化级（三级）评价指标概况

级别	要素	内容概况
优化级	组织	自主研发的区块链产品或项目应通过国家互联网信息办公室的区块链信息服务备案，专利、论文、软著、出版物等研究成果数量总和大于等于 50，落地运营的区块链项目大于等于 10，通过区块链项目服务的行业领域数量大于等于 4，拥有或控制的总资产或固定资产大于等于 5000 万元，从事区块链软件开发和技术服务的团队人员数量大于等于 100，区块链服务相关应用收入大于等于 1000 万元，主导或参与制定区块链领域国家标准等

续表

级别	要素	内容概况
优化级	人员	从业人员本科及以上学历占比大于等于70%,主要人员有主导区块链重大课题、标准研制和实施的经验,有区块链领域科研成果,承担区块链相关社会职务等
	技术	按照已发布标准开发与使用区块链技术,加密服务应支持主流的加密算法,有成熟技术测试能力,区块链研发人员占比大于等于30%等
	资源	具备软件和工具资源的使用手册,知识库应具备知识添加、更新和查询功能,具备区块链服务的案例库等
	管理过程	建立服务质量管理部门,制定组织级和项目级的实施计划,具备符合组织发展战略的分类分级的安全策略,制定风险管理计划并有效实施,建立数据运营管理体系等

(四)引领级

引领级(四级),除达到优化级要求外,区块链服务提供方应具备国内领先的研发创新能力,建立专门的服务管理部门,能够对管理过程进行持续改进优化,评价指标概况如表4所示。

表4 区块链服务能力成熟度引领级(四级)评价指标概况

级别	要素	内容概况
引领级	组织	具有由政府机构颁发的高新技术企业证书,专利、论文、软著、出版物等研究成果数量总和大于100,落地运营的区块链项目大于等于30,通过区块链项目服务的行业领域数量大于等于5,拥有或控制的总资产或固定资产大于等于8000万元,从事区块链软件开发和技术服务的团队人员数量大于等于200,区块链服务相关应用收入大于等于5000万元,主导区块链服务相关的国际标准、国家标准、行业标准的研制等
	人员	从业人员本科及以上学历占比大于等于80%,主要人员精通并熟练掌握区块链基础知识的应用能力,精通各类主流共识算法,精通高并发、高性能的分布式系统设计及应用、调优,深入理解HTTP协议,熟悉并发、多线程开发,能够在重大项目、课题实施、标准制定、修订等方面给出专家级的建议等
	技术	能提供权威第三方机构出具的区块链安全性、可靠性、合规性测试报告,区块链研发人员占比大于等于50%等

级别	要素	内容概况
引领级	资源	具备专用工具,区块链服务平台、数据规范使用与治理制度等
	管理过程	建立完整的服务质量保证体系,能对安全管理中的风险进行量化分析,风险管理活动融合在组织各项管理活动中,建立符合法律法规和行业监管的数据运营管理体系等

六 优化建议

目前,根据中国区块链技术和产业发展论坛(CBD-Forum)研制发布的团体标准《区块链服务能力成熟评价要求》(CBD-Forum-001-2021/CESA-2021-4-016),在成熟度研制阶段,主要采用关键指标法来构建评价要素,并按照区块链服务能力水平的高低,划分形成基本级、拓展级、优化级和引领级四个等级。

下一步,随着区块链服务和产业的不断发展成熟,在构建服务能力成熟度评价指标和方法时,还可以采用层次分析法来定义指标权重,并在评价方法中按照权重进行指标分数计算,最终形成更为直观、清晰的成熟度评价雷达图。

依照层次分析法进行计算时,结合组织、人员、技术、资源和管理过程5大类23小类的评价要素指标,可构建成对比较矩阵,并按照相应的权重计算不同级别的得分,如表5所示。

表5 "成对比较矩阵"和得分

等级	名称级别	得分	特征
一级	基本级	≥0.15	开始部分服务管理活动
			建立部分管理过程
二级	拓展级	≥0.35	基于项目的经验进行区块链服务管理
			依赖现有的能力支撑区块链管理过程
三级	优化级	≥0.55	建立服务管理流程
			明确服务的管理职责和责任
			明确服务管理过程的目标

续表

等级	名称级别	得分	特征
四级	引领级	≥0.75	引入最佳实践和方法对服务过程进行管理
			服务过程目标得到实现
			服务过程得到监督和控制

基于评价指标权重进行打分，还可以得到区块链服务机构组织、人员、技术、资源、管理过程5个评价要素的得分，并绘制形成区块链服务能力雷达图，从而直观、清晰、立体地反映区块链服务能力各项水平，如图3所示。

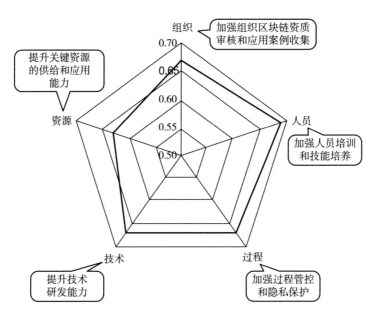

图3　区块链服务能力雷达图

七　未来展望

通过开展区块链服务能力成熟度标准化研究，面向产业提供服务能力成熟度评价的公共服务，将有以下几个方面的作用。

一是夯实产业基础，推动技术创新。面向区块链技术服务提供方和需求方，提供服务能力评价服务，从组织、人员、技术、资源和管理过程出发，夯实产业创新主体发展基础，促进区块链技术研发创新，提升区块链企业综合竞争能力。

二是提升服务质量，规范产业发展。以需求为导向，以标准为依据，构建区块链服务成熟度模型，开展区块链服务能力评价，协助企业构建区块链服务能力，促进区块链服务质量的提升，完善我国区块链服务体系，促进区块链产业规范发展。

三是加快产业进程，完善产业生态。通过开展评价工作，加速区块链单体应用向服务化转变，协助企业产生标准固化创新成果，争取在新一轮产业竞争中取得先机，为加快产业化进程奠定服务基础，推动完善产业生态，促进区块链产业良性发展。

未来，随着区块链服务能力成熟度评价体系的不断演进和优化，服务水平诊断难、改进难的问题将进一步得到解决，促进提升服务质量、优化服务成本、强化服务效能、降低服务风险，推动区块链产业高质量发展。

B.5
区块链基础设施安全测试体系构建

潘　妍　种法辉　佟　伟　杨梦琦　余宇舟*

摘　要： 区块链作为信息基础设施的一个重要构成要素在近年来越来越受到重视。在技术上不断进步的同时，不断落地的各类应用也对区块链的功能与性能提出了新的要求。针对区块链基础设施建设中存在的底链自主程度需要加强、技术兼容缺乏关注等问题，本报告通过梳理自主基础设施建设情况与区块链标准发展情况，结合测试实践，提出了区块链基础设施安全测试体系，旨在从功能、性能、兼容性等维度，为我国区块链基础设施的安全保驾护航。

关键词： 信息基础设施　区块链　基础硬件　基础软件

2021年6月，工信部、中央网信办联合印发的《关于加快推动区块链技术应用和产业发展的指导意见》，充分体现了国家对区块链发展及相关安全问题的重视，其中着重提到了要加强区块链基础设施和服务安全防护能力建设，常态化开展区块链技术对重点领域安全风险的评估分析；推动区块链与其他新一代信息技术融合，打造安全可控、跨链兼容的区块链基础设施。这些意见都为未来一段时间区块链技术应用和产业发展指明了方向。

（一）区块链技术现状与趋势

区块链技术是比特币等加密数字货币的支撑技术，自比特币问世以来已

---

* 潘妍、种法辉、佟伟、杨梦琦、余宇舟，国家工业信息安全研究中心。

经走过可编程货币、可编程金融、可编程社会三个阶段的发展历程。当前阶段，除了已经较为成熟的政务服务、司法存证、商品溯源，疫情防控的需求、"双碳"目标的提出和元宇宙的爆红也催生了疫苗溯源、可再生能源消纳、数字藏品等新兴应用场景。区块链可以通过分布式记账避免单点失效，通过共识机制和哈希算法实现数据防篡改，而非对称加密技术则为数据隐私保护与签名确权提供了解决方案。伴随着区块链的发展，基于其技术发展的关键问题研究也不断深入。随着元宇宙时代的到来，区块链作为其基础设施将保证虚拟世界中规则的透明与共治，并运用 NFT 确保虚拟身份的唯一不可复制。当前，区块链基础设施有如下四个发展趋势。

一是部署便捷，成本相对低廉。区块链技术的广泛应用需要基于应用成本的大幅降低与部署便捷程度的显著提升，而这也是近年来区块链技术的一个重要发展趋势，主要体现在三个方面。首先是基础设施不断完善。当前已经出现一批由政府或企业/社区主导的区块链基础设施。例如，国家信息中心牵头发起了区块链服务网络 BSN，其以互联网理念为开发者提供公共区块链资源环境，降低区块链应用和部署的成本，当前已经适配 Hyperledger Fabric、FISCO BCOS、百度超级链等多个联盟链框架。百度、蚂蚁集团等企业也推出了超级链开放网络、蚂蚁开放联盟链等产品，让用户在无须建链的情况下开发区块链应用。其次是硬件一体机不断发展，可以赋能区块链项目的快速部署和落地，如百度联合飞腾提出的区块链一体机联合解决方案以及蚂蚁集团的蚂蚁链一体机产品。最后是 BaaS 平台不断创新。BaaS 是区块链与云计算融合发展的典型产物，可充分发挥云计算服务的云端部署和管理便利的优势，满足同构异构网络联合组网中的区块链节点开发部署需求，降低开发者使用门槛和成本，支撑区块链场景的快速部署和落地。近年来，BaaS 平台技术呈现安全性能不断提升、可定制化特性不断增强、应用场景逐步深化的特点，各类面向行业的 BaaS 平台不断推出，涉及金融、能源、医疗等多个领域。腾讯、百度、IBM、微软等诸多企业均有 BaaS 产品推出。

二是性能优化，容量得到扩展。为了满足实际应用中海量数据的处理需

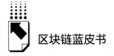
求，区块链的性能不断提升，可扩展性也在进一步增强。首先，共识机制正在向着更安全、更高效、可扩展的方向稳步发展。业界不断对共识机制进行改进，如 PoS 解决了 PoW 存在的资源浪费的问题、HotStuff 相较 PBFT 可以支撑更多共识节点、中国科学院与新泽西理工学院 2021 年提出的完全实用的异步共识算法"小飞象"交易吞吐量达到每秒近 1.8 万笔。同时，共识协议扩展也逐渐成为各区块链底层框架的"标准配置"，国内联盟链平台如智臻链①，国际区块链底层平台如 Hyperledger Fabric、R3 Corda② 均支持包括可插拔共识机制在内的共识机制扩展。其次，Layer 2 扩容方案快速完善并得到应用。Layer 2 方案包括 Rollup、状态通道等，这些方案的性能正在不断得到验证。zkSync、StarkWare、Arbitrum、Optimism 等均可以在不同程度上改善以太坊主网的性能，其中 StarkWare 可将吞吐量提升至 3000TPS。③最后，分片技术、DAG 技术等也将有效提升区块链的性能。④ 分片技术是将网络分片，其中每个分片独立并发处理全网交易。DAG 是一种有顶点和边的图结构，可以保证从一个顶点沿着若干边前进而永远不回到原点，其优势在于节点越多交易验证速度越快，且理论上无上限。

三是互联互通，生态环境优化。无论是早期的以金融为主还是当前包括工业制造、司法存证等在内的更为多元的应用场景，区块链底层平台在数据结构、通信协议等方面的差异都将形成阻碍区块链应用进一步发展的链间信息"孤岛"。作为互联网 3.0 时代的基础设施底座，区块链系统将面临更多互联互通的需求。跨链技术可以实现不同的、独立的区块链上的信息和价值的交流互通，在区块链大规模应用落地的背景下至关重要。跨链的主要技术路线有哈

---

① 《百舸争流，盘点我国主流区块链企业联盟链技术与应用》，陀螺财经，https://new.qq.com/rain/a/20210308A0CR0S00。
② Akash Takyar, "TOP BLOCKCHAIN PLATFORMS OF 2022," https://www.leewayhertz.com/blockchain-platforms-for-top-blockchain-companies/.
③ Kyber Network, Research：Trade-offs in Rollup Solutions. https://blog.kyber.network/research-trade-offs-in-rollup-solutions-a1084d2b444.
④ 李洋、门进宝、余晗等：《区块链扩容技术研究综述》，《电力信息与通信技术》2022 年第 6 期。

希时间锁定合约、侧链/中继、公证人机制和分布式私钥控制四种，国内主流联盟链跨链平台中最受欢迎的是中继路线。同时，为了连接更多的用户，实现更广泛的应用，开源是区块链发展的必由之路。[①] 服务于实体经济和开源生态的区块链技术和产业路线已经经受市场检验[②]，工信部等发布的《关于加快推动区块链技术应用和产业发展的指导意见》也要求加快建设区块链开源社区，培育高质量开源项目，大力推广成熟的开源产品和应用解决方案，打造良性互动的开源社区新生态。表1列出了国内主流联盟链跨链平台技术路线。

表1　国内主流联盟链跨链平台技术路线

名称	技术路线
WeCross	UBI 协议+跨链路由/中继链+哈希时间锁定+二阶段提交
XuperCross	XIP 协议+中继链/TEE 可信中继
BitXHub	IBTP 协议+中继链、跨链网关积木架构
ODATS	协议栈+端到端组网+跨链编程
JD BIOS	中继链+跨链网关+事务控制+实时管控

资料来源：区块链技术与数据安全工信部重点实验室等《区块链能源电力行业应用实践报告》。

四是数据价值得到充分凸显。区块链作为一种数据存储和处理的革新方式，可以保证数据的安全与可信流通，在以数据为核心的数字经济时代应用价值重大。区块链技术近年来的不断发展、与其他新一代信息技术的融合创新，为数据要素价值的发挥奠定了基础。首先是与隐私计算技术进行融合。隐私计算包含硬件、密码学、分布式机器学习等多种底层技术，能够在不泄露数据的前提下实现数据的分析计算，主要包括可行执行环境、多方安全计算以及联邦学习三大技术路线。将隐私计算与区块链技术结合，可以协同建立多参与方数据共享共治的机制，解决流程可溯、数据资产确权、计算过程协调等方面面临的问题。国际方面，Oasis Labs 通过将计算、共识、存储分

---

① 《圆桌实录：区块链开源生态建设 | 2021 世界区块链大会》，碳链价值，https://www.ccvalue.cn/article/1218944.html。

② 《区块链开源走出"概念"验证》，和讯科技，https://www.sohu.com/a/507971280_170520。

离并采用 TEE 可信执行环境,有效解决了目前公链存在的扩展性和隐私性问题。③国内方面,蚂蚁链基于其新的区块链架构推出了区块链隐私协作网络平台 FAIR,将隐私计算与区块链融合进单个系统。同时,海量链下数据的价值发挥需要区块链与链下系统进行数据交换,并且对所交换的信息加以使用。为满足这一需求,以预言机为代表的解决方案不断涌现。国际方面的预言机案例有基于以太坊的 Town Crier 和 ChainLink、依托亚马逊 AWS 服务以及 TLSNotary 技术的 Oraclize,国内方面,微众银行推出开源联盟链可信预言机 Truora,通过使用多数据源访问数据并引入可信数据源的方式解决数据源的可信问题,超级链智能预言机可帮助智能合约连接包括 AI 训练模型、IoT 物联网、云服务、支付系统等在内的链下资源。

(二)当前技术面临的问题

虽然区块链技术已经取得一些积极进展,但因技术从产生开始就存在缺陷,现有模式无法同时实现"去中心化"、"高安全性"和"高处理性能"。此外,还面临底层平台自主可控性问题、链间兼容性问题、底层硬件间兼容适配问题等,技术仍有诸多待优化提升空间。

首先,底链的自主可控程度有待加强。

如图 1 所示,当下区块链项目主要使用超级账本技术,以太坊、EOS 和比特币应用也比较多。虽然我国国内 FISCO BCOS、长安链等开源项目的影响力正在稳步扩张,但是自研区块链平台总体上起步较晚且应用普及程度不高。对国外开源技术的过度依赖会产生较多问题,如除了需要应对开源软件本身存在的漏洞攻击问题,还将面临可能的技术封锁。因此,要对拥有自主知识产权的安全可控的区块链系统研发加大支持力度,扩大其影响范围,坚持开放的思维,丰富国内区块链的应用生态,同时鼓励开源,确立生态优势。

其次,技术兼容问题有待关注。要使区块链基础设施安全易用,除了要提高区块链自身关键技术的安全性和性能外,还需要区块链平台与基础软硬件较好地兼容适配。当前,我国自主信息技术体系蓬勃发展,正处于技术创

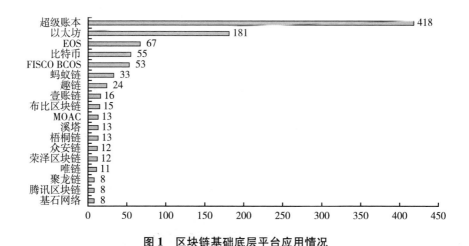

图 1　区块链基础底层平台应用情况

资料来源：清华大学社会治理与发展研究院、中关村大数据联盟《2021 中国区块链产业生态地图报告（第三期）》。

新和产品迭代升级的关键时期，相关软硬件产品能力稳步提升。以操作系统为例，我国自主操作系统市场规模呈现逐年增长的趋势（见图2），其应用也逐渐覆盖了党政、金融、教育、能源等各行各业。在我国自主软硬件应用逐步普及的背景下，深耕于这些行业的区块链应用也需要随之调整适应。此时，区块链平台必须能够适应不同的基础软硬件环境以保障应用的安全稳定运行。

再次，底链自身安全问题也不容忽视。区块链相关系统及产品功能实现环节较多，只要任何一个环节出现差错，区块链的安全就会受到威胁。目前，针对区块链的安全攻击主要包括三大类：一是为了获取区块奖励的攻击事件，比如自私挖矿、区块截留等攻击；二是为了实现双重支付的攻击事件，比如51%攻击、贿赂攻击等；三是为了干扰其余节点的攻击事件，如日蚀攻击、女巫攻击等。

最后，区块链关键技术仍有待突破。一方面，高性能、高安全性、强隐私、互联互通等方向的关键技术依然有较大优化空间，去中心化数字身份、NFT 技术等新兴方向研究尚处于起步阶段，区块链与人工智能、物联网、隐

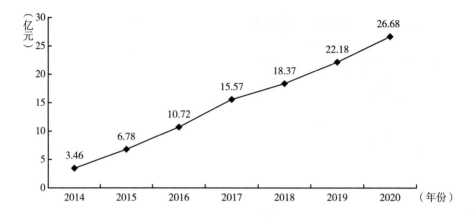

图2 自主操作系统市场规模变化

资料来源：智研咨询：《2021-2027年中国操作系统行业市场全景调查及投资策略研究报告》。

私计算等技术融合尚未得到大范围应用验证。在面对海量的终端设备、复杂的网络环境、异构的平台互联等发展趋势时，区块链软硬件协同、分布式应用安全、异构节点部署、安全态势感知等核心技术攻关亟待加强。

（三）区块链基础设施安全测评体系构建

自主基础软硬件，已逐渐形成从底层硬件到上层应用的产业链，这为区块链产品部署提供了更多的选择。同时，自有体系的建立，为区块链行业未来发展提供了有力的保证，助力区块链应用的创新与综合发展，维护了区块链基础设施安全。

1.自主基础设施发展

自主基础设施产业涵盖范围较广，细分领域十分庞杂，我们仅以核心的自主主流CPU、操作系统、数据库等为代表的通用基础软硬件为例，进行简要阐述。

自主通用服务器采用的主流CPU主要有基于X86架构的兆芯、海光，基于ARM架构的飞腾、鲲鹏，以及基于LoongArch架构的龙芯等。基于X86和ARM架构的CPU在当前与下游软硬件的兼容情况较好，适配产品较为丰富。借助自主基础软硬件快速发展契机，各自主 CPU 厂商都在加大研发力度，加速产品迭代，产业发展势头良好。

操作系统作为基础设施的核心，在管理计算机或服务器资源的同时提供方便的用户操作界面，是基础且重要的软件产品。目前，以麒麟和统信为主的自主操作系统已经建立起较为成熟的生态，在党政、金融以及其他行业的应用越来越广泛，其基于 Linux 内核的产品形态，也有助于系统不断向其上迁移和改造。

除了操作系统，数据库是另一核心的基础软件。国内数据库主要厂商包括武汉达梦、南大通用、神舟通用、人大金仓、阿里巴巴等。无论是关系型数据库，还是非关系型数据库，国内都有一批有一定竞争力的成熟产品，尤其是 OceanBase 等分布式数据库在各领域应用情况良好。这为区块链在自主基础软硬件上发展，提供了有利条件。未来，随着区块链与基础设施的不断兼容，自主数据库和区块链的生态将更加完善。

2. 区块链标准发展

国际方面，区块链标准化工作的主要代表是国际标准化组织（ISO）、国际电信联盟（ITU）和电气电子工程师学会（IEEE）。其中，ISO 2016 年设立区块链和分布式记账技术委员会（ISO/TC307），ITU 的区块链领域标准化工作 2017 年初启动，IEEE 则于 2018 年启动了 IEEE 区块链计划。截至 2022 年 6 月 ISO 已有 9 项标准发布，内容涵盖术语解释、参考架构、治理、隐私保护等内容，侧重基础技术。ITU 则是技术与应用并重，除了涉及各类安全问题，还覆盖了物联网等领域，截至 2022 年 6 月初共有 25 项标准。IEEE 侧重应用类标准，已发布的标准和正在研制的标准均大量涉及数字资产，此外还有诸多防疫相关标准立项。

国内方面，主要包括国家标准、行业标准、地方标准和团体标准。其中团体标准发展最快、数量最多，截至 2022 年 5 月已有 82 项发布。团标覆盖的领域也较为广泛，包括通用基础技术、行业应用、企业评估等。行业标准已发布 5 项，分布在金融和通信行业，注重具体融合应用。地方标准已发布 20 项，较好地结合了地方产业特色，如贵州侧重扶贫和数据资产交易、内蒙

古关注农畜产品溯源。无论国家、行业、地方或团体标准，区块链安全都是倍受重视的领域，已经立项的国家标准包括《信息安全技术　区块链技术安全框架》《信息安全技术　区块链信息服务安全规范》，已发布的2项通信行业标准均与安全相关，地方标准中湖南省发布了《区块链网络安全技术测评标准》等，团体标准中则有《区块链智能合约安全一般要求》《区块链数据安全规范》等更多的与安全相关的文件，致力于解决自主信息体系下区块链兼容问题的《区块链　融合应用测试总体要求》也已经启动制定。

3.区块链基础设施安全测评体系研究

（1）区块链安全测试研究分析

目前区块链面临着诸多方面的安全挑战，从区块链基础架构来看，区块链安全问题主要包括数据层、网络层、共识层、激励层、合约层、应用层六大方面（见图3）。

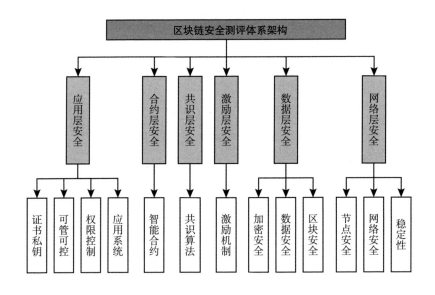

图3　区块链安全测评体系架构

应用层所面临的安全问题主要包括监管技术缺失、跨链操作以及其他攻击，如后门攻击、木马攻击、中间人攻击、钓鱼攻击等。合约层所面临的安全问题主要包括隐私保护、文本安全、代码漏洞、形式化验证不完善问题等。激励层所面临的安全问题主要包括激励不相容问题，如自私挖矿攻击、扣块攻击、激励不可持续等。共识层所面临的问题主要包括安全性证明不完备、安全性假设不可靠、一致性不稳定、扩展性差、初始化困难、重构困难等。网络层所面临的安全问题主要包括网络拓扑攻击、隐私保护、P2P安全漏洞，如DDoS攻击、路由攻击、蠕虫、木马、病毒等。数据层所面临的问题主要包括量子计算威胁、密钥管理不当、交易关联性问题、代码漏洞，如交易延展性攻击等。针对上述安全问题，我们研究设计了安全指标体系，包括6个一级指标，13个二级指标，97个测试点，测评指标可根据不同区块链产品需求进行适当裁剪或增加。

（2）区块链基础测试研究分析

随着区块链系统的广泛应用，除产品本身的功能及性能外，其运行的基础设施环境逐步受到广泛重视。基于自主技术环境测试一款区块链产品，主要包括但不限于系统的功能性、性能效率、易用性、安全性、稳定性、可维护性、可移植性、合规性等，从而全面检验区块链产品的成熟度水平。为此，需要构建满足实际需求的测试体系，以达到检验区块链技术是否能够很好地兼容自主技术的基础设施平台的目的，从而为区块链系统在自主技术平台上实际使用提供技术支持，更好地推动区块链系统的高质量发展，助力打造基于安全基础设施的区块链生态。

功能性测试方面，对于在自主技术基础设施上，区块链系统是否能够进行大规模部署，发挥更大作用，需要看其是否具备完善、准确、可靠的节点生命周期管理，节点授权，节点状态监测，节点故障监测，节点网络状态监测等能力。性能效率方面，区块链产品在自主基础软硬件上的性能测试，主要考察高并发下的吞吐反映情况、长期负载下的表现等，主要的考核指标有响应时间、TPS等。密码应用方面，随着国家密码管理局陆续发布和实施一系列国家商用密码算法，如SM2、SM3、SM4、SM9等，区块链产品对国密算法的支持也将成为未来测试的重点之一。可靠性方面，需考虑节点使用的可靠性、事务执行的可靠性、系统的容错性、故障恢复时间以及长时间负载

运行的系统稳定性等，从而保证所承载业务在高低并发环境中能长期稳定运行，系统不崩溃，信息不出错、不丢失。兼容性方面，在区块链基础设施安全体系中，还需要测试其是否可在自主底层基础设施上稳定运行，兼容适配性是否良好，是否能够兼容自主主流芯片（如鲲鹏、飞腾、海光、龙芯等）并支持主流操作系统（如麒麟、统信等）等。

　　未来，要通过应用牵引，不断完善和优化各场景下区块链技术应用方案，提升技术效能及安全性，探索区块链与自主技术和新兴技术的融合发展，更好地支撑构建安全可控的数字基础设施。

参考文献

[1]《百舸争流，盘点我国主流区块链企业联盟链技术与应用》，陀螺财经，https：//new. qq. com/rain/a/20210308A0CR0S00。

[2] Akash Takyar，"TOP BLOCKCHAIN PLATFORMS OF 2022," https：//www. leewayhertz. com/blockchain-platforms-for-top-blockchain-companies/.

[3] Kyber Network， Research：Trade - offs in Rollup Solutions. https：//blog. kyber. network/research-trade-offs-in-rollup-solutions-a1084d2b444.

[4] 李洋、门进宝、余晗等：《区块链扩容技术研究综述》，《电力信息与通信技术》2022 年第 6 期。

[5]《圆桌实录：区块链开源生态建设 | 2021 世界区块链大会》，碳链价值，https：//www. ccvalue. cn/article/1218944. html。

[6]《区块链开源走出"概念"验证》，和讯科技，https：//www. sohu. com/a/507971280_ 170520。

[7]《一文读懂区块链隐私计算平台 Oasis Labs》，碳链价值，https：//www. ccvalue. cn/article/590840. html。

技术创新篇
Technology Innovation Reports

B.6
zkLedger++：一种增强型的
可审计隐私保护账本

朱 立[*]

摘　要： 如何兼顾交易的可验证性和隐私保护，是区块链技术面临的重要
挑战。由 MIT Media Lab 设计的 zkLedger，是世界上第一个能同
时保护交易隐私并提供快速审计和监管的加密公共账本系统。在
zkLedger 的基础上，本报告提出了一种名为 zkLedger++的可审计
隐私保护账本技术，对 zkLedger 进行了增强，可以通过较小的性
能代价有效解决 zkLedger 面临的安全问题。zkLedger++是可供银
行、证券等行业构建具有隐私保护能力且可进行外部审计的集中
式或分布式账本。

关键词： 区块链　零知识证明　隐私保护　监管　银行系统

---

* 朱立，上交所技术有限责任公司。

　　区块链概念起源于中本聪关于比特币①的构想，它是一种建立在 P2P 网络上的分布式账本技术。区块链技术通过使用哈希函数、Merkle Tree②、数字签名等密码学算法，以及 PoW、PBFT③、HotStuff④ 等共识机制对交易顺序、交易内容乃至交易结果进行交叉比对及验证，使分布式账本具备不可篡改、去中心化、计算可信等特点，有效地降低了不同节点的信任成本，因此在版权保护、物联网、供应链、凭据业务、跨境支付等领域有着广泛的应用前景。⑤ 然而，在很多区块链中，交易的可验证性必须建立在数据公开的基础上，此时的验证行为虽然确保了交易的正确性，但也带来了数据隐私泄露的问题。

　　为了兼顾隐私保护，近年来又出现了诸多以隐私保护为主要目标的区块链项目，其中最具代表性的项目为 Dash⑥、Monero⑦、ZCash⑧、Zether⑨。Dash 的设计思想是通过合币（CoinJoin）操作，在 UTXO 模型下将不同用户的多笔交易合并为一笔交易后公开，因此外界较难关联交易的输入输出，从而达到混淆操作、保护隐私的目的。Monero 是在 CryptNote⑩ 的基础上发展

① Nakamoto, S., Bitcoin, A., "A peer-to-peer electronic cash system," [Online], available：https：//bitcoin. org/bitcoin. pdf, 2008.

② Merkle, R. C., "Protocols for public key cryptosystems. In：1980 IEEE Symposium on Security and Privacy," Oakland, USA：IEEE, 1980. 122–122.

③ Castro, M., Liskov, B., "Practical Byzantine fault tolerance and proactive recovery," *ACM Transactions on Computer Systems*, 2002, 20（4）：398–461.

④ Yin, M., Malkhi, D., Reiter, M. K., Golan, G., Abraham, I., "HotStuff：BFT Consensus with Linearity and Responsiveness," In：Proceedings of the 2019 ACM Symposium on Principles of Distributed Computing, Toronto, Canada：ACM, 2019, 347–356.

⑤ Narayanan, A., Bonneau, J., Felten, E., et al., *Bitcoin and cryptocurrency technologies：a comprehensive introduction*, Princeton：Princeton University Press, 2016, 15–26.

⑥ Duffield, E., Diaz, D., "Dash：A privacycentric cryptocurrency," [Online], available：https：//www. whitepapertracker. com/wp/Dash/Dash_ whitepaper. pdf, 2015.

⑦ Noether, S., Mackenzie, A., "Ring confidential transactions," *Ledger*, 2016, 1：1–18.

⑧ Sasson, E. B., Chiesa, A., Garman, C., et al., "Zerocash：Decentralized anonymous payments from bitcoin," In：2014 IEEE Symposium on Security and Privacy, San Jose, USA：IEEE, 2014, 459–474.

⑨ Bünz, B., Agrawal, S., Zamani, M., et al., "Zether：Towards Privacy in a Smart Contract World," IACR Cryptology ePrint Archive, 2019, 191.

⑩ Nicolas, S., "CryptoNote v 2. 0," [Online], available：https：//cryptonote. org/whitepaper. pdf, 2018.

而来，通过隐蔽地址技术来隐藏接收方地址，同时通过环签名技术和
Pedersen 承诺[1]的结合来隐藏发送方地址和交易金额，从而实现较为完善的
隐私保护。ZCash 基于零知识证明协议 zk-SNARKs[2] 来隐藏交易信息，被认
为是隐私保护效果最好的数字货币。[3] 与基于 UTXO 模型的 ZCash 不同，
Zether 是一个基于账户模型的隐私货币项目，能对交易金额、账户余额进
行有效保护，而账户模型也更接近传统金融行业的习惯。Mimblewimble[4]
是一种增强隐私和扩容的区块链协议，取消了比特币中的"地址"概念，
并通过 Pedersen 承诺隐藏交易金额，从而将交易发送方、接收方和金额
隐藏起来，让任何未参与交易的人无法查看，同时提供了类似合币操作
的能力。

各类隐私保护区块链项目的推出也进一步促进了零知识证明的发展。
Maller 等将零知识证明的大小减少为常量级，并且优化了批量验证的效率[5]；
Ben 等取消了零知识证明协议 zk-SNARKs 的可信初始化设置要求，使其更
为安全可信，因此也更适用于区块链场景。[6] 零知识证明协议的产生使隐私

---

① Pedersen, T. P., "Non-interactive and information-theoretic secure verifiable secret sharing," In：Annual international cryptology conference, Santa Barbara, USA：Springer, 1991, 129−140.

② Ben, S. E., Chiesa, A., Genkin, D., et al., "SNARKs for C：Verifying program executions succinctly and in zero knowledge," In：Annual cryptology conference, Santa Barbara, USA：Springer, 2013, 90−108.

③ Lie, H. Z., Feng, G., Meng, S., et al., "Survey on Privacy Preserving Techniques for Blockchain Technology," *Journal of Computer Research and Development*, 2017, 54（10）：21−70.

④ Jedusor, T. E., "Mimblewimble," ［Online］, available：https：//download. wpsoftware. net/bitcoin/wizardry/mimblewimble. txt, 2016.

⑤ Maller, M., Bowe, S., Kohlweiss, M., et al., "Sonic：Zero-knowledge SNARKs from linear-size universal and updatable structured reference strings," In：Proceedings of the 2019 ACM SIGSAC Conference on Computer and Communications Security, London, UK：ACM, 2019, 2111−2128.

⑥ Ben, S. E., Bentov, I., Horesh, Y., et al., "Scalable, transparent, and post-quantum secure computational integrity," IACR Cryptology ePrint Archive, 2018, 46；Wahby, R. S., Tzialla, I., Shelat, A., et al., "Doubly-Efficient zkSNARKs Without Trusted Setup," In：2018 IEEE Symposium on Security and Privacy, San Francisco, USA：IEEE, 2018, 926−943；Bünz, B., Bootle, J., Boneh, D., et al., "Bulletproofs：Short proofs for confidential transactions and more," In：2018 IEEE Symposium on Security and Privacy, San Francisco, USA：IEEE, 2018, 315−334.

方案的设计更加灵活，效率更高，也都可用于本报告算法的实现。

以上这些隐私项目虽然能在一定程度上保护数据隐私，但因为都是公链项目，刻意回避了对监管和审计的支持，因此其中的技术不适用于正规金融机构间的交易与结算。鉴于此，设计一种基于可验证性和隐私保护能力并能进一步支持第三方审计的公共账本，在金融领域将有广泛的应用前景。

麻省理工学院媒体实验室（MIT Media Lab）在 NSDI'18 会议上公布的 zkLedger①，是世界上第一个能同时保护参与者隐私并提供快速审计和监管的加密账本系统，适用于支持交易频率低、交易额度大、参与机构有限的柜台市场。

借助密码学技术，zkLedger 账本的主要参与方（银行）可以在账本上完成非公开的资产转账交易，交易者身份和交易金额只对交易相关方公开，且外界也无法在不同交易间形成关联。与此同时，该交易的合法性又可经受公开验证。在被审计银行的配合下，第三方审计师还可以在不获知各交易细节的同时，对诸如"花旗银行某个时点账本上的总资产正好是 1000 万美元"之类的审计问题得到其正确性由密码学加以保证的结论。

虽然 zkLedger 的设计目标非常理想，但本报告通过分析认为，zkLedger 的现有设计存在问题，面对特定攻击将无法满足最低限度的审计要求，甚至将丧失最基本的资产转账能力。

目前，虽然有研发者致力于对 zkLedger 的功能和性能进行改进②，也有研究者将 zkLedger 和其他隐私账本技术进行比较，但尚未有人提及 zkLedger 的安全漏洞，更不用说制定修正方案。

本报告提出了一个名为 zkLedger++的账本，针对 zkLedger 存在的问题提出了两种不同的修正方案。简单的修正方案通过穷举猜出恶意转入的总金

① Neha, N., Willy, V., Madars, V., "zkLedger: Privacy-preserving auditing for distributed ledgers," In: 15th USENIX Symposium on Networked Systems Design and Implementation, Renton, USA: USENIX, 2018, 65-80.

② Alberto Centelles, Gabe Dijkstra, "Extending zkLedger with private swaps," [Online], available: https://cdn2.hubspot.net/hubfs/6034488/privateledger.pdf, 2019.

额，在资产总流通量较小的情况下可以恢复受害方的对外支付能力，但不能完全满足审计要求；完善的修正方案要求在资产转入方参与协作的前提下准备交易，完全规避了前述攻击，能够全面恢复系统的正常功能。

下文首先对 zkLedger 的设计进行回顾和形式化描述，其次对 zkLedger 存在的问题进行分析并指出其后果，最后针对存在的问题提出两种修正方案。

（一）zkLedger 设计回顾

有关 zkLedger 的论文并未对算法进行完整描述，对于构造交易及验证交易过程中使用的零知识证明更是语焉不详，但有项目源码仓库可资参考。为便于分析问题，下文将结合论文，参照源码，用形式化的语言对 zkLedger 算法重新进行描述。

1. 业务模型

有一个公共加密账本 zkLedger，其相关方分为三种角色：发行者、银行、审计师。在公共账本之外，参与者都有自己的私有簿记系统，用以保存各类私有信息。参与者可以通过公共账本之外的渠道进行各类沟通协作，如完成交易意向达成、交易记录准备、审计过程沟通等工作。

发行者的地位类似央行，可以在公共账本上创设和销毁各类资产。银行可以通过转账交易在彼此间进行各类资产的转移。审计师可以对公共账本交易的某些方面进行外部验证。在现实生活中，获得特别授权的审计师也可以查看私有簿记系统并将其与公共账本中的记录进行比对。

公共加密账本是一张二维表，用不同的列对应不同的银行，相当于银行在账本上的账户。表的每一行记录一笔转账交易，交易序号从 1 开始且单调连续递增。一个公共账本可以同时记录多种不同资产的转账交易，表中可以引入专门的一列对不同种类的资产进行区分。

公共账本可以依托区块链构建，也可以由可信第三方维护。方案要点是零知识证明技术的运用，底层账本是否去中心化并非关键。

2. 安全目标

zkLedger 的安全目标是在维护一个可公开验证的交易账本的同时，隐藏

交易金额、参与者信息和交易关联信息，用于实现交易隐私保护，但交易的某些信息，如交易资产类别和交易时间等则是完全公开的。

对交易的公开验证包括如下方面的检查：资产转出方未透支资产、转入账户收到的资产等于转出账户减少的资产、转出交易得到了资产转出方的授权。

账本的可审计性是指：在被审计方的配合下，第三方审计师可以通过查询账本得到可靠的答案。zkLedger 支持若干种基本查询，最基本的查询是确认某一时点加密账本中被审计的银行真的拥有给定数量的某种资产。

3. 威胁模型

zkLedger 基于通用密码学技术构建，虽然使用了某种非交互式零知识证明，但不需要可信的初始化设置。

算法假设银行是不诚实的。银行可能试图偷盗资产、隐藏资产、修改账户余额、对审计师撒谎等，银行也可能任意地彼此勾结。

算法不予考虑的威胁场景有：交易参与者主动泄露隐私信息、公共账本维护者不记录交易或账本不可用、通过全网网络流量分析定位交易参与者、过度频繁的外部审计等。

除了给定的例外场景，zkLedger 要求即使存在不诚实银行的威胁，仍能确保账本达成前述安全目标。

4. 算法描述

zkLedger 的构件之一是 Pedersen 承诺。假设 G 是一个 s 阶循环群（比如椭圆曲线 secp256k1 定义的群），g 和 h 分别是 G 的两个随机选择的生成元，整数 $v \in \{0, 1, \cdots, s-1\}$，随机均匀抽取盲化因子 $r \in \{0, 1, \cdots, s-1\}$，对 v 的 Pedersen 承诺是 CM (v, r)：$= v \times g + r \times h$。

在最简单的情况下，银行总数保持不变，记为 n。虽然 zkLedger 也提供了 n 变动时的处理方法，但对本报告而言这部分并不重要，故不做解释。

这 n 家银行分别用 Bank_1，$\cdots$，Bank_n 来表示。Bank_i 随机生成一对公私钥 (sk_i, pk_i)，其中公钥 pk_i：$= sk_i \times h$，私钥 sk_i 自行妥善保存，公钥向系统中全体参与者公开。

zkLedger 支持多种资产，不同资产的交易虽在同一公共账本中依次排列，但不同资产的交易生成、交易校验彼此独立，因此不同资产实际上分属公共账本的多个逻辑子账本。由于多资产的处理只是单一资产的简单扩展，为简单起见，下文假设系统中只存在单一资产，其资产标识也无须在交易记录中出现。

资产的创设和销毁是专属发行者的公开操作。系统允许的单一资产发行总量有一个技术上限 $MaxV$（在 zkLedger 当前的实现中 $MaxV$ 是 $2^{40}-1$），资产发行总量 ISSUE 是 $[0, MaxV]$ 之间的一个整数。任何银行持有的资产总量和单笔转账的资产数量都用整数表示，隐含多少位小数则因资产而异。

由于本报告只与需要实施隐私保护的资产转账操作相关，为简化问题，下文将假设公共账本只包含资产转账交易记录。公共账本是一个数组 txn []，txn [i] 对应第 i 笔转账交易，数组下标从 1 开始连续递增编号。公共账本不直接记录每个银行的资产总量（也称为"余额"），要获知资产总量必须通过按列加总各交易的资产进出数量间接求取。

txn [i] 本身是个定长一维数组，固定包括 n 个元素。其第 j 个元素 txn [i] [j] 记录了 Bank$_j$ 参与交易 i 的具体情况，并附有相应的零知识证明。

在一笔交易中，银行的角色只能是转出方、转入方或无关方之一。一笔转账交易可能涉及 n 个银行中的多个转出方和多个转入方。转出方和转入方的交集一定为空。转出方和转入方的总数可以小于 n，因为可能存在既不是转出方也不是转入方的无关方。

为简化问题描述，暂时只考虑每笔转账交易 i 只有一个转出方和一个转入方的情形（算法很容易扩展到多个转出方和转入方的场景）。设转账交易 i 的转出方下标为 c_i，转入方下标为 d_i（$1 \leq c_i \leq n$, $1 \leq d_i \leq n$, $c_i \neq d_i$），涉及的资产转出总量是 $value_i$，$0 \leq value_i$。资产转账完成后，Bankc_i 的资产记减 $value_i$，Bankd_i 的资产记增 $value_i$。不允许执行资产转出后会令转出方资产总量小于 0 的交易，即资产转账不允许出现透支。

在公共账本中，txn [i] [j] 表现为一个 6 元组（cm_{ij}, rt_{ij}, cm'_{ij}, rt'_{ij},

π_{ij}^A，π_{ij}^C）①。除此之外，在整行 txn［i］上还有一个不占据存储空间的隐含约束条件 π_i^B。简单地说，cm_{ij} 是经过盲化处理的资产转入或转出数量，rt_{ij} 是辅助审计的加密令牌，约束条件 π_i^B 确保转账过程不创建或销毁资产，cm'_{ij}，rt'_{ij}，π_{ij}^A，π_{ij}^C 和其他各项配合用来确保转账过程不出现透支。

除了在公共账本中拥有自己的专属列，每个 Bank$_j$ 都有一个私有簿记系统，其中记录有 Bank$_j$ 自己认为的涉及自身的资产出入信息。与本报告相关的部分只有 Bank$_j$ 所知的每笔资金的进出方向和数量，建模为如下映射 localtxn$_j$（i）：

当 Bank$_j$ 认为自己是 txn［i］的转出方且自身转出数量是 w_{ij} 时，localtxn$_j$（i）：$=-w_{ij}$；

当 Bank$_j$ 认为自己是 txn［i］的转入方且自身转入数量是 w_{ij} 时，localtxn$_j$（i）：$=w_{ij}$；

当 Bank$_j$ 认为自己是 txn［i］的无关方时，localtxn$_j$（i）：$=0$。

txn［i］［j］中保存有 2 个零知识证明 π_{ij}^A，π_{ij}^C。每个零知识证明有多种实现方式，但与本报告相关的只是其证明了什么。

本报告约定用 $\pi\leftarrow\{$（pubinfo；witness；irrelevant）：$R\}$ 的形式表示一个零知识证明实例 π：π 可用来向验证者 V 证明 π 的构建者 P 知晓私密信息 witness，且公开信息 pubinfo、P 掌握的秘密信息 witness、P 知道与否并不相干的信息 irrelevant 三者满足给定的约束关系 R。配套的验证函数记作 Verify$R$（pubinfo，π），如果函数返回 true，就表明验证者 V 可以通过公开信息和零知识证明 π 的结合确信 π 确实符合约束关系 R 且能够证明 P 掌握令关系 R 成立的秘密信息 witness；如果函数返回 false，则表明 P 给出的证明 π 不可取信。

符合要求的零知识证明算法需要满足以下两个条件。

可靠：如果构建者 P 不知道和 pubinfo 配套的私密信息 witness 时，则 P

---

① 在关于 zkLedger 的论文中，cm'_{mj} 和 rt'_{mj} 原本是作为 π^A 零知识证明的一部分提供的，但提取出来更易于理解。

能构建出令 VerifyR（pubinfo，π）返回 true 的 π 的可能性小到忽略不计。

完备：如果构建者 P 知道和 pubinfo 配套的私密信息 witness，则 P 一定可构建出令 VerifyR（pubinfo，π）返回 true 的 π。

假设当前在公共账本中已有 $m-1$ 笔交易，现在着手准备第 m 笔交易 txn$[m]$。根据 zkLedger 的设计，txn$[m]$ 可以由转出方单方面构建，无须转入方参与。[①]

txn$[m]$ 的设置逻辑分为三部分，算法 1 中的伪代码在设置 cm_{mj}，rt_{mj} 的同时确保隐含约束条件 π_m^B 成立。伪代码中出现的符号 $x \overset{\$}{\leftarrow} R$ 表示从集合 R 均匀随机抽取变量 x。表 1 列示了 txn$[m][j]$ 的初始逻辑。

表 1　算法 1 txn$[m][j]$ 的初始逻辑

1	for $j := 1$ to n begin
2	if $j = c_m$ then // Bank$_j$ 是资产转出方
3	$v_{mj} := -\text{value}_m$
4	elseif $j = d_m$ then //Bank$_j$ 是资产转入方
5	$v_{mj} := \text{value}_m$
6	else //Bank$_j$ 是交易无关方
7	$v_{mj} := 0$
8	endif
9	
10	if $j < n$ then
11	$r_{mj} \overset{\$}{\leftarrow} \{0, 1, \cdots, s-1\}$
12	else
13	$r_{mj} := -1 \times \sum\limits_{k=1}^{n-1} r_{mk}$
14	endif
15	
16	$cm_{mj} := v_{mj} \times g + r_{mj} \times h$
17	$rt_{mj} := r_{mj} \times pk_j$
18	end

---

① 一家支付的银行可以在不与其他银行交互的情况下创建一笔支付自身资产的交易。

在算法 1 中，行 2 到行 8 为 Bank$_j$ 设置资产转入值 v_{mj}，转出方的 $v_{mj}<0$，转入方的 $v_{mj}>0$，无关方的 $v_{mj}=0$。为确保资产转入值的私密性，实际写入 cm_{mj} 的是将 v_{mj} 盲化后的 Pedersen 承诺。rt_{mj} 是审计辅助 Token，其作用留待第 3 部分解释。

行 10 到 14 的作用是确保隐含约束条件 π_m^B 成立，因为在正确的转账交易中各方资产转入值的总和 $\sum\limits_{k=1}^{n} v_{mk} = 0$，而行 10 到行 14 又确保了 $\sum\limits_{k=1}^{n} r_{mk} = 0$，故正确的交易中各项 Pedersen 承诺的和恒等于群元素 0：

$$\sum_{k=1}^{n} cm_{mk} = \sum_{k=1}^{n} (v_{mk} \times g + r_{mk} \times h) = \sum_{k=1}^{n} v_{mk} \times g + \sum_{k=1}^{n} r_{mk} \times h = 0$$

表 2 列示了 zkLedger 中 π_{mj}^A 的设置逻辑。

表 2　算法 2 zkLedger 中 π_{mj}^A 的设置逻辑

1	for $j := 1$ to n begin
2	$rp_{mj} \xleftarrow{\$} \{0, 1, \cdots, s-1\}$
3	if $j = c_m$ then　　　　　//Bank$_j$ 是资产转出方
4	$sum_{mj} := \sum\limits_{k=1}^{m} \text{localtxn}_j [k]$
5	$cm'_{mj} := sum_{mj} \times g + rp_{mj} \times h$
6	else　　　　　//Bank$_j$ 是资产转入方或交易无关方
7	$cm'_{mj} := v_{mj} \times g + rp_{mj} \times h$
8	endif
9	$rt'_{mj} := rp_{mj} \times pk_j$
10	
11	$b1_{mj} := cm'_{mj} - \sum\limits_{k=1}^{m} cm_{kj}$
12	$r1_{mj} := rt'_{mj} - \sum\limits_{k=1}^{m} rt_{kj}$
13	$b2_{mj} := h$
14	$r2_{mj} := cm'_{mj} - cm_{mj}$
15	
16	if $(r1_{mj} = 0) \vee (r2_{mj} = 0)$ then
17	终止当前执行并从算法 1 重启执行

18	endif
19	
20	if $j=c_m$ then //Bank$_j$ 是资产转出方
21	$\pi_{mj}^{X} \leftarrow \{ (cm'_{mj}; sum_{mj}, rp_{mj};): cm'_{mj} = sum_{mj} \times g + rp_{mj} \times h \wedge sum_{mj} \in [0, \mathrm{Max}V] \}$
22	$\pi_{mj}^{Y} \leftarrow \{ (b1_{mj}, r1_{mj}, b2_{mj}, r2_{mj}; sk_j; r_{mj}): \begin{array}{l} b1_{mj} \times sk_j = r1_{mj} \vee \\ b2_{mj} \times (rp_{mj} - r_{mj}) = r2_{mj} \end{array} \}$
23	else //Bank$_j$ 是资产转入方或无关方
24	$\pi_{mj}^{X} \leftarrow \{ (cm'_{mj}; v_{mj}, rp_{mj};): cm'_{mj} = v_{mj} \times g + rp_{mj} \times h \wedge v_{mj} \in [0, \mathrm{Max}V] \}$
25	$\pi_{mj}^{Y} \leftarrow \{ (b1_{mj}, r1_{mj}, b2_{mj}, r2_{mj}; r_{mj}; sk_j): \begin{array}{l} b1_{mj} \times sk_j = r1_{mj} \vee \\ b2_{mj} \times (rp_{mj} - r_{mj}) = r2_{mj} \end{array} \}$
26	endif
27	$\pi_{mj}^{A} := (\pi_{mj}^{X}, \pi_{mj}^{Y})$ //证明包括两部分
28	end

算法 2 中，π_{mj}^{A} 保证了转出方不能以自身透支的方式为其他参与者超额转入资产（解释参见附录 A）。因为转出资产时构造证明需要拥有转出方的私钥，所以只有所有权人才能转出资产；因为转入资产不需要用到转入方的私钥，所以转出方可以在无转入方协助的情况下向其账户转入资产。

对验证者而言，cm_{mj}，rt_{mj}，cm'_{mj}，rt'_{mj} 等都在共享账本中公开，因此 $b1_{mj}$ 等均可按算法 2 中行 11 至行 14 的公式直接计算，然后据此对 π_{mj}^{A} 进行验证。

最后的一个零知识证明 π_{mj}^{C} 如算法 3 所示，用来确保 cm_{mj} 和 rt_{mj} 的 r_{mj} 一致，确保 cm'_{mj} 和 rt'_{mj} 的 rp_{mj} 一致。算法 3 中 zkLedger π_{mj}^{c} 的设置逻辑如下：

$$\pi_{mj}^{C} \leftarrow \left\{ \begin{array}{l} (cm_{mj}, rt_{mj}, cm'_{mj}, rt'_{mj}; v_{mj}, r_{mj}, s_{mj}, rp_{mj};): \\ cm_{mj} = v_{mj} \times g + r_{mj} \times h \wedge rt_{mj} = r_{mj} \times pk_j \wedge \\ cm'_{mj} = s_{mj} \times g + rp_{mj} \times h \wedge rt'_{mj} = rp_{mj} \times pk_j \end{array} \right\}$$

（二）存在的问题

1. 被忽略的攻击手段

zkLedger 现有设计忽略了一种简单的攻击手段：因为现有的设计允许资产转出方不经转入方配合即可单方面构建转账交易，且前面已假设参与者可以恶意行事，因此攻击方可以偷偷向受害者账户转入一定数量的资产，但又不告知受害者转入资产的数量。

哪怕只存在一笔不为被攻击方 $Bank_j$ 所知的资产转入，$Bank_j$ 私有簿记系统中记录的资产总数 sum_{mj} 和他在公共账本中记录的总资产 $\sum_{k=1}^{m} v_{kj}$ 就不能相等。其后果有二：其一是 $Bank_j$ 后续无法通过审计；其二是不能正常转出资产。下文将对此两种后果进行解释。

2. 攻击后果一：无法正常审计

为了解释第一个问题"无法审计"，需要先对审计辅助令牌 rt_{mj} 的用法进行说明。审计师希望了解截至第 M 笔交易为止被审计行 $Bank_j$ 拥有该资产的总量。$Bank_j$ 虽然可以根据其私有簿记系统计算 sum_{Mj}： $= \sum_{i=1}^{M}$ localtxn$_j[i]$ 后告知审计师，但审计师不能直接将其与公共加密账本互相印证，因为账本中的每笔进账出账都用 Pedersen 承诺进行了盲化处理，$s = \sum_{i=1}^{M} cm_{ij} = \sum_{i=1}^{M} (v_{ij} \times g + r_{ij} \times h) = \sum_{i=1}^{M} v_{ij} \times g + \sum_{i=1}^{M} r_{ij} \times h$。由于 $Bank_j$ 并不掌握每一个 r_{ij}，所以此时 $Bank_j$ 无法通过打开 s 这个 Pedersen 承诺的方式向审计师证实：在公共账本上记录的资产数量 $\sum_{i=1}^{M} v_{ij}$ 真的是 sum_{Mj}。

zkLedger 的设计者引入审计辅助令牌 rt_{ij} 解决这个问题，其原理是：被审计行 $Bank_j$ 会在求取 sum_{Mj} 后将其告知审计师。审计师自行在公共加密账本上进行如下计算：

$$s' = s - sum_{Mj} \times g = \left(\sum_{i=1}^{M} v_{ij} - sum_{Mj} \right) \times g + \sum_{i=1}^{M} r_{ij} \times h$$

显然，只有当 $\sum_{i=1}^{M} v_{ij} = \text{sum}_{Mj}$ 时，$s' = \sum_{i-1}^{M} r_{ij} \times h$ ，此时有：

$$t = \sum_{i=1}^{M} rt_{ij} \times pk_j = sk_j \times \sum_{i=1}^{M} rt_{ij} \times h = sk_j \times s'$$

已知 $pk_j = sk_j \times h$，而被审计银行 Bank_j 掌握私钥 sk_j，故被审计银行可以通过向审计师出示零知识证明 $\pi \leftarrow \{(s', t, pk_j; sk_j;): t = sk_j \times s' \wedge pk_j = sk_j \times h\}$，证明公共账本上的 $\sum_{i=1}^{M} v_{ij} = \text{sum}_{Mj}$。

上述分析说明，目前审计令牌 rt_{mj} 生效的前提是 Bank_j 私有簿记系统中记录的资产余额 sum_{Mj} 和公共账本的名下余额 $\sum_{i=1}^{M} v_{ij}$ 正好相等。

然而，攻击者可以成功地令被攻击者私有簿记系统中记录的资产余额小于其公共账本中正式记录的余额，因此审计令牌不复有效，被攻击者无法通过审计。

3. 攻击后果二：无法正常转账

同样的问题也存在于算法 2 的行 22。这是因为，展开公式后可得到：

$$b1_{mj} = \left(\text{sum}_{mj} - \sum_{k=1}^{m} v_{kj}\right) \times g + \left(rp_{mj} - \sum_{k=1}^{m} r_{kj}\right) \times h$$

$$r1_{mj} = \left(rp_{mj} - \sum_{k=1}^{m} r_{kj}\right) \times sk_j \times h$$

转出方必须在 $b1_{mj} \times sk_j = r1_{mj}$ 的情况下证明自身知道 sk_j，而这只有在 Bank_j 私有簿记系统中记录的资产余额 sum_{mj} 和公共账本的名下余额 $\sum_{k=1}^{m} v_{kj}$ 正好相等时才能做到。

现在攻击者成功地令私有簿记系统中记录的资产余额小于公共账本中正式记录的余额，因此被攻击者后续无法构建合法的资产转出证明，也就无法正常对外转账。

（三）zkLedger++：解决上述问题的隐私保护账本方案

针对上述安全问题，我们提出了名为 zkLedger++ 的账本算法，作为

zkLedger 的增强版本，其包含了针对解决该安全问题的两种修正方案。

1. 简单的修正方案

先考虑一种简单的修正方案。此方案需要额外假设资产的发行总量 ISSUE 不是非常大，比如 $2^{20}-1$。在此方案下，银行在发现异常后将从自己所知的最新资产余额 sum_{mj} 开始，每次加 1 逐个尝试余额数值，直到找到正确的账本余额，如算法 4（见表 3）。

表 3 算法 4 穷举猜测自身账本资产余额的逻辑

1	$x := sk_j \times \sum_{i=1}^{m} cm_{ij}$
2	$y := \sum_{i=1}^{m} rt_{ij}$
3	$gv := (sum_{mj}+1) \times sk_j \times g$
4	$delta := sk_j \times g$
5	
6	for guessVal := $(sum_{mj}+1)$ to ISSUE begin
7	if$(x-gv)=y$ then
8	return guessVal //猜到账本余额
9	endif
10	$gv := gv+delta$
11	end

Zether 也采用类似的穷举策略来解决账户被秘密转入不确定数量资产后带来的问题。由于 ISSUE 此时不大，更远远小于群的阶，且攻击成本（也是被攻击者的意外收益）和转入资产数量成正比，因此只考虑匿名支付功能时，穷举探测未必不可行。

建立在穷举策略上的系统难以完全满足审计要求：因为被审计者的私有簿记系统信息明显和公共账本不一致，存在数量可猜但原因不明的差额（可能出现巨额财产来源不明的情况），而这种差额同样可能由私有簿记系统的无意疏漏或刻意隐瞒引起。如果审计师想在公共账本上验证被审计者披露的逐笔交易流水，将无法在总量和流水间达成一致。所以，虽然依靠穷举策略有可能将 zkLedger 降格为匿名支付系统使用，但系统的可审计性已受到影响，下文将提出一种更完善的解决方案。

2. 完善的解决方案

造成这种问题的根本原因在于允许资产转出方没有资产转入方的协作也能向其秘密转账，解决思路就是：调整算法 2，要求得到资金转入方的协作才能构建转账交易。调整后的做法见算法 2′，如表 4 所示。

表 4　算法 2′ 对 π^A_{mj} 设置逻辑的调整

1	for $j: = 1$ to n begin
2	$rp_{mj} \overset{\$}{\leftarrow} \{0, 1, \cdots, s-1\}$
3	if $j = c_m$ then　　　　　//Bank$_j$ 是资产转出方
4	$sum_{mj} : = \sum\limits_{k=1}^{m} localtxn_j [k]$
5	$cm'_{mj} : = sum_{mj} \times g + rp_{mj} \times h$
6	else　　　　　//Bank$_j$ 是资产转入方或交易无关方
7	$cm'_{mj} : = v_{mj} \times g + rp_{mj} \times h$
8	endif
9	$rt'_{mj} : = rp_{mj} \times pk_j$
10	
11	$b1_{mj} : = cm'_{mj} - \sum\limits_{k=1}^{m} cm_{kj}$
12	$r1_{mj} : = rt'_{mj} - \sum\limits_{k=1}^{m} rt_{kj}$
13	$b2_{mj} : = h$
14	$r2_{mj} : = cm_{mj}$
15	$b3_{mj} : = cm'_{mj} - cm_{mj}$
16	$r3_{mj} : = rt'_{mj} - rt_{mj}$
17	
18	if $(r1_{mj} = 0) \lor (r2_{mj} = 0) \lor (r3_{mj} = 0)$　　　then
19	终止当前执行并从算法 1 重启执行
20	endif
21	
22	if $j = c_m$ then　　　　　//Bank$_j$ 是资产转出方
23	$\pi^X_{mj} \leftarrow \{ (cm'_{mj}; sum_{mj}, rp_{mj};) : cm'_{mj} = sum_{mj} \times g + rp_{mj} \times h \wedge sum_{mj} \in [0, \mathrm{Max}V] \}$

续表

24	π_{mj}^Y $\leftarrow \{(b1_{mj}, r1_{mj}, b2_{mj}, r2_{mj}, b3_{mj}, r3_{mj}; sk_j; r_{mj}) : \begin{array}{l} b1_{mj} \times sk_j = r1_{mj} \vee \\ b2_{mj} \times r_{mj} = r2_{mj} \vee \\ b3_{mj} \times sk_j = r3_{mj} \end{array} \}$
25	else if j $\neq d_m$ then //Bank$_j$ 是无关方
26	$\pi_{mj}^X \leftarrow \{(cm'_{mj}; v_{mj}, rp_{mj};) : cm'_{mj} = v_{mj} \times g + rp_{mj} \times h \wedge v_{mj} \in [0, MaxV]\}$
27	π_{mj}^Y $\leftarrow \{(b1_{mj}, r1_{mj}, b2_{mj}, r2_{mj}, b3_{mj}, r3_{mj}; r_{mj}; sk_j) : \begin{array}{l} b1_{mj} \times sk_j = r1_{mj} \vee \\ b2_{mj} \times r_{mj} = r2_{mj} \vee \\ b3_{mj} \times sk_j = r3_{mj} \end{array} \}$
28	else //Bank$_j$ 是 资产转入方
29	$\pi_{mj}^X \leftarrow \{(cm'_{mj}; v_{mj}, rp_{mj};) : cm'_{mj} = v_{mj} * g + rp_{mj} * h \wedge v_{mj} \in [0, MaxV]\}$
30	π_{mj}^Y $\leftarrow \{(b1_{mj}, r1_{mj}, b2_{mj}, r2_{mj}, b3_{mj}, r3_{mj}; sk_j; r_{mj}) : \begin{array}{l} b1_{mj} \times sk_j = r1_{mj} \vee \\ b2_{mj} \times r_{mj} = r2_{mj} \vee \\ b3_{mj} \times sk_j = r3_{mj} \end{array} \}$
31	endif
32	$\pi_{mj}^A := (\pi_{mj}^X, \pi_{mj}^Y)$ //证明包括两部分
33	end

    算法 2′的行 24、27、30 将算法 2 中的 π_{mj}^A 从基于 2 个子零知识证明替换为基于 3 个子零知识证明：

    $\pi_{mj}^1 \leftarrow \{(b1_{mj}, r1_{mj}; sk_j;) : b1_{mj} \times sk_j = r1_{mj}\}$，证明 $b1_{mj} \times sk_j = r1_{mj}$ 成立，且构建者 P 知道令其成立的秘密 sk_j。

$\pi^2_{mj} \leftarrow \{ (b2_{mj}, r2_{mj}; r_{mj};): b2_{mj} \times r_{mj} = r2_{mj} \}$，证明 $b2_{mj} \times r_{mj} = r2_{mj}$ 成立，且构建者 P 知道令其成立的秘密 r_{mj}。

$\pi^3_{mj} \leftarrow \{ (b3_{mj}, r3_{mj}; sk_j;): b3_{mj} \times sk_j = r3_{mj} \}$，证明 $b3_{mj} \times sk_j = r3_{mj}$ 成立，且构建者 P 知道令其成立的秘密 sk_j。

由这 3 个证明再构成零知识析取证明 π^Y_{mj}。该析取证明是一种特殊的零知识证明，最终效果是证明 3 个等式至少有 1 个成立，且验证者 P 确实知道令该等式成立的秘密，与此同时验证者却又无法了解具体是哪个等式成立。通用析取证明的构建方法可参考 Cramer 的做法。π^X_{mj} 是一个对承诺值的零知识范围证明，和 π^Y_{mj} 一起构成了完整的 π^A_{mj}。

算法 1 中的 π^B_{mj} 确保了新增的转账交易不会在系统中增发或销毁资产，只要资产创设和销毁过程确保全系统总资产 ISSUE 落在区间 $[0, \mathrm{Max}V]$ 之内，转账操作后全系统总资产就将保持为 ISSUE。

假设转账交易发生前，每个参与者的资产都在正常范围 $[0, \mathrm{ISSUE}]$ 内。因为转账交易确保不改变全系统总资产 ISSUE，只需确保交易后资产转出方的资产 ≥ 0，无须检查具体转入数量就可确保资产转入方或无关方的资产 $\leq \mathrm{ISSUE}$。因此，在转账交易发生后每个参与者的资产仍将处于正常范围 $[0, \mathrm{ISSUE}]$ 内，系统状态正常。

3. 对算法 2′ 正确性的解释及性能分析

可以从验证者的角度来考察算法 2′ 的正确性。假设验证者已完成 π^B_{mj}、π^C_{mj} 及 π^A_{mj} 中的范围验证。验证者知道以下各项都可以表示为携带未知系数的特定线性组合，且相同的字母代表相同的值：

$$cm_{mj} = v_{mj} \times g + r_{mj} \times h$$
$$rt_{mj} = r_{mj} \times sk_j \times h$$
$$cm'_{mj} = u_{mj} \times g + rp_{mj} \times h \quad (u_{mj} \in [0, \mathrm{Max}V])$$
$$rt'_{mj} = rp_{mj} \times sk_j \times h$$

这里 u_{mj} 和 v_{mj} 采用不同符号是因为验证者尚不能确认它们取值是否真的相同，因为根据假设，交易构建者可能会恶意行事，所以验证者只能根据

经过零知识证明验证的信息行事。

验证者验证通过 π_{mj}^A 中的析取证明后，知道 3 个子零知识证明中至少有一个为真。

（1）假设 $\pi_{mj}^1 \leftarrow \{ (b1_{mj}, r1_{mj}; sk_j;): b1_{mj} \times sk_j = r1_{mj} \}$ 成立。

因此，$b1_{mj} \times sk_j = r1_{mj}$ 成立且构建者 P 知道令其成立的秘密 sk_j。又因为：

$$b1_{mj} = \left(u_{mj} - \sum_{k=1}^{m} v_{kj} \right) \times g + \left(rp_{mj} - \sum_{k=1}^{m} r_{kj} \right) \times h$$

$$r1_{mj} = \left(rp_{mj} - \sum_{k=1}^{m} r_{kj} \right) \times sk_j \times h$$

所以，$\sum_{k=1}^{m} v_{kj} = u_{mj} \in [0, \mathrm{Max}V]$，证明交易完成后 Bank_j 的资产 ≥ 0。

为了构造本证明，需要知道正确的 Bank_j 的资产量，需要知道正确的 sk_j，因此本证明可以用来证明资产转出无透支且有授权。

（2）假设 $\pi_{mj}^2 \leftarrow \{ (b2_{mj}, r2_{mj}; r_{mj};): b2_{mj} \times r_{mj} = r2_{mj} \}$ 成立。

因此，$b2_{mj} \times r_{mj} = r2_{mj}$ 成立，且构建者 P 知道令其成立的秘密 r_{mj}。又因为：

$$b2_{mj} = h$$
$$r2_{mj} = v_{mj} \times g + r_{mj} \times h$$

所以，此时 $v_{mj} = 0$，故是交易无关方，不会造成透支。因为构建者不需要知道 sk_j，故此本证明可以用于 Bank_j 是交易无关方的情形。

（3）假设 $\pi_{mj}^3 \leftarrow \{ (b3_{mj}, r3_{mj}; sk_j;): b3_{mj} \times sk_j = r3_{mj} \}$ 成立。

因此，$b3_{mj} \times sk_j = r3_{mj}$ 成立，且构建者 P 知道令其成立的秘密 sk_j。又因为：

$$b3_{mj} = (u_{mj} - v_{mj}) \times g + (rp_{mj} - r_{mj}) \times h$$
$$r3_{mj} = (rp_{mj} - r_{mj}) \times sk_j \times h$$

因此，$v_{mj} = u_{mj} \in [0, \mathrm{Max}V]$，故 Bank_j 是转入方或是无关方，txn $[m][j]$ 不会造成透支。因为交易构造者们作为一个整体需要知道正确的 sk_j，所以本证明可以用于资产转入且需要转入方配合才能创建。

本证明也可用于需授权的交易无关方 txn $[m][j]$ 元素构建，但只是增加一种功能选项，不会造成安全问题。

综上所述，无论 3 个零知识证明中的哪一个成立，都可以确保 v_{mj} 不会造成 Bank$_j$ 透支。与此同时，验证者又无法得知具体是哪一种情况，因此也无从猜测 Bank$_j$ 在交易中的角色。

再来关注一下算法性能。和算法 2 相比，算法 2′唯一可能在性能上有所差异的点是：算法 2′中的析取证明是 1-of-3，而算法 2 中的析取证明是 1-of-2。根据 Cramer 等的做法，基于 Shamir 秘密分享的析取证明算法（附录 B）比对算法开销（见表 5）。

表 5　析取证明运算开销比较

角色	运算	1-of-2	1-of-3
证明者	群元素标量乘法	3	5
	群元素加法运算	1	2
角色	运算	1-of-2	1-of-3
验证者	群元素标量乘法	4	6
	群元素加法运算	1	2

故初步理论分析表明：1-of-3 析取证明的运算开销不到 1-of-2 析取证明的 2 倍。为进一步得到实测数据，编码进行性能测试。

为了便于和 zkLedger 进行性能比较，性能测试程序同样基于 go 语言开发，且基于同样的密码学基础库 zksigma。鉴于 zksigma 只实现了 1-of-2 析取证明，因此需要额外编码实现 1-of-3 析取证明。为了有效排除 zkLedger 工程中其他因素如网络通信、屏幕输出的干扰，专注于算法 2 和算法 2′本身的性能比较，本报告独立实现了算法 2 和算法 2′并完成了性能测试。

测试环境是单台 PC，配置是 16GB 内存，Intel i7-8565U CPU（4 核 2 路，主频 1.80GHz），操作系统是 64 位 Windows 10，使用 go1.14 版本开发

并编译为可执行程序。

首先是对单个证明部件进行性能测试，包括单次创建证明的耗时、单次验证证明的耗时。测试结果如表6所示，表中耗时数据系取多次测试的平均值，表中同时列出了证明字节数。

表 6　不同证明部件执行单个创建及验证动作的开销

证明部件	创建耗时(ms)	验证耗时(ms)	证明字节数
Pedersen 承诺	0.07	0.07	64
一致性证明	0.44	0.48	224
范围证明	4.20	4.32	3936
析取证明(1-of-2)	0.23	0.35	288
析取证明(1-of-3)	0.42	0.53	416

实测结果验证了前述理论分析的预测：1-of-3 析取证明的运算开销不到 1-of-2 析取证明的 2 倍。

其次是测试比较算法 2 和算法 2′的性能差异，实测结果见表 7。

表 7　算法 2 和算法 2′的性能比较

算法	创建证明耗时(ms)	验证证明耗时(ms)
算法 2(基于 1-of-2 析取证明)	5.47	5.57
算法 2′(基于 1-of-3 析取证明)	5.84	5.92

表 7 中的数据是为单个交易涉及的单个银行创建全部证明及验证全部证明的算法耗时。创建证明的时间开销从 5.47ms 上升到 5.84ms（上升 6.76%），证明验证时间开销从 5.57ms 上升到 5.92ms（上升 6.28%），相对于提供的收益（功能完善和安全保障），应属可以接受。综上所述，算法 2′以少许运算开销为代价，确保了交易安全、隐私保护和可审计性。

（四）总结

本报告指出 zkLedger 的现有设计存在问题，即使出现一种非常简单的攻击，就可能发生无法正常转账也不能满足审计要求的情况。针对现有问题，本报告提出了一种名为 zkLedger++的隐私保护账本技术，包含了针对解决该安全问题的修正方案。通过完善的修正方案，zkLedger＋＋得以真正实现 zkLedger 原先的设计目标，既可保护交易隐私，又可验证交易的正确性，同时又可审计、可监管，使分布式账本技术向真正在金融行业落地迈出了重要的一步。

zkLedger++中还包含其他设计改进，如通过纵向分片的思路并行化不同列上的零知识证明生成、并行不同列上的零知识证明验证等，又如已知可以基于 Pedersen 承诺对加法和乘法的正确性进行零知识验证，故可构建更丰富的审计功能等，但这些和本报告要旨无关，故不赘述。

参考文献

［1］ Nakamoto, S., Bitcoin, A., "A peer-to-peer electronic cash system," ［Online］, available：https：//bitcoin. org/bitcoin. pdf, 2008.

［2］ Merkle, R. C., "Protocols for public key cryptosystems. In：1980 IEEE Symposium on Security and Privacy," Oakland, USA：IEEE, 1980, 122−122.

［3］ Castro, M., Liskov, B., "Practical Byzantine fault tolerance and proactive recovery," ACM Transactions on Computer Systems, 2002, 20（4）：398−461.

［4］ Yin, M., Malkhi, D., Reiter, M. K., Golan, G., Abraham, I., "HotStuff：BFT Consensus with Linearity and Responsiveness," In：Proceedings of the 2019 ACM Symposium on Principles of Distributed Computing, Toronto, Canada：ACM, 2019, 347−356.

［5］ Narayanan, A., Bonneau, J., Felten, E., et al., *Bitcoin and cryptocurrency technologies：A comprehensive introduction*, Princeton：Princeton University Press, 2016, 15−26.

［6］ Duffield, E., Diaz, D., "Dash：A privacycentric cryptocurrency," ［Online］,

available: https://www.whitepapertracker.com/wp/Dash/Dash _ whitepaper. pdf, 2015.

[7] Noether, S., Mackenzie, A., "Ring confidential transactions," *Ledger*, 2016, 1: 1–18.

[8] Sasson, E. B., Chiesa, A., Garman, C., et al., "Zerocash: Decentralized anonymous payments from bitcoin," In: 2014 IEEE Symposium on Security and Privacy, San Jose, USA: IEEE, 2014, 459–474.

[9] Bünz, B., Agrawal, S., Zamani, M., et al., "Zether: Towards Privacy in a Smart Contract World," IACR Cryptology ePrint Archive, 2019, 191.

[10] Jedusor, T. E., "Mimblewimble," [Online], available: https://download. wpsoftware.net/bitcoin/wizardry/mimblewimble.txt, 2016.

[11] Nicolas, S., "CryptoNote v 2.0," [Online], available: https://cryptonote. org/whitepaper.pdf, 2018.

[12] Pedersen, T. P., "Non-interactive and information-theoretic secure verifiable secret sharing," In: Annual international cryptology conference, Santa Barbara, USA: Springer, 1991, 129–140.

[13] Ben, S. E., Chiesa, A., Genkin, D., et al., "SNARKs for C: Verifying program executions succinctly and in zero knowledge," In: Annual cryptology conference, Santa Barbara, USA: Springer, 2013, 90–108.

[14] Lie, H. Z., Feng, G., Meng, S., et al., "Survey on Privacy Preserving Techniques for Blockchain Technology," *Journal of Computer Research and Development*, 2017, 54 (10): 21–70.

[15] Maller, M., Bowe, S., Kohlweiss, M., et al., "Sonic: Zero-knowledge SNARKs from linear-size universal and updatable structured reference strings," In: Proceedings of the 2019 ACM SIGSAC Conference on Computer and Communications Security, London, UK: ACM, 2019, 2111–2128.

[16] Ben, S. E., Bentov, I., Horesh, Y., et al., "Scalable, transparent, and post-quantum secure computational integrity," IACR Cryptology ePrint Archive, 2018, 46.

[17] Wahby, R. S., Tzialla, I., Shelat, A., et al., "Doubly-Efficient zkSNARKs Without Trusted Setup," In: 2018 IEEE Symposium on Security and Privacy, San Francisco, USA: IEEE, 2018, 926–943.

[18] Bünz, B., Bootle, J., Boneh, D., et al., "Bulletproofs: Short proofs for confidential transactions and more," In: 2018 IEEE Symposium on Security and Privacy, San Francisco, USA: IEEE, 2018, 315–334.

[19] Neha, N., Willy, V., Madars, V., "zkLedger: Privacy-preserving auditing for

distributed ledgers," In: 15th USENIX Symposium on Networked Systems Design and Implementation, Renton, USA: USENIX, 2018, 65-80.

[20] Cramer, R., Damgård, I., Schoenmakers, B., "Proofs of partial knowledge and simplified design of witness hiding protocols," In: Annual International Cryptology Conference, Santa Barbara, USA: Springer, 1994, 174-187.

[21] Alberto Centelles, Gabe Dijkstra, "Extending zkLedger with private swaps," [Online], available: https://cdn2.hubspot.net/hubfs/6034488/privateledger. pdf, 2019.

[22] C. Lin, D. He, X. Huang, M. K. Khan and K. R. Choo, "DCAP: A Secure and Efficient Decentralized Conditional Anonymous Payment System Based on Blockchain," in IEEE Transactions on Information Forensics and Security, vol. 15, pp. 2440-2452, 2020.

[23] Hui Kang, Ting Dai, Nerla Jean-Louis, Shu Tao, Xiaohui Gu, "FabZK: Supporting Privacy-Preserving, Auditable Smart Contracts in Hyperledger Fabric," [Online], available: http://dance.csc.ncsu.edu/papers/DSN19.pdf.

附录 A 对算法 2 析取证明的解释

算法 2 的 π_{mj}^A 中有 2 个子零知识证明，基于它们构建出一个析取证明：

$\pi_{mj}^1 \leftarrow \{ (b1_{mj}, r1_{mj}; sk_j;) : b1_{mj} \times sk_j = r1_{mj} \}$，证明 $b1_{mj} \times sk_j = r1_{mj}$ 成立，且证明构建者 P 知道令其成立的秘密 sk_j。这个零知识证明和算法 2′ 中的相同，对此不再解释。

$\pi_{mj}^2 \leftarrow \{ (b2_{mj}, r2_{mj}; rp_{mj} - r_{mj};) : b2_{mj} \times (rp_{mj} - r_{mj}) = r2_{mj} \}$，证明 $b2_{mj} \times (rp_{mj} - r_{mj}) = r2_{mj}$ 成立，且构建者 P 知道令其成立的秘密 $(rp_{mj} - r_{mj})$。

如果这个子零知识证明成立，说明 $b2_{mj} \times (rp_{mj} - r_{mj}) = r2_{mj}$，且构建者 P 知道令其成立的秘密 $(rp_{mj} - r_{mj})$。又因为在算法 2 中：

$$b2_{mj} = h$$
$$r2_{mj} = (u_{mj} - v_{mj}) \times g + (rp_{mj} - r_{mj}) \times h$$

因此，$v_{mj} = u_{mj} \in [0, MaxV]$，故 $Bank_j$ 是转入方或是无关方，交易不会造成 $Bank_j$ 透支，且构造交易的群体不需要知道正确的 sk_j。在算法 2 中利用这个特性完成无须授权的资产转入或无关方 txn $[m][j]$ 设定。

附录 B　d-of-n 的通用析取证明

Prover   Verifier

$(x_i = g^{wi},\ 1 \leqslant i \leqslant d)$

$z_1,\ \cdots,\ z_n \in_R \mathbb{Z}_q$

$c_{d+1},\ \cdots,\ c_n \in_R \mathbb{Z}_q$

$a_i := \begin{cases} g^{zi}, & 1 \leqslant i \leqslant d \\ g^{zi} x_i^{-ci}, & d+1 \leqslant i \leqslant n \end{cases}$
$\qquad\qquad \xrightarrow{\ a_i,\ \cdots\cdots,\ a_n\ }$

$\qquad\qquad\qquad\qquad\qquad\qquad\qquad\qquad s \in_R \mathbb{Z}_q$

$\qquad\qquad\qquad\qquad \xleftarrow{\qquad s \qquad}$

Solve $a_1,\ \cdots,\ a_{n-d}$ s. t. $f(0) = s$

and $f(i) = c_i$ for $d+1 \leqslant i \leqslant n$
$\qquad \xrightarrow{\ a_1,\ \cdots,\ a_{n-d}\ }$

$r_i := \begin{cases} z_i + f(i)\ w_i, & 1 \leqslant i \leqslant d \\ z_i, & d+1 \leqslant i \leqslant n \end{cases}$
$\qquad \xrightarrow{\ r_1,\ \cdots,\ r_n\ }$

$\qquad\qquad\qquad\qquad\qquad\qquad\qquad g^{ri} \stackrel{?}{=} a_i x_i^{f(i)},\ 1 \leqslant i \leqslant n$

B.7
基于区块链的隐私协作平台建设及数据价值流转探索和实践

魏长征　丁慧　闫莺　张辉*

摘　要： 以区块链、大数据、隐私计算等创新技术驱动的数据价值流转系统已成为数字经济时代的重要组成部分。本报告首先介绍了数据要素流转的价值和数据全生命周期流转对创新技术和数据治理的挑战。其次分析了区块链与隐私计算技术融合的主要思路，包括利用区块链不可篡改的特性为隐私计算过程存证，以及在去中心化隐私计算中使用区块链进行参与方的业务调度和权限控制等。再次，提出了蚂蚁链建设基于区块链的隐私协作平台的设计方案，包括创新的隐私协作技术架构 FAIR 和协议、接口、语言设计，数据全生命周期全方位隐私保护、软硬件一体化等技术。最后，介绍了该平台在物流、金融、数字营销等场景支撑数据流转、实现业务目标的探索和实践。

关键词： 区块链　隐私计算　数据要素　数据流转

一　数据流转全生命周期与隐私协作

（一）数据要素驱动下的数字经济发展挑战

2022 年 1 月，我国发布《“十四五”数字经济发展规划》，为数字经济

---

* 魏长征、丁慧、闫莺、张辉，蚂蚁区块链科技（上海）有限公司。

发展定下 OKR（目标和关键结果法）。规划开篇即明确指出"数字经济是继农业经济、工业经济之后的主要经济形态，是以数据资源为关键要素，以现代信息网络为主要载体，以信息通信技术融合应用、全要素数字化转型为重要推动力，促进公平与效率更加统一的新经济形态"。图 1 列出了区块链与隐私计算融合的数据价值流通网络。

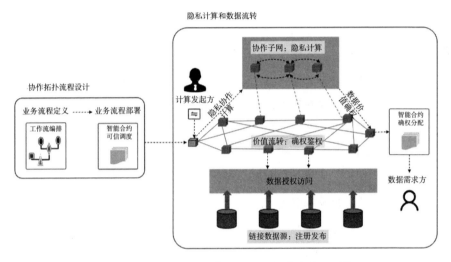

图 1　区块链与隐私计算融合的数据价值流通网络

数据资源是数字经济的核心生产资料之一，它们与信息通信技术深度融合，经过加工处理和网络传播，刻画经济活动中的生产、流通、销售情况，帮助企业管理层更加迅速和准确地了解经营各环节货品、资金、供应链动态变化，并对短期计划和中长期战略做出判断。根据联合国贸易发展署 2021 年发布的数字经济报告①，数据资源与信息技术融合在消费端取得了较大的成果，从搜索引擎、电子商务、社交、游戏到全面生活服务，移动通信网络、大数据、云计算等技术的持续创新拓展了全球各大信息技术密集型企业的业务版图，提升了服务业整体数字化水平。一方面，消费侧业务数据资源

---

① UNTAD, "Digital Economy Report 2021-Cross-border data flows and development: For whom the data flow," ［online］ https://unctad.org/system/files/official-document/der2021_en.pdf.

的富集，进一步推动了数据生产、计算、存储、传输、使用等全生命周期中各类软硬件技术的发展。另一方面，消费侧对各行各业提供的产品和服务提出要求，包括更多的定制化产品、更快的交付周期、更优的服务质量，推动农业、工业等传统产业的数字化转型和智能化改造，从而满足消费者丰富多样的消费需求。

在数据和技术创新密集的企业中，一方面，在业务流程环节采集的数据经过加工形成智能化决策，再回到业务流程中进行验证优化，形成持续的反馈系统，助力业务运营效率提升。另一方面，企业利用数据分析结果，还能发掘新的商业机会，开发新的产品和服务，从而通过数据要素的高效管理和利用，激活数据资产价值。然而，上游产业的数字化转型比消费侧要复杂得多，数据要素流动困难重重，主要有数据采集难、数据共享难和持续流通难三个问题。

（1）数据采集难。一般来说，企业展开数字化转型时，需要采集各经营环节的数据指标，并制定使用规则。然而，细分行业的生产过程差异较大，面临一系列挑战，涉及采集哪些数据、如何采集、如何使用、哪些数据应该流动等问题，都需要从业务流程、管理流程、生产流程等各方面进行梳理。首先要对数据治理标准化进行定义，并通过类似 ERP、CRM、WMS 等信息化系统实施管理，落实到生产经营活动中。企业在完成初步数据采集后，才能进行进一步分析、处理并为建模提供基础。土地、设备、劳动力、资本等要素是重要的生产资料，有了数据这一新型要素的加持，形成数字化转型能力，企业可以更充分地利用、分配和调度传统生产要素，带来正向的加乘效应。

（2）数据共享难。企业完成内部数据采集，可以实现跨部门协作，对数据进行智能化分析。此时面临的第二个问题是数据共享。企业在进行内部数据加工的过程中，不免要用到外部数据，如服装制造企业除了要根据实际订单进行原材料采购、生产线/人员排期、物流安排，也需要应对上游原材料价格变化、下游流行趋势变化等问题。在数据爆炸的当下，真实可信可用的数据尤其珍贵。促进直接相关的上下游企业实现数据共享，是最可信的方

式，相对也是最容易的。

（3）数据持续流通难。完成数据采集，建立数据共享机制后，如何在合作方生态网络中持续激发数据要素价值，形成良性运转，是数据价值网络效应形成的重要环节。当下，医疗健康、金融保险、政务服务、市场营销等领域已建立了数据合作生态。比如在医疗健康领域，病人在医院进行治疗的数据有可能与保险公司共享，便于保险公司根据条款进行理赔；个别医疗数据也有可能在进行数据脱敏后，与医疗健康部门、医学科研机构共享，用于对国民健康情况的监测以及对特定疾病诊断和治疗方案的研究；病人服用药物的信息还有可能传输到其指定的药店。然而，任何一个场景中的数据要素的持续流通，都不可避免地会涉及多个合作方的内部数据，在数据流转全生命周期中要进行有效的隐私保护，并设计均衡各方利益的激励机制，构建促进数据要素流通的健康生态。

在数字经济时代，最重要的数据要素面临数据治理难、数据共享难、数据持续流通难等许多挑战，亟须进行管理创新技术创新，形成符合数字经济可持续增长的创新的数据要素流通体系。

二 区块链与隐私保护技术的融合

区块链和隐私计算技术作为数据要素流通的关键基础技术，为数据确权、价值化流转和数据要素市场的发展奠定了基础。[①] 两者的技术融合也逐渐成为业界共识。两者的融合经历了从应用组合到深度融合的过渡阶段之后，逐渐聚焦到以数据协作为驱动、以数据价值化流通为核心的协作计算方向上。

（一）区块链与隐私计算技术融合发展现状

隐私计算又称为隐私保护计算或隐私增强计算，是一种基于隐私保护前提的数据价值挖掘体系。该技术体系由一系列技术组合而成。技术路线包括

---

① 隐私计算联盟（中国信息通信研究院云计算与大数据研究所）：《隐私计算与区块链技术融合研究报告》，2021。

基于硬件可信执行环境（TEE）的机密计算、多方安全计算（MPC）、联邦学习（FL）等，同时利用密码学领域的同态加密、零知识证明以及差分隐私技术，在数据计算过程中提供隐私保护，在多方数据协作计算中实现"可用不可见"。2021 年 11 月中国信通院在《2021 年数据价值释放与隐私保护计算应用研究报告》中从另一个角度引出了隐私计算的技术分类问题，即根据数据流通方式、数据集中程度、模型复杂度等差异化的业务场景，对隐私计算进行了抽象分类，具体分为可信环境模式、可证模式和可度量模式三类。① 其中，可信环境模式以可信执行技术为核心构建，可证模式以具备可证明安全性的多方安全计算技术构建，可度量模式以差分隐私技术为核心构建。通过以上分析，可以更加清晰地看到，隐私计算作为一个技术体系，在实际的场景化应用中需要做出全方位的考量和平衡，很难一概而论。

以隐私保护计算为基础，当前算法层面主要聚焦对机器学习算法、统计分析算法的隐私保护。这些算法已成为数据价值挖掘的重要手段，使隐私保护计算技术从原始数据隐私保护走上了数据价值挖掘提取的路径。在充分保护原始数据隐私的前提下进行数据挖掘，为数据确权和价值流转奠定了基础。

区块链技术经历了多年发展，从最初的公链加密货币应用体系中脱离出来，逐步独立发展成为一种可信任的基础架构体系。作为一个分布式的共享账本，具有去中心化、不可篡改、可追溯、多方维护、公开透明等特点。这些特点保证了区块链的"真实"与"透明"，为区块链构建信任奠定了基础。区块链的核心作用就是能够将数据价值化。2020 年中共中央、国务院发布的《关于构建更加完善的要素市场化配置体制机制的意见》，将数据要素作为生产要素提出，不同于传统的生产要素，数据要素具有"虚拟"的特性，这就对当前信息交换的基础设施提出了新的技术挑战。区块链技术能够很好地满足数据价值确权流转的需求，成为业界探求数据资产化的可用技术之一。

---

① 中国信通院：《2021 年数据价值释放与隐私保护计算应用研究报告》，http://www.caict.ac.cn/kxyj/qwfb/ztbg/202111/P020211118547166022785.pdf，2021。

（二）区块链与隐私计算技术的融合趋势

早期，在区块链和隐私计算发展的过程中，就出现了二者组合使用的情况，下文通过对实际技术场景的呈现研判区块链与隐私计算融合的趋势。

1. 隐私计算日志和存证

典型的场景之一是运用隐私计算过程中对关键信息日志和存证的处理。中国信通院联合相关企业制定的《隐私计算 多方安全计算产品安全要求和测试方法》中也有相应的必选测试要求，即隐私计算平台要具备利用密码学防篡改保证的"日志记录与信息存证的基本能力"，同时"约定的数据提供方、计算方和结果方应能通过存证、审计等方法发现、溯源和追踪"。可见，早期的隐私计算平台已经引入区块链技术，利用区块链多方共识、可追溯、不可篡改的特性实现隐私计算过程中的数据信息可追溯和可审计，特别是在多方参与的情况下，拥有更加高效的存证和审计机制。

2. 去中心化隐私计算

另一个典型场景是依托区块链构建去中心化的隐私机器学习框架 Swarm Learning（SL）①。2021 年，Warnat-Herresthal 等在 *Nature* 杂志上发表了相关论文。作者将边缘计算（机器学习）和基于区块链的 P2P 网络结合，从而整合不同医疗机构的数据。SL 基于标准化 AI 引擎的分布式机器学习和私人许可区块链（用于保证数据所有权、安全性、机密性）技术，整个网络由多个边缘节点组成，结合去中心化硬件基础设施，成员可以安全加入，并在成员中动态地选举领导者（负责合并模型参数）。每个节点使用本地私有数据和网络提供的模型来训练自己的模型，学习到的结果通过区块链收集，并共享给其他的节点。计算由一个 SL 库和一个使用去中心化数据的迭代式 AI 学习程序来协调。数据和参数在边缘（边缘计算），无需中央协调员，参与方以事先商定的规则合作。规则是一种以具有约束力的方式规范合作伙伴之

---

① Warnat-Herresthal, S., Schultze, H., Shastry, K. L., et al., "Swarm learning for decentralized and confidential clinical machine learning," *Nature*, 2021, 594（7862）：265-270.

间信息交换的数字协议（智能合约），它记录了所有事件并且各方都可以访问它。使用区块链完成元数据/状态同步与存证，并使用零信任架构在更弱的安全假设下提供相同的安全性，在私有化输出场景下提供更好的安全保障。

随着数据市场的发展、政策推动数据要素概念的提出，数据价值化和数据流通的诉求越来越突出，因此区块链与隐私计算技术成为实现数据价值化流转的关键基础技术。技术的融合也不再停留于单纯的存储和调度层面，开始从探索数据价值实现协作流转的角度融合两类技术。

三 蚂蚁链隐私协作平台

蚂蚁链着眼于数据流通的全生命周期，致力于深度融合区块链与隐私计算技术。同时，在数据流通过程中全方位保障数据权益，包括数据所有权、信息增量的收益权以及数据价值的再分配权等。面对更复杂的数据协作场景，蚂蚁链提出数据可发现、可接入、可审计、可协作、可复用和可回收的核心原则。蚂蚁链隐私协作平台的核心设计原则有以下几个方面。

第一，制定数据治理规则和实施分类分级管理，在业务协作的情景下帮助用户高效找到数据，每个数据条目都带有类别/级别/共享规则信息。

第二，实施数据权限控制和多数据源接入，在多方协作时，可根据合约约定的数据权限进行操作，支持异构数据源接入。

第三，划分协作子网，以数据驱动调度隐私计算能力，实现隐私保护下的数据价值挖掘。

第四，实现数据资产全生命周期流转，并保证数据可验证、可追溯。

根据上述核心设计原则构建的蚂蚁链隐私协作平台（FAIR）旨在加速数字经济领域的要素价值流转，为打破数据"孤岛"构建更广泛的数据链接，为促进数据协作融合提供重要的技术支撑。

FAIR 以区块链技术为支撑，依托动态组网的能力，构建多层次立体化的隐私协作网络（见图 2），包括数据计算网络、共识协作网络及其子网。

数据计算网络包含多种隐私计算算法能力以及标准化的数据引擎，用以完成数据的确权、授权和计算转化。共识协作网络通过划分动态子网确保数据使用和流转的边界清晰可控。共识协作网络可实现数据流转和授权记录的可信、可审计，从而构建数据全生命周期的流转和计算管理能力。

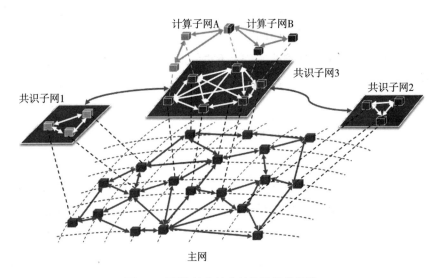

图2 以区块链为核心的隐私协作网络

（一）核心技术特点

FAIR平台是基于数据隐私计算与协作融合的一体化场景，核心是区块链技术和隐私计算技术，提供包括数据接入、协作计算、价值分配和流转在内的全生命周期处理能力，是面向未来数据要素流通需求所设计的数据交付平台。平台基于智能合约编排、调度，实现数据从分类分级导入、发布注册、授权计算到价值流转分配的全链路的可信、可证，并能确保隐私安全。该平台主要有三大核心能力。

1. 智能化数据驱动

以业务流程驱动数据协作流转，基于可视化编排能力进行数据流转计算的全视图定制编排。数据编排依托链上智能合约实现，包括不同阶段的协作空间划分、动态的子网构建，可以使数据流程全链路可信、可审计。同时，支持异构数据源接入、数据分类分级导入，并构建了数据注册和发布以及相应的授权鉴权管理机制。

2. 数据全生命周期隐私保护

在该平台上，隐私保护和隐私计算协同工作，对数据全生命周期进行隐私保护。在数据发布、注册、计算、输出、销毁、回收等各个阶段构建完整的信任链条，保护数据隐私安全。

3. 开放互联互通

提供标准的开放互联接口，可以接入第三方隐私计算平台，实现服务的互联互通。

（二）架构设计

在架构设计上，FAIR 平台主要由协作引擎、计算引擎、数据引擎、区块链（共识机制、分布式账本、智能合约等）协作网络组成，如图 3 所示。平台对外提供协作空间视图，用户通过创建协作空间实现对协作任务的实例化，并在相应的协作空间内完成多方的协作流程编排。协作空间对应于动态子网，在计算、数据管理和分布式账本的垂直划分等方面实现多空间的逻辑隔离。动态子网实现协作计算过程中的空间隔离划分，利用协作协议实现协作流程中的安全"链接"。协作协议包含数据在流转过程中的加密传输、双向认证、基于智能合约的可信调度等。基础的标准化协作组件作为基本原语通过协作编排语言向用户提供。

协作引擎负责向上提供统一服务接口，接受协作编排语言的输入，实现协作流程解析、动态配置、执行图生成、算法调度以及身份管理和节点管理等基本功能。

计算引擎包含一个多任务调度框架，实现对计算任务的调度和资源管理，可以对接主流的分布式引擎，如以 Spark/Ray 为执行后端，进行并行化的计算。计算引擎提供统一的算法服务接口与协作引擎交互，同时向协作引擎注册暴露相应的算法能力，接受算法编排的调度。接口层主要涵盖

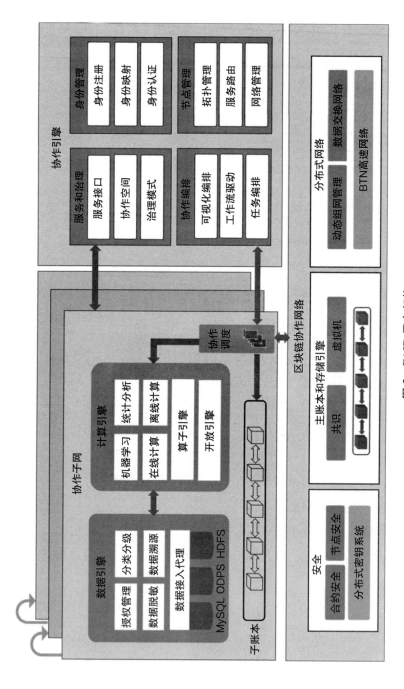

图 3 FAIR 平台架构

了机器学习类算法、统计分析类算法、集合运算、匿踪查询等。向下可以挂载多种异构计算引擎。通过标准化的开放接口，实现对隐私计算平台的友好对接。

数据引擎主要承载数据源的桥接、数据导入导出的管理、数据注册发布、数据分类分级、数据脱敏、授权鉴权等。作为协作平台的数据门户，支持多种数据接入方式，包括文件接入、数据库接入、流式接入。

区块链协作网络主要由区块链平台的几大核心能力组成，包括共识机制、智能合约、分布式账本、节点安全、密钥管理服务等基础能力。不同于单一的区块链平台系统，在协作平台中，网络、密钥管理等作为单独的子服务不仅服务于链本身，也向上支撑了协作、计算等相关服务。

（三）核心技术组件

协作编排语言（CDL）：协作引擎接受使用协作编排语言描述的协作实例，完成协作网络的服务治理、身份映射、计算流程和协议编排以及其他节点管理工作。其中，协作编排语言是驱动协作引擎工作的核心。

CDL 提供了标准化的协作和计算原语，在数据价值层面定义和设计工作流程，完成数据价值的转移交付。将面向数据权益的协作转换成区块链智能合约，从而在可信链路上完成对隐私计算、价值转移的调度。

从功能上划分，CDL 支持的主要特性有以下几个方面。

第一，环境描述，即整个流程所执行的工作空间。

第二，流程描述，即整个流程需要执行的任务列表和任务之间的前驱后继关系图。任务之间的依赖关系由输入输出依赖关系唯一决定，即如果任务 B 的输入列表中引用了任务 A 的输出，那么任务 B 依赖于任务 A。

第三，参与方描述，即每个任务的具体参与方和他们的角色，以及允许发起实例的成员列表（initiators）。

第四，数据描述，即整个流程需要加载输入的外部数据源以及需要发布输出的数据结果。

第五，参数描述，即每个流程运行实例和每个任务的具体参数。

第六，其他描述，包括授权管理、运行方式等其他元数据描述等。

根据输入特性，CDL 支持两类配置方式。

其一，静态配置，即在进行流程合约部署时就写入合约的部分，如环境描述必须是静态的；流程描述一般也是静态的，这样每个合约绑定一个任务 DAG 图。授权管理部分也是在进行流程合约部署时就确定的。

其二，动态配置，即在生成实例时才确定的描述，如一个实例是否自启动、某个组件在此次实例中是否被激活。

配置方式和功能特性组合建构了完整的 CDL 编排能力。其中，部分特性只支持静态配置，部分特性只支持动态配置，部分特性既可以进行静态配置，也可以进行动态配置，从而最大化计算协作的灵活性。CDL 的全部配置（静态和动态）绑定到一起，就决定了一个实例运行的全部行为。

协作组件和协议：提供组件化、标准化的基础协议并通过具象化的协议实现，为工作流设计提供基础的数据转移通道，同时保障数据权益转移过程中的隐私安全、可认证性、可追溯性以及可审计性。协作协议包括共识类协议、数据交互类协议、安全认证类协议。具体工作中，需要依托典型的交互协作方式和隐私计算算法特点，设计和构建相应的数据认证、加解密传输等安全协议，并完成对基础协议安全的形式化验证。在共识类协议中，面向大规模组网的场景，完成全异步共识的设计和优化，满足大规模数据流转基础设施的需要；在安全认证类协议中，依托现有数据技术，实现完备的数据清洗、特征工程等规范化操作，拓宽数据互联互通的广度。

（四）软硬件结合技术

随着区块链和隐私计算技术的快速发展，对实际工程落地的性能和安全要求也越来越高。伴随着算法的成熟和广泛应用，硬件辅助技术开始在该领域发挥作用。当前硬件辅助技术主要集中在安全增强和计算加速两个方面。

安全增强：当前硬件安全主要围绕密钥管理、可信启动、机密计算的方向为区块链和隐私计算技术提供支撑。① 这方面蚂蚁链较早地引入了相应专用硬件来保护密钥，同时引入定制的安全计算硬件为链上数据提供隐私保护和链下机密计算，支持信任根的自主部署和管理，同时引入侧信道防护技术强化运行安全。除此之外，国内的主流 CPU 平台也在积极研发相应的通用可信执行环境技术，如海光的 CSV（China Security Virtualization），为机密计算提供必要的硬件基础。

计算加速：除了在安全方面引入硬件辅助，在隐私计算这个计算密集型的领域，硬件加速也有更好的用武之地，尤其是全同态加密近年来受到业界广泛关注。自 2019 年以来，微软、Facebook、Intel 等国际厂商纷纷布局全同态硬件加速领域，主要支持当前主流的 BFV、CKKS 等全同态加密算法。

全同态加密技术是一种先对数据进行加密，然后直接对加密的数据进行计算得到新的密文，最后将密文解密后获取与明文直接运算一样效果的一种特殊的加密技术。由于在计算过程中无须解密，极大地增加了运算的安全性，被业界广泛关注，并在隐私计算领域占据重要的地位。当前，全同态加密在多方安全计算的秘密分享协议中可以实现高效的随机三元组产生和分发，也可以支持联邦学习中的安全参数聚合，还可以直接在全同态加密的算子上直接构建纯密态的机器学习算法。

但是，计算性能瓶颈也成为阻止全同态加密进一步广泛应用的最主要因素。通常情况下，典型的神经网络推理计算要比纯明文的计算慢 5 个数量级。正因为如此，计算加速也为硬件加速提供了非常大的想象空间。

四 区块链隐私协作平台应用探索

现阶段，基于链和隐私计算的融合和数据流转仍处于探索阶段，尚未看到涵盖大量协作的大规模计算协作流转，更多的是从传统的数据分析、机器

---

① 蚂蚁集团：《蚂蚁链一体机产品介绍》，https：//antchain. antgroup. com/products/station。

学习的应用领域逐渐向隐私计算的底座上迁移，同时流转的需求也开始显现。显然，链和隐私计算结合能为传统行业赋能，下文提供两个典型应用场景。

（一）物流金融场景下的探索实践

物流金融是物流业和金融业的有机结合，能提高二者的整体效率，对金融业、物流业及相关企业都产生了深刻的影响。[①] 针对传统的物流金融链路，区块链结合隐私计算，能更高效地完成相关融资业务，满足数据安全合规使用的需求。在该方案中，金融机构可以通过隐私协作平台，使用机密计算连接多方数据对贷款方行为数据进行交叉核验，极大地降低数据篡改的可能性，进而降低金融信贷风险。典型的如货运信贷金融场景（见图4），该场景以链为主体进行高效和可信的多方协作，同时利用机密计算实现数据隐私安全交叉核验。物流货主的货单信息和承运方的车辆与司机信息在协作平台的链中进行流转和存储，形成交易与资产数据。

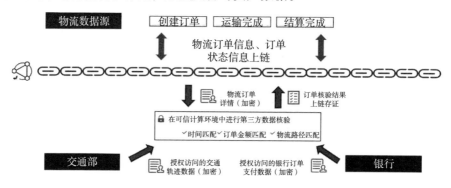

图4 隐私协作平台在货运信贷金融中的应用

数据完成上链，但是数据的真实性并不能完全依赖客户，因为客户上传的数据有可能造假，如司机的运单量可以直接反映其业务规模，拥有更多订单并且完成运输的货运司机更可能获取更高额度、更低利率的金融服

---

① 刘龙政、徐智风：《物流金融的业务模式及对物流业的影响》，《物流技术》2011年第12期。

务。所以，客户上传数据的真实性有待核验。那么，如何解除这个不信任让链上的数据变得真实可信呢？可以通过一个第三方的权威机构来证明数据的真实性，需要关注的一个问题是如何保证由链到权威机构、权威机构到链之间的通道可信。可以利用机密计算技术连接货运公司订单数据、高速公路费支付数据以及货主的付款数据。具体地，分别从链上和 HTTPS 服务接口拉取不同参与方的数据，然后在机密计算引擎内对数据进行交叉核验与融合计算，如从订单中提取运输起始时间和地点，并与高速公路费信息进行比对。通过在机密计算引擎内部支持 TLS 服务，在获取 HTTPS 接口数据的过程中可以检验对方的证书合法性，然后建立机密信道，从而保证读取到的数据的机密性和完整性。同时，利用链上数据特征，在机密计算引擎内对链上数据做 SPV 验证，通过创世块信息和区块链结构规则验证区块头的真实性，进一步验证区块链交易数据的真实性。

（二）基于协作平台的机密计算与数据联合营销

为提升银行运营效率，提高运营活动的投入产出比，精准触达目标人群，建立精准营销平台，提供精准圈选人群的能力就非常重要，如图 5 所示。圈选出来的人群会以人群 ID 的方式输出，银行可将人群 ID 用于银行卡立减、首绑有礼等活动配置，也可以用于通过银行账号给圈选人群发送消息等场景。

通过精准营销，银行能够以同样的营销费用触达更多人群，同时更加了解用户，向用户提供更有吸引力的服务。

业务基本流程如下：

首先，客户提交一份工单指定碰撞主键和圈人标签；其次，支付宝数据工程师根据工单要求，从支付宝全量用户中筛选出符合标签人选，产出数据表 T1（支持多列）；再次，客户侧上传客户数据表 T2（支持多列）；最后，对 T1 和 T2 根据指定列或列组合进行求交碰撞。

隐私数据碰撞方案要求 T1 和 T2 均以加密方式进行计算，通过协作平台的机密计算引擎，在可信安全执行环境中解密后进行碰撞。这里主要的

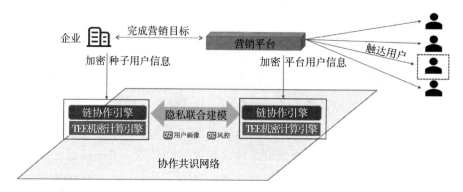

图5　隐私协作平台在精准营销中的应用

应用难点在于业务数据量较大，一般在亿级规模，整体完成时间要求为小时级。因为机密计算引擎内部机密内存较小或使用开销较大，因此我们采取了小内存的技术设计。采用"分治"思想，对整体碰撞任务进行拆分。比如整体1亿×1000万行的任务，按100万行分块，每个子任务执行100万×100万的碰撞任务，总共需要执行100×10＝1000个子任务，再将多个子任务的碰撞结果进行聚合即可。同时，我们设计了大数据的流式加解密方案。原始数据可能来自ODPS表这样的数据源，在这样的数据操作界面不方便下载数据然后进行整体加密。将数据拆分成多份，逐一交给机密计算引擎计算和处理。

参考文献

［1］隐私计算联盟（中国信息通信研究院云计算与大数据研究所）：《隐私计算与区块链技术融合研究报告》，2021。

［2］Warnat-Herresthal, S., Schultze, H., Shastry, K. L., et al., "Swarm learning for decentralized and confidential clinical machine learning," *Nature*, 2021, 594 (7862)：265-270.

［3］中国信通院：《数据价值释放与隐私保护计算应用研究报告》，http://www.caict.ac.cn/kxyj/qwfb/ztbg/202111/P020211118547166022785.pdf，2021。

［4］ Laine, K., "Simple encrypted arithmetic library 2. 3. 1," Microsoft Research https：//www. microsoft. com/en‐us/research/uploads/prod/2017/11/sealmanual‐2‐3‐1. pdf, 2017.

［5］ Reagen, B., Choi, W. S., Ko, Y., et al., "Cheetah：Optimizing and accelerating homomorphic encryption for private inference," 2021 IEEE International Symposium on High-Performance Computer Architecture (HPCA), IEEE, 2021, 26‐39.

［6］ Intel Corp, https：//www. intel. com/content/www/us/en/developer/tools/homomorphic‐encryption/overview. html#gs. w0a5y1.

［7］ 蚂蚁集团：《蚂蚁链一体机产品介绍》，https：//antchain. antgroup. com/products/station。

［8］ 刘龙政、徐智凤：《物流金融的业务模式及其对物流业的影响》，《物流技术》2011 年第 12 期。

［9］ UNTAD, "Digital Economy Report 2021‐Cross-border data flows and development：For whom the data flow," ［online］, https：//unctad. org/system/files/official‐document/der2021_ en. pdf.

［10］ 陆岷峰：《数字化管理与要素市场化：数字资产基本理论与创新研究》，https：//www. weiyangx. com/368621. html，2020‐08‐22.

［11］ Big Data UN work group, UN Handbook on PrivacyvPreserving Computation Techniqueshttps：//unstats. un. org/bigdata/task‐teams/privacy/UN%20Handbook%20for%20Privacy‐Preserving%20Techniques. pdf.

［12］ 闫树、吕艾临：《隐私计算发展综述》，《信息通信技术与政策》2021 年第 6 期，第 1 页。

［13］ 《中国通信标准化协会》，http：//www. ccsa. org. cn/meetingDetail/299? title = TC1WG6%E7%AC%AC11%E6%AC%A1%E5%B7%A5%E4%BD%9C%E7%BB%84%E4%BC%9A%E8%AE%AE。

［14］ Craig Gentry, Fully Homomorphic Encryption Using Ideal Lattices (PDF). ACM Symposium on Theory of Computing (STOC). 2009, 41［2016‐04‐01］.

B.8
区块链技术赋能文化产业数字化发展

肖伟 黄云*

摘 要: 文化与科技融合是大势所趋。国家"十四五"规划提到,"要实施文化产业数字化战略,加快发展新型文化企业、文化业态、文化消费模式"。当前,国外数字藏品浪潮纷涌而至,数字文创行业爆火让人们看到了文化产业与区块链技术深度融合的巨大潜力。在国内,艺术收藏、影音动漫、文旅等行业有很强的内容变现的需求,利用区块链技术进行模式创新,可以为文化产业创造更多新的商业模式,因此大有可为。百度超级链作为领先的区块链技术提供方,推出了百度超级链数字藏品平台及数字商品可信登记平台,将区块链技术和互联网技术创新融合,首创去数字货币合规激励机制,借助标准化授权和分发机制,将数字藏品融入传统互联网产品场景端应用之中。同时,通过数字藏品标准化生成、可信管理、安全分发等,全方位保障数字藏品生态可持续发展。区块链技术可推动国内数字文创市场多元化发展,进一步挖掘版权作品的艺术价值、文化价值和经济价值,预计未来国内数字文创市场空间、规模、增速将非常可观。

关键词: 区块链 数字藏品 元宇宙 数字文创 文化产业

---

* 肖伟、黄云,北京百度网讯科技有限公司。

一　发展背景

文化产业与数字经济深度融合是大势所趋。以区块链技术为代表的科技创新为文化产业提供了全新和多元的发展思路，在全球范围内掀起了数字艺术发展浪潮。佳士得、苏富比等全球著名拍卖公司纷纷在 2021 年开始将数字艺术品纳入拍卖类别，数字艺术品拍卖额占总成交额的 8% 以上。根据专业数字藏品数据平台 Dune Anlytics 的统计，2022 年第一季度，国外数字藏品市场的交易规模超过 1800 亿元。原生于网络时代和数字社会的数字艺术市场，潜力惊人。

在国内，根据国家统计局公布的数据，2020 年全国文化及相关产业营业收入 9.85 万亿元，数字经济规模 39.2 万亿元，数字经济规模是文化产业规模的近 4 倍，增速是文化产业的 4 倍多，数字经济带动文化产业发展是非常有前景的一个发展路径。

习近平总书记指出："文化和科技融合，既催生了新的文化业态、延伸了文化产业链，又集聚了大量创新人才，是朝阳产业，大有前途。"《中华人民共和国国民经济和社会发展第十四个五年规划和 2035 年远景目标纲要》提到，要实施文化产业数字化战略，加快发展新型文化企业、文化业态、文化消费模式。

在文化强国和科技强国的大背景下，以区块链为代表的创新技术助力文化产业抢占数字经济高地，符合经济发展规律，也能够满足数字时代人民日益增长的精神文化需求。

数字藏品是区块链助力文化产业新业态发展的最新应用之一。在区块链技术加持下，数字藏品获得了唯一性，与收藏品类似，且具有数字化特性，因此火速出圈。目前，数字藏品作为一种去中心化的"数字所有权证书"，在艺术品、收藏品、活动门票、游戏领域被广泛应用。根据头豹研究院 2022 年 1 月发布的《2021 年中国 NFT 平台研究报告》数据，中国市场数字藏品年增长率为 150%，预计到 2026 年市场规模将达 295.2 亿元。①

---

① http：//www.100ec.cn/home/detail＿＿6607239.html.

二 区块链赋能文化产业的技术路径

文化产品的生命周期包括四个环节，分别是创作发行、知识产权交易和授权、传播营销和消费应用。区块链技术可以运用到文化产品生命周期的每一个关键环节中，助力产业升级。

在作品诞生的创作发行环节，区块链为其提供登记确权的能力，使得IP可以实现数字化和资产化；在随后的知识产权交易和授权环节，基于区块链的可信数据流转可以保证知识产权交易和授权公开透明，有利于文化产业链信息共享；在传播营销环节，区块链可实现全流程版权保护，创新流量推广方式，带动文化产品营销；在消费应用环节，区块链能够帮助企业利用数字内容打造新的商业模式，与数字世界联动。

（一）创作发行环节：区块链助力实现数字内容"创作即确权"

区块链技术具有公开透明、不可篡改等特性，存储在区块链上的数据具有真实、可靠等特点。在创作发行阶段，通过给小说、文稿、艺术品、摄影作品、音乐、电影、视频等原创作品赋予一个独一无二的区块链身份，将作品信息存证到区块链上，并联通法院区块链，可实现作品"创作即确权"。与传统互联网环境下图片、音乐、文字、视频等内容可以低成本大量复制不同的是，存储在区块链上的数字内容具有唯一编码，可区分版权内容和非版权内容，为内容价值的进一步挖掘和价值变现奠定基础。

（二）知识产权交易和授权环节：区块链助力实现IP可信流转

知识产权侵权、知识产权价值流失等现象在知识产权交易和授权环节时有发生。利用基于区块链技术构建的知识产权线上流转平台，可促进文化产业链可信数据共享流通，保护知识产权，避免知识产权价值流失。

以文旅区块链为例，主要是将拥有知识产权的景区、博物馆、文化创意企业以及政府监管机构、文化产业园、文化产品生产企业、渠道商和营销平台等放在同一个区块链网络中，从而实现 IP 线上可信流转，促进产业链上各环节的信息共享和数据流通，提升运转效率，杜绝 IP 造假、商品造假等行为，保护知识产权。

（三）传播营销环节：低成本实现版权保护，打造火爆营销效果

在内容传播的过程中，区块链技术可帮助内容产业用更低的成本实现版权保护。百度于 2018 年上线首个区块链版权存证平台，结合区块链、AI、大数据等技术，将图片、文字、视频等内容的版权信息永久写入区块链，同时应用百度领先的人工智能盗版检测技术，让原创数字内容的传播可追踪、可转载、可监控，并与全国一百多家法院的电子证据平台实现数据互通，从存证、监测到维权，实现对原创数字内容的一站式版权保护。

在内容营销的过程中，基于区块链技术的数字藏品激发了层出不穷的创意玩法，为内容营销带来新思路、新模式。具体来说，数字藏品借助稀缺性和价值感吸引用户，同时叠加游戏式的交互体验，让用户深度参与，让核心粉丝获取增值权益，快速出圈。数字藏品将一部分价值创造活动交给用户，也将一部分收益回馈给用户，形成火爆的传播效果。比如，奢侈品品牌路易威登、巴宝莉，消费品牌耐克、阿迪达斯，汽车品牌奥迪等纷纷拥抱数字藏品进行品牌营销。

（四）消费应用环节：打造内容变现新途径，构建内容消费新场景

数字艺术品购买、收藏和使用是原生于网络时代的内容消费新场景。当艺术家创作的图片、视频、音乐等数字内容有了唯一的身份标识，创作者和购买者的权益有了区块链共识的保证，作品交易和流通就成为可能，其蕴藏的内容价值和经济价值也就有机会得到进一步释放。

百度超级链提供多种数字藏品解决方案，品牌方、文化版权机构可依托百度超级链的技术能力，通过 SDK、API 等接口完成作品上链，发行数字藏品，也可以借助百度超级链前端应用"星际口袋 App"让更多用户欣赏、购买和收藏数字藏品。

百度超级链数字藏品平台创新融合区块链技术和传统互联网技术，在业内推出首个可信数字藏品 SaaS 平台，通过建立去数字货币合规激励机制和标准化授权分发机制，在百度 App、小度智能屏、希壤元宇宙等多类型场景中完成落地应用。从数字藏品标准化生成、可信管理到安全分发再到场景端应用，百度超级链均提供全方位服务，确保数字藏品生态可持续发展。已有来自公益、艺术、营销、文创等多行业的合作伙伴通过百度超级链发行和管理数字藏品，包括世界文化遗产大足石刻千手观音数字藏品、中国天气网中国风云气象卫星系列数字藏品、艺术巨匠黄永玉《十二生肖》数字藏品、国宝级艺术大师韩美林老师冰雪溢彩数字藏品、时尚 COSMO 女性主题公益数字藏品等。

三　应用效果

百度作为领先的区块链技术提供方，推出了百度超级链版权存证平台、数字商品可信登记平台、数字藏品商城、希壤元宇宙等，从版权到消费，全链路助力文化产业数字化发展。

在版权保护方向，百度超级链作为上海市版权保护项目"易盾计划"的区块链技术提供方，通过数字版权保护提升中小企业及个人版权创作积极性，为该项目免费提供 100 万量级作品存证保护监测和维权服务。此外，百度超级链版权存证平台已为百家号、百度文库数百万作者提供原创作品版权保护服务，为全国 246 家博物馆提供数字作品版权证书，存证量超过 1 亿。

在消费应用环节，百度超级链已为 50 余个文化 IP 机构提供服务，发行了博物馆藏品、体育文化、潮玩艺术、非遗文化、传统书画、航空航天、数字人和虚拟偶像数字藏品，已有 300 多万用户通过百度超级链领取数字藏品。在元宇宙方向，百度超级链作为希壤元宇宙数字商品的重要支撑，让每一种虚拟商品都具有独一无二的特性，并且不可分割与篡改，可为元宇宙经济系统提供重要的价值支撑。

在数字藏品营销方向，百度超级链联合伊利金典有机奶，在希壤元宇宙发布了首个元宇宙数字藏品，借助数字藏品进行品牌营销，让消费者深度参与，让核心粉丝获取增值权益，利用一种更年轻、更新潮的方式让品牌触达消费者，取得了良好的传播效果。华山景区运营方借助数字权证打造景区运营新模式，用户凭借买齐的数字藏品可获取优先服务特权，即在预约已达上限时段，拥有数字藏品的用户可以获得优先预约权，随时随地购票游览，不受高峰限流限制。

四　典型案例

百度超级链是国内领先的区块链技术平台，致力于推动区块链技术在文化领域多元发展，在公益、文博、文创、营销等领域都有案例落地。

（一）"文博艺术链"为246家博物馆提供区块链入链确权服务

百度百科联合百度超级链共同推出的"文博艺术链"，运用区块链技术为全国246家博物馆提供版权确认和版权保护服务。借助区块链公开、透明的特性，该平台已经成功应用于百科博物馆计划对应博物馆的版权保护之中。

（二）发行全球首个月壤数字藏品，弘扬航天精神

2021年4月24日，在"中国航天日"当天，中国探月工程、嫦娥奔月航天科技公司在百度超级链上发行了全球首个月壤数字藏品，以及太空兔、祝融号系列数字藏品，设计灵感全部来源于中国深空探测的里程碑事件。[①]月壤数字藏品是基于嫦娥五号带回的真实月壤扫描生成的数字图像制成。太空兔、祝融号系列数字藏品形象分别来源于我国第一辆月球车玉兔号和第一

---

① https：//my. mbd. baidu. com/r/K4Dhb5ab60？f ＝ cp&rs ＝ 861121410&ruk ＝ jW0P5RRXt9qJWk Yil0rDZw&u ＝ e4d53770b24bacbd&urlext ＝% 7B% 22cuid% 22% 3A% 22gu － 3alicSagli － fglPS4 ij8jv803u2ap08SKi＿ O3v80HaSis＿ 8SF8jtVQuOo8Qur＿ zbmA%22%7D.

辆火星车祝融号。这些属于中国深空探测的独特成就，以数字藏品的形式被永久记录、长远传承，是每一个航天爱好者都可以拥有的珍稀藏品。

参考文献

[1] 头豹研究院：《2021 年中国 NFT 平台研究报告》，2022‑05‑26，https：//www. leadleo. com/report/reading? id＝61df87cc7cc3970455097803。

[2] 亿欧智库：《NFT 本土化尝试——2022 中国数字藏品行业研究报告》，2022‑05‑26，https：//www. iyiou. com/research/20220517997#pdf‑tips。

[3] 观研报告网：《中国数字藏品行业现状深度研究与未来投资分析报告（2022～2029 年）》，2022‑05‑26，https：//www. chinabaogao. com/baogao/202204/586464. html#r_ data。

[4] 算力智库：《2022 数字藏品研究报告》，2022‑05‑26，https：//www. sli. top/details/1037. html。

[5] 《NFT 火速出圈！2021 年市场规模或超 1700 亿，全球三大拍卖行均有涉猎》，2021‑12‑25，http：//news. sohu. com/a/511450163_ 116062。

B.9
"区块链+"的多技术融合体
赋能数据要素可信流转

张小军[*]

摘　要： 区块链作为一种数据防篡改、可追溯，并能使数据可信流转的技术已经获得业界的认可，但随着业务规模的扩大，单一区块链已经无法满足数据端到端的可信流转需要，因此区块链需要与云计算、大数据、人工智能、链上链下存储、承载网络、物联网等技术结合，形成以"区块链+"为核心的多技术融合体，支撑业务数据端到端可信流转应用。

关键词： 区块链技术　区块链+　多技术融合体　链上链下存储

Gartner 在早期针对区块链的分析时表示："我们看到区块链科技领域的许多发展将改变当前的模式。到 2023 年，区块链平台将具有可扩展性和互操作性，并且将支持智能合约可移植性及跨链功能性。这项技术还通过提供必要的数据保密性实现可信的私人交易。随着这一领域技术的发展，我们以区块链技术为主体的去中心化网络，即 Web 3.0 的实现将越来越近。"[①]

区块链技术的主要功能在于保障流转过程中数据的安全性，因此不仅需要区块链技术本身强大的能力，更需要物联网、人工智能、承载网络、云计算、大数据等技术的加持，构建端到端的数据安全流转框架。

---

* 张小军，华为技术有限公司。
① https：//baijiahao. baidu. com/s？ id＝1647779902581390095&wfr＝spider&for＝pc.

如图 1 所示，华为"区块链+整体技术"架构分为四个层次：行业应用生态层、区块链基础服务层、区块链内核层、基础层。这四个层次是区块链的重要支撑，支持区块链实现从前台到后台的应用。

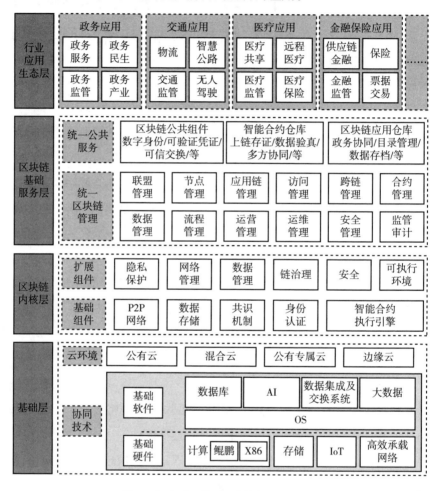

图 1　华为"区块链+整体技术"架构

下文重点解析基础层如何助力区块链实现区块链+的发展方向。

区块链+融合架构，实现以区块链为中心，形成区块链+云计算、区块链+物联网、区块链+承载网络、区块链+大数据、区块链+AI、区块链+芯片、区块链+线上线下存储 7 种典型的区块链与周边技术融合赋能数据要素流转的模式。

一 区块链与云计算的结合

云计算是基于互联网的计算方式，实现软硬件资源和信息的共享，并根据需求为各种终端和其他设备提供计算能力。现阶段，云计算不仅是一种分布式计算，还涉及并行计算、负载均衡、存储、虚拟化等技术。

云计算主要应用采用的是按使用量付费的模式，而区块链则是一个分布式账本数据库，是一种信任机制。从定义上看，两者似乎没有直接关联，但是区块链作为一种资源存在，有按需供给的需求，也是云计算的组成部分之一，两者可以实现技术融合。

区块链与云计算融合模式主要有以下两种。

其一，区块链服务于云计算。这主要体现在依托区块链实现分布式云计算架构，而基于区块链的分布式云计算允许用户按需、安全和低成本地访问。去中心化应用程序（DApps）可通过分布式云计算平台自动检索、查找、提供、使用、释放所需的所有计算资源，同时使数据供应商和消费者等更易获得所需计算资源。同时，用区块链的智能合约来描述计算资源的特征，能够实现按需调度。基于区块链的分布式云计算可能成为未来云计算的发展方向，但当前尚处于理论探索阶段。

其二，云计算支撑区块链。这主要体现在云计算与区块链技术的融合，云平台成为区块链服务的承载体。众所周知，区块链技术从开发、测试到信用证明（Proof of Credit，PoC）等都涉及多个系统。由于单机模式成本昂贵，而且极大地制约了区块链技术的推广，因此云厂商致力于依托自己的云平台推出区块链服务，将云计算与区块链两项技术融合起来，催生出一个新的云服务市场"区块链即服务"（Blockchain as a Service，BaaS），加速推进区块链技术在多行业领域的应用。在实际应用中，以联盟链为代表的面向企业（To Business）的区块链企业平台要利用云设施完善区块链生态环境；以公有链为代表的面向用户（To Client）的区块链则要为去中心化应用提供稳定可靠的云计算平台。促进区块链与云计算的融合，能满足各行业、各领域

快速部署区块链同时降低部署时间和成本的需求，而云平台的安全性又能对区块链的安全性给予加固。[①]

BaaS 服务已经受到全球各大企业重视，各云计算公司纷纷推出基于云计算的区块链平台。国外有名的如"IBM 的区块链平台+BlueMix 云平台"、微软的区块链平台与 Azure 云平台、Google 的区块链平台与 google 云、Cisco 的区块链平台与其 UCS 刀片服务器的搭配等。国内有华为云与华为区块链平台 BCS 的结合、蚂蚁链与阿里云的结合、腾讯 TBaaS 区块链平台与腾讯云的结合、百度云与 SuperChain 区块链平台的结合、京东云与京东 JD Chain 区块链平台的结合等模式、区块链与云计算结合，实现安全互补和技术支撑。

二 区块链与物联网的结合

近几年，IoT 正成为通信行业的重要应用方向。数字身份是一种可查询、识别和认证的数字标签，数字身份与 IoT 结合成为未来的发展趋势。

IoT 与区块链结合，使其可以利用区块链技术实现数字身份的保护，同时建立 IoT 环境的数字身份可信认证系统。目前，IoT 面临的挑战是 IoT 数据的隐私性、安全性、连续性、兼容性等问题，而区块链正是解决这些问题的有效技术手段。其一，发送数据时通过加密，将个人数据进行解密和确权，并将操作记录等信息记录上链。IoT 数字身份需在上链前经过认证机构认证与信用背书，上链之后，基于区块链的数字身份认证系统能保障数字身份信息的真实性，并提供可信的认证服务。IoT 中每个设备都有自己的区块链地址，可以根据特定的地址进行注册，从而保护其数字身份不受其他设备的影响。基于区块链的 IoT 设备的确权管理可以保障大量原有 IoT 设备的安全性，而对于受劫持的 IoT 设备，借助区块链技术可以阻止它们对网络的访问，从而进一步保障 IoT 的网络安全。其二，IoT 可以

[①] 唐晓丹、邓小铁、别荣芳：《区块链应用指南：方法与实践》，电子工业出版社，2021。

将设备连接一起，并完成数据采集和实现设备控制功能，未来 IoT 可以将各智能终端联网，通过智能合约的方式制定执行条款，实现商业价值。

同时，区块链也需要 IoT 解决最后一公里数据可信上链的问题。利用 IoT 的传感器能力，能够保障数据上链的可靠性。当前区块链被质疑的原因之一是上链数据的真假，如何保障数据上链的真实性成为关键。这方面，可借助 IoT 技术以机器替代可能出现的人为干预，使数据通过 Sensor 自动上链，从而保证上链数据的真实性、可靠性。同时，在 IoT 中基于芯片、终端、承载网络、管理平台、应用等构建端到端防御体系，也能为区块链平台提供安全保障。

当前，区块链与 IoT 结合的应用相对较多。第一类是追溯类应用，即基于 IoT 的唯一标识码实现对物品的追溯，其中 NFC 是常用的方式，其过程中的数据上链主要依托 NFC 扫描实现，从而保证追溯的真实性。第二类是融资类应用，即基于仓单的融资类应用，仓单的信息扫描等需要 IoT 技术的介入，以 IoT 辅助区块链实现仓单类电子数据产品的融资。第三类是物流类应用，旨在弥补物流缺口，节省物流成本。华为区块链依托自主区块链平台与 IoT 结合，实现可信数据上链，解决了当前区块链最后一公里的数据安全问题，让区块链与 IoT 结合更安全、更可靠、更便捷。

三　区块链与承载网络的结合

承载网络与区块链结合，形成了区块链体系中的重要一环。当前区块链网络采用的是 P2P 网络架构，但该架构并非为区块链设计。P2P 网络中的节点主要通过 Gossip 协议进行状态同步和数据分发。Gossip 协议是 P2P 领域常见的协议，用于网络内多个节点之间的数据分发或信息交换。其设计简单，容易实现，容错性也较强。但 Gossip 协议为 TCP/IP 协议栈中的应用层协议，网络底层协议仍采用 TCP 或 UDP 报文传递方式，在未来节点增多、并发量大的情况下，原有的网络协议可能会以标签的方式改变。

同时，网络要纳入区块链的链条，增强网内可靠性。伴随着边缘计算的普及，当前的网络设备已经具备一定的计算能力，依托网络边缘的计算能力，将网络设备纳入区块链，既能保证网络设备的安全性，又能将网络信息作为链上信息的一环，一方面缓解云平台在大量节点下计算和存储的压力，另一方面对大量的 IoT 设备的合法接入进行认证管理。因此，区块链网络演进是未来发展的一个重点方向。

可以从底层网络技术开始优化区块链整体性能。华为一直致力于优化区块链性能，依托 BBR（Bottleneck Bandwidth and RTT）技术提升 TCP 的吞吐量，降低网络传输时延；依托网络的防拥塞丢包技术（iLossless）解决由网络或设备自身拥塞导致丢包的问题，能有效满足当前区块链网络对时延和性能的要求；依托确定性 SLA、组播数据分发和数据压缩等多种技术，从各个维度优化区块链网络的能力，如利用确定性 SLA 对 P2P 网络进行优化，降低时延和抖动时间，提升区块链网络稳定性，保障区块链业务的高并发要求。组播分发和数据压缩可以在一定程度上减轻链路上的带宽压力，从而高效地利用网络带宽。

华为区块链网络架构如图 2 所示，提供区块链节点部署、多站点部署功能，并支持 Full-Mesh 互联、总分互联以及互联网互联等，可按需进行任意安全互联。各节点通过安全连接通道两两互联；各联盟节点实施统一管理，包括连接管理、一体机管理（节点物理机）和区块链管理；业务实现自动化，包括远程或新节点的快速启动，连接自动打通，自动接受管理平台纳管；业务连接逐步优化，拥有 FEC 防丢包、TCP 优化等功能，安全提升功能包括 ACL 过滤、防火墙和 IPS 等；解决方案架构包含管理平台、联盟节点和连接网络三部分，管理平台包括区块链、一体机和连接三部分，连接管理平台主要是针对每个节点的网络节点（按出口路由、安全设备和交换机等），以及节点间网络连接（可以是专线、VPN 专线或 Internet 专线）进行管理，以及对物理设备和连接链路的管理。联盟节点，即部署在联盟链成员单位的区块链节点，可以根据功能定位的不同，有不同的节点配置，即节点形态。连接网络相对容易理解，涉及节点内网络设备组网和安全策略，节点间的物理链路及其之间的安全 VPN 建立。

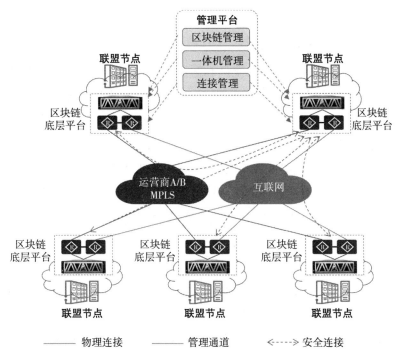

图 2　华为区块链架构

四　区块链与大数据的结合

从获取、存储、管理、分析角度看，大数据具有海量数据规模、快速数据流转、数据类型多样和低价值密度四大特征。当前正由信息技术（Information Technology，IT）时代向数据技术（Data Technology，DT）时代过渡，数据成为流动的资产，通过对数据进行分析能够创造强大的社会及经济价值。大数据技术的发展取得了重要的成果，但目前也面临着巨大挑战，主要包括两个方面：其一，随着数据源的数据流通与共享，

数据流动的安全隐患在增加；其二，针对大数据资源的窃取、攻击与滥用等行为越来越严重，对数据安全防护能力提出了更高的要求。大数据的非授权共享不仅会影响用户的数据安全，而且会对国家安全造成严重的威胁。如何促进大数据安全、可控地流通与共享，是大数据在应用和发展过程中面临的核心问题。

区块链具有可追溯性、安全性和防篡改性等优势，因此将在推进数据互联互通和开放共享方面发挥重要的作用，最终减少信息摩擦，突破信息"孤岛"。从长远来看，区块链与大数据的结合可能给社会生产生活带来巨大变化。2020 年 4 月，中国互联网络信息中心（CNNIC）发布第 45 次《中国互联网络发展状况统计报告》，指出 2020 年大数据领域呈现的十大发展趋势之一是区块链技术的大数据应用场景渐渐丰富。① 根据 Neimeth 的估计，到 2030 年，区块链分布式账本的价值可能会占整个大数据市场的 20%，产生高达 1000 亿美元的年收入，超过 PayPal、Visa 和 Mastercard 的总和。②

区块链技术的分布式架构与智能合约技术恰好与大数据环境下对分布式、动态访问控制的需求相吻合，大数据访问控制涉及大数据资源的采集、汇聚、管理、控制等，与区块链技术结合后，大数据访问控制架构基础如图 3 所示。

五　区块链与人工智能的结合

人工智能是一种被人类设计出来的可以将感知信息映射到行动的智能体，它可以根据环境的变化采取理性的行为并做出决策。③ 大数据、类脑计

① 《区块链技术将给 AI 技术带来哪些好处？》，2018 年 9 月 1 日，https：//blog. csdn. net/ lidiya007/article/details/82286961。

② 《人工智能与区块链相结合，将会有怎样的潜力？》，2018 年 10 月 2 日，https：//www. sohu. com/a/257435926_ 100217347。

③ 唐晓丹、邓小铁、别荣芳：《区块链应用指南：方法与实践》，电子工业出版社，2021。

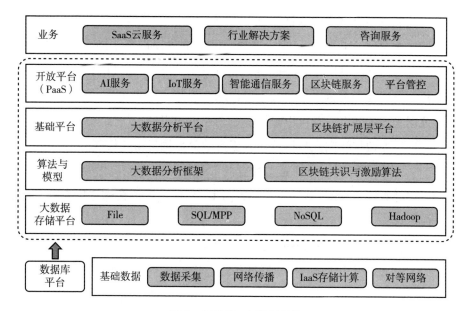

图 3　区块链+大数据架构

算和深度学习等技术的发展，掀起了人工智能的又一次发展浪潮。① 数据化产业的发展对区块链与人工智能结合提出了更高的要求，而二者的结合可以解决数据的可信安全传输问题，并促进对数据的深度分析。

区块链与人工智能的结合带来的主要价值有以下几个方面。②

（1）帮助人工智能解释黑盒。人工智能面临的一大问题是黑盒的不可解释性和难以理解性。清晰的审计跟踪可以提高数据的可信性，还可以提高模型的可信度，也为追溯机器决策提供了一条清晰的途径。区块链的防篡改、无法伪造时间戳等特性无疑是有效进行审计跟踪的保障。

（2）提高人工智能技术的有效性。安全的数据共享需要更多的数据、更好的模型、更好的操作、更好的结果。区块链具有的分布式数据库的特

---

① Russell, S. J., Norvig, P., *Artificial Intelligence*: *A Modern Approach*, Malaysia: Pearson Education Limited, 2016.

② Russell, S. J., Norvig, P., *Artificial Intelligence*: *A Modern Approach*, Malaysia: Pearson Education Limited, 2016.

点，使获取更多更真实的数据不再是难题。

（3）降低进入市场的门槛。首先，区块链将促进更干净、更有组织的个人数据的建立。其次，区块链会促进新市场的出现，如数据市场、模型市场，甚至可能还会促进人工智能市场出现。因此，数据共享、新的市场与区块链数据验证的融合，既可以降低中小企业进入市场的门槛，又可以为企业提供更广泛的数据访问入口以及建立更有效的数据货币化机制。

（4）增强可信性。一旦人类社会的部分工作由智能机器管理，区块链清晰的审计跟踪特性就可以发挥巨大作用，如促进智能机器之间互相信任，并且最终取得人类信任。除此之外，区块链技术还能促进机器与机器的交互，并为交易双方提供安全的方式共享数据和制定决策。

（5）降低重大风险概率。在拥有特定智能合约的 DAO 中编写人工智能程序，只有其自身才能执行，这将大大降低人工智能灾难事故发生的概率。

人工智能和区块链的相互融合，可以取得巨大的成果。区块链具有可追溯性，利用这种特性可以对人工智能数据源进行定点纠正；反过来，人工智能对区块链也有辅助作用，人工智能给区块链带来的价值主要有以下几个方面。

（1）人工智能的应用有助于优化能源配置，可以降低计算设备方面的投资。

（2）人工智能技术有利于优化区块链的链上数据，让区块链变得更加安全、高效，提升区块链的智能性。

（3）人工智能可增强区块链贸易应用的可靠性。此外，业界也在探索利用人工智能提升区块链智能合约的安全性。

区块链和人工智能各自的优缺点，决定了两者结合的必然性。区块链有助于推动孤岛化、碎片化的人工智能实现通用性，而人工智能将解决区块链在自治化、效率化、节能化以及智能化等方面面临的难题，两者结合带来的价值有以下几个方面。

（1）数据方面，区块链以密码学为基础，对大量数据进行组织和维护，能够打破科技巨头对数据的垄断。区块链上的数据附有不可伪造的数字签名，有助于实现数据共享和溯源，使得建立分布式人工智能数据平台成为可能。

（2）算力方面，区块链与人工智能结合，能够将闲散空余的算力资源整合，利用区块链技术实现算力共享，为人工智能提供算力。人工智能与区块链平台结合，可有效提升系统性能，减少算力消耗。

（3）算法角度，在人工智能各种深度学习、强化学习任务平台上搭载区块链技术，能优化人工智能。

六　区块链与芯片的结合

（一）区块链与芯片结合的价值

针对区块链软件面临的问题，区块链硬件化、芯片化将成为发展方向。区块链结合芯片的价值主要有两个方面：其一，利用物联网终端设备的芯片可提供唯一可识别设备身份 ID，支撑物联网设备在注册和部署时证明其在物理世界的真实存在，保障数据的可信上链，打造"区块链+物联网"的商业闭环；其二，通过区块链系统服务器与芯片融合，结合异构集成方案，可以解决包括上链安全及认证效率在内的一系列问题。

随着软件技术的发展，操作系统的功能越来越丰富，操作系统的内核功能和代码量也呈爆炸式增长，在保障软件给人们带来便捷的同时，隐私保护和数据安全也越来越重要。业界提出了可信执行环境（Trusted Execution Environment，TEE）的设计。简单来说，就是在常规操作系统 REE（Rich Execution Environment）之外，建立一个专门为高安全应用运行的操作系统 TEE。一般称 REE 为 Normal World，TEE 为 Secure World。TEE 和 REE 各自运行独立的操作系统，它们共享设备硬件但又互相隔离，比如把 CPU 按核或按时间片分配给两个操作系统，TEE 和 REE 各自拥有独立的寄存器、内存、存储和外设等。依靠芯片的 TEE 能保障操作系统的安全。

区块链与芯片的结合具备两点价值。（1）利用芯片的区块链算法效率比纯软件效率高。利用芯片的区块链算法能在一个时钟周期内并行计算，同时进行多路输入计算而得到输出结果。（2）利用芯片的区块链算法安全性比软件高。纯软件技术容易被黑客攻击，而芯片与区块链的结合可以将核心代码和数据直接在芯片安全区域内运行，为区块链网络提供芯片级的安全保障，使其难以被黑客攻击。同时，结合多方安全计算等技术，实现对用户数据隐私最大限度的保护。

（二）区块链如何与芯片结合

影响区块链大规模商用落地的主要因素是安全和性能，所有的区块链都是在这两者之间寻求平衡。当前的技术主要是在共识算法和共识机制等软件层面提升安全性和性能。未来，随着基于区块链的芯片的云、管、端等硬件基础设施的出现（见图4），同等条件下区块链的安全性和性能将大幅提升。

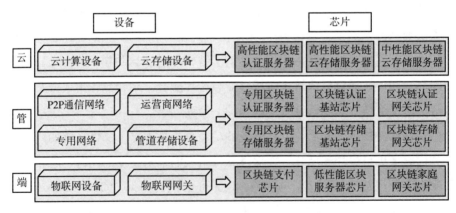

图4　区块链与芯片结合的思路

软硬结合，构建可信硬件环境：首先，保证共识算法和机制源头不被黑客攻击，保证执行环境安全和节点可靠；其次，在安全可信的执行环境中，大幅优化共识算法和提升性能，减少资源消耗。

处理器芯片–可信执行环境：为区块链应用提供可信执行环境，提升性能，减少资源消耗。

网络芯片-可信网络节点：用区块链技术进行网络设备管理，通过身份认证，保证可信网络接入节点安全。

终端芯片-安全、高效的执行环境：终端芯片的安全加密模块能确保终端节点接入的安全和可信，同时保证终端设备运行环境的安全可信，从而提升终端设备的安全性和性能。

华为具备服务器侧和云侧芯片的设计及相关制造能力。在服务器侧，华为区块链与鲲鹏 CPU 结合，鲲鹏在 TrustZone 的安全域下不仅能提供加解密能力，同时能为智能合约等提供安全防护。

七　区块链与线上线下存储的结合

区块链与数据存储的融合，可以产生新的技术优势和商业模式。

一类融合是结合分布式数据存储系统，解决区块链系统的查询和存储效率问题，比如将部分区块链节点数据存储在数据库系统中，形成分布式数据库和区块链的混合式系统。由于这类系统融合了数据库节点，这些节点可以高效地响应复杂的数据查询分析，可以一定程度上弥补区块链系统查询效率不高的缺陷。同时，由于区块链系统具有同权共治的特征，这类融合系统也可以保证数据的真实可靠，系统中的数据不可以被随意篡改、不可抵赖和撤销。

此外，虽然区块链系统可以分布式存储非交易数据，但为了保证链上存储空间的使用效率，需设计相应的数据存储扩展机制实现对非交易数据的存储，从而避免这些数据过多地占用区块空间。很多工作将 IPFS（Inter-Planetary File System）作为底层存储以扩展现有区块链系统的数据存储能力。IPFS 是一个可快速索引的分布式版本化文件系统，类似的系统还有很多，比如 Sia 等。存储在 IPFS 上的文件会被自动切分并加密分散存储在网络中，同时 IPFS 会自动消除重复文件，这保证了 IPFS 文件存储是高效、安全的。IPFS 是为了替代 HTTP 协议，实现在网络中存储文件而被提出的。

IPFS 的核心是基于默克有向无环图（Merkle DAG）的索引结构，这一索引结构由节点和链接组成，节点存储数据及数据的下级链接关系，链接存储的是数据的哈希值，从而保障了分片数据的有效性和快速索引的能力。目前有很多关于以太坊+IPFS 存储的解决方案，这类融合方案主要是将数据的 IPFS 哈希值存储在以太坊区块链的状态数据库中，而数据本身存储在 IPFS 分布式存储系统中。

另一类融合方向目的是解决现有信息系统与区块链系统在数据存储方面的兼容问题，降低开发人员和维护人员的学习成本，提升区块链系统的易用性。这类融合通常会对区块链底层的数据存储模型进行改造，使其支持多种类型的数据存储。华为自研的区块链底层引擎同时支持 KV、关系型和文件数据存储，智能合约支持标准的 SQL 数据操作，因此区块链系统相比传统单一的数据存储模式可以更加容易地对接现有的信息系统。

区块链技术的诞生为软件定义存储的发展开辟了新的空间。它创造了一种可能：在技术层面和经济体系层面重新思考云存储及数据管理并摆脱行业困境。因此，还有一类融合方向是解决共享存储问题，这类方案利用区块链实现共享资源的分配和使用，利用分布式存储方案共享网络中剩余的分散存储空间，从而提升了网络存储的整体利用效率，使得参与的网络用户可以通过贡献空闲存储而获得激励。这类融合方案相比传统的存储方案，通常通过大量网络节点进行加密存储，可以极大地提高数据的安全性。同时，区块链具有的可溯源特性保证了对存储数据的任何操作都是可追溯的，有利于构建绿色可信的共享网络社区和提升存储资源的利用率。与现有云存储解决方案相比，基于区块链的存储更加安全、快捷，成本更低，更易于监管，并且分布更广。

现有的区块链分布式存储机制实现了存储的去中心化，同时也解决了存储数据管理的安全性和吞吐率问题，但是在可编程性、可扩展性和可确权性等方面仍然存在不足，这也是基于区块链的共享文件存储面临的主要挑战。

参考文献

［1］周洪波：《云计算：技术、应用、标准和商业模式》，电子工业出版社，2011。

［2］《区块链与大数据不得不说的互补关系》，2019 年 1 月 22 日，https：//www.qubi8. com/archives/177710. html。

［3］Russell，S. J.，Norvig，P.，*Artificial Intelligence：A modern Approach*，Malaysia：Pearson Education Limited，2016.

［4］方俊杰、雷凯：《面向边缘人工智能计算的区块链技术综述》，《应用科学学报》2020 年第 1 期，第 1~21 页。

［5］《区块链技术将给 AI 技术带来哪些好处?》，2018 年 9 月 1 日，https：//blog.csdn. net/lidiya007/article/details/82286961。

［6］《人工智能与区块链相结合，将会有怎样的潜力?》，2018 年 10 月 2 日，https：//www. sohu. com/a/257435926_ 100217347。

［7］唐晓丹、邓小铁、别荣芳：《区块链应用指南：方法与实践》，电子工业出版社，2021。

B.10
区块链与边缘计算应用研究

张京辉　陈　超*

摘　要： 在高速发展的互联网时代，数据真实且完整的重要性不言而喻，在对数据要求极高的精密系统及交易系统中更是如此。区块链因其去中心化、不可篡改的特性而被人熟知，然而，区块链并不能确保链上数据的准确性。引入区块链的目的是以对参与者有利的方式收集和管理数据，因此使用的数据必须可靠、真实和及时。作为与区块链同时代的产物，边缘计算为解决区块链"第一公里"问题提供了方案。将区块链融入边缘计算架构的每一层，结合加密认证等密码学技术，能够有效解决数据源头问题，保障数据全链路安全。本报告对区块链与边缘计算技术进行了概述，分析了区块链"第一公里"所包含的关键阶段以及一些当前的解决思路，指出区块链融合边缘计算的动机需求与基本架构，并从数据完整性的角度为区块链赋能提供参考。

关键词： 区块链　边缘计算　物联网　数据安全

一　引言

区块链作为数字加密货币的底层技术，近年来在学术界与商业界引起了

---

* 张京辉、陈超，北京中科金财科技股份有限公司。

广泛关注，其去中心化、不可篡改的特性广为人知。在区块链中，数据保存于分布式账本中，允许区块链网络中的参与者读写、验证账本中记录的交易，但不允许对账本交易进行删除和修改操作。该设计保证了区块链中的交易是受到完整性保护、真实性验证和不可抵赖的。

区块链凭借以上特性注定具有广阔的应用前景，并在数据共享、存证、安全等方面有所落地，尽管如此，仍需考虑一个无法回避的事实：对于一个系统而言，大多数情况下，有垃圾输入相应就会有垃圾输出。这也是众所周知的"垃圾输入、垃圾输出"（GIGO，Garbage-in，Garbage-out）问题。简单来说，若上传至区块链的内容本身不准确或不合法，区块链的确可以保证其不变性，产生的结果也就是"非常安全的垃圾"。

对于 GIGO，传统的方式是事后对输入进行修复和改进，由于区块链交易自身不可篡改，因此事后修改是不现实的。不可篡改性成为一个固有特性，但这绝不是一个缺陷——事实上它是区块链最有价值的特性之一。这就意味着当设计基于区块链的解决方案时，我们的首要工作是控制垃圾输入，提高数据质量，确保真实世界中的数据在提交到区块链账本前的"第一公里"安全、可信。

边缘计算作为一种结合云计算和物联网的新兴概念，在物联网设备与中央云服务器的连接方面发挥了巨大的作用。边缘计算可以将数据的存储和分析任务从中心化云服务器下放到网络边缘服务器，在保留云计算核心优势的同时降低网络时延。结合边缘计算并研发区块链专用模组及芯片，可以实现数据产生便即时上链，保证数据的可信采集，打造数据真实性闭环。

区块链技术可以保证链上数据的不可篡改性，但是无法保证数据上链前的真实可靠；与之相反，边缘计算可以保证采集到的数据真实可信，却难以保证传输过程无法篡改。因此，区块链技术与边缘计算融合，将会为保障数据全生命周期的真实性、完整性带来重大突破。

二 相关技术概述

（一）区块链

可以将区块链理解为一个完全分布式的数据库或账本，其基本单元是区块，区块记录了给定时间内进行的所有交易，通过哈希值按时间顺序链接在一起，任何人无法篡改其中的数据内容，而且每个人都可以访问。每个区块包含了前一个区块的哈希值，因此如果想要篡改账本，就需要改变之前所有区块的哈希值，而这几乎不可能完成，并且攻击的代价远比获益要多。总体看，区块链主要涉及以下核心技术。

（1）分布式账本。区块链网络中只有对等节点而没有中心化节点，所有节点保存同样的全量账本。在这种模式下无需第三方即可对交易进行验证并同步，避免了单点失效的风险。

（2）共识机制。共识机制即网络中所有节点同步账本数据的机制。常见的共识机制包括工作量证明（PoW）、股权证明（PoS）、授权股权证明（DPoS）、实用拜占庭容错（PBFT）算法等。

（3）密码学特性。密码学结合链式结构保证了区块账本的不可篡改性，通过多种哈希算法与非对称加密算法，对网络中的交易进行签名和校验处理，确保数据不会被恶意修改。

（4）智能合约。智能合约是区块链上的一串代码逻辑，可自动执行各方之间的协议条款，拥有许多优势，如快速、动态、实时更新、运营成本低、准确性高、无需第三方机构等，这些优势也推动了智能合约在不同场景中的应用。

（二）边缘计算

边缘计算的目的是改进内容交付网络（CDN，Content Delivery Networks）上的应用，即通过利用 CDN 中边缘服务器的位置优势来实现大规模的可扩展性。

在过去十年中，边缘计算已广泛应用于物联网网络。物联网设备受资源限制和算力不高影响，无法完成指数级上升的海量数据的计算与存储，云计算在一定程度上能弥补这一缺陷，使企业及其用户摆脱存储、计算约束以及网络通信成本高等问题。然而，云计算的应用实时性、动态性较差，难以满足对位置感知、隐私安全和移动性支持的要求。边缘计算作为一种新兴的计算架构，将部分云计算和存储任务转移到边缘服务器上，以规避应用程序延迟敏感的问题，满足了物联网网络的移动性支持、隐私安全和位置感知的要求。

边缘计算的总体架构由三层组成：物联网设备层、边缘服务层和云服务层。物联网设备层包括允许人和物在网络中相互连接的任何设备，这些设备主要连接到边缘服务层的某一服务器。边缘服务层可以相互连接，每一个都连接到云服务层，边缘服务层支持许多应用程序，如实时数据处理和敏感信息存储。云服务层为物联网设备产生的大量数据提供高性能计算、管理和存储服务，但对实时性没有严格要求。与传统云计算架构相比，边缘计算具有低延迟、可扩展等特性，能有效利用资源和保护隐私安全。

三　区块链的"第一公里"

在区块链的实际应用中，我们经常忽略一个重要概念，即"真实世界中的数据如何与区块链交互"。自打印机时代就存在典型的 GIGO 问题，区块链也不例外。以比特币为代表的虚拟货币应用或许不存在此类问题，因为所有数据都在链上产生，无须与真实世界交互；而在生产环境下，大部分数据都涉及上链前的"第一公里"，主要在于区块链无法保证输入数据的真实性。本部分涉及从数据创建点到区块链上的使用点的多个阶段，为降低数据完整性风险提供参考，并给出区块链环境中解决数据完整性问题的方案。

（一）数据管道

在所有依赖外部数据的区块链解决方案中，数据都是由预言机产生、提交到区块链最终确认并用于基于区块链的上层应用的。为了清晰地说明这一

过程并加深对区块链"第一公里"的认识，我们将数据生命周期比作一条流动的管道，其中包含四个不同的处理阶段，如图1所示。

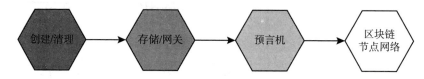

图1　数据管道的不同阶段

（1）创建/清理：初步进行测量，并生成原始数据。它可能以数字、文本、图像、视频或其他结构化和非结构化格式的形式出现。它可以由人手动输入或由计算机和设备自动收集，或两者兼而有之。对数据进行清理可增强其有用性，可能包括质量保证、标准化、分析和格式转换等步骤。

（2）存储/网关：数据可能由产生它的同一实体存储，也可能不进行存储。如有必要，相关各方可以通过某种网关访问它，无论是网站、数据库下载、应用程序编程接口（API），还是仅是对纸质记录的物理访问。通常，通过此网关的数据请求只是返回一组现有数据，但在某些情况下，也可以执行其他操作。

（3）预言机：预言机将数据网关连接到区块链。它可能是数据产生的实体，也可能是开放访问的存储实体。预言机从数据网关获取数据，将数据封装在区块链交易中，对其进行签名，然后使用区块链客户端将交易广播到区块链的节点网络。预言机通常还会监听来自区块链网络的数据请求，并将这些请求中继到数据网关。例如，物流系统可以作为区块链解决方案中的预言机发挥积极作用，侦听运输更新请求并做出相应响应。更常见的做法是由专门的区块链服务提供商通过调用物流系统的API接口并将结果提交给区块链来完成预言机服务，因为它不需要物流系统的任何操作。

（4）区块链节点网络：交易经过共识过程，存储在区块中，最终在区块链网络上得到确认。数据存储在区块链上某些智能合约的变量中，可以被其他智能合约和用户有效利用。

（二）解决方案

以下是一些常见的解决方案，主要是在数据管道的不同阶段采取措施以保证数据写入区块账本时的完整性。

（1）信誉系统。参与者的输入和操作会产生信息，这些信息可以帮助衡量这些参与者的预期持续可信度和可靠性。如果怀疑有任何违规行为，构成声誉系统基础的跟踪记录本身可用于审核先前的行为。可以将可信参与者的绩效跟踪记录和手动评级结果纳入信誉系统，作为未来增加特权和给予奖励的基础。

（2）自动化。可以尝试通过自动化尽量减少对潜在恶意人为操作的依赖。如用于运输的卡车可以随时自动报告位置，司机就没有机会就包裹是否能准时到达而撒谎。在满足预先指定的条件时，智能合约可以触发货物相关更新，而不是等待手动录入。自动化对数据完整性的有利程度取决于自动化过程是否足够健壮。除了流程效率提升和成本降低之外，自动化水平的提高通常会带来额外的好处，即更容易纠正或防止人为输入错误，有助于阻止更多类型的良性故障。

（3）跨冗余输入的聚合。在某些情况下，单个数据请求可以由多个预言机冗余地回答，最终结果被视为预言机提供的输入的聚合，通常会抛出异常结果。核心思想是，通过跨冗余输入进行聚合，可以减少任何单个预言机的最大负面影响，并且在某些情况下，最终结果的准确性也会得到提高。输入可以通过中值、众数、均值或这些方法的混合来聚合，也可以使用其他聚合，尤其是对于更复杂类型的数据而言。

（4）交叉验证。还有一种方法是"交叉验证"输入，这意味着提交的每个输入都与附近的输入相证实。例如，如果在大型食品储存设施中以网格状方式部署的所有温度传感器都报告当前温度约为5℃，但只有一个传感器报告温度为30℃，这是合理范围内的单传感器故障，其输入可自动丢弃。利用这种方式，每使用一个新增的传感器或预言机都会产生额外成本。

（5）可信执行环境（TEE）。对于主要需要在链下完成一些计算的请求，TEE可以生成完整性证明，例如Intel Software Guard Extensions。本质

上，支持该协议的英特尔芯片包括一个与计算机中其他组件完全隔离的特殊组件，称为可信执行环境。计算机中的其他组件无法读取 TEE 的内存，也无法看到 TEE 计算的输入或输出，因为所有数据在传输过程中都是加密的。TEE 可用于运行对高度敏感数据进行计算的高度敏感代码，能有力地保证代码正确运行，并且不会将机密信息泄露给任何第三方，甚至此 TEE 所在的计算机。

（6）边缘计算。采用边缘计算的方式，直接在接入层节点进行身份认证、资产识别、确权、登记、存储、加密、共识计算。边缘计算作为物理世界到数字世界的桥梁，是数据的第一入口，数据的拥有者可以决定数据的传输边界，保护数据的安全和隐私。随着设备性能的不断提升，大量物联网节点已经能满足边缘计算的需求，可以实现复杂应用场景下的数据交付。相对于云存储计算而言，边缘计算在实时性、短周期数据、本地决策等方面更加契合区块链的业务需求。

四　区块链融合边缘计算

前文我们对区块链技术与边缘计算进行了简要介绍，然后讨论了区块链"第一公里"存在的问题与挑战并提供一些解决思路，接下来我们着重关注区块链融合边缘计算的需求与实际应用。

（一）融合需求

区块链融合边缘计算的目的在于综合网络、存储和计算资源来提供安全的服务以满足应用需求，这些服务涵盖了区块链与边缘计算的主要核心能力。两者均采取分布式设计，在资源利用上有许多交集，因此区块链融合边缘计算在实现上大有可能；而两者有其各自的优势与劣势，需要互补才能提供更完善的功能。

尽管边缘计算具有低延迟、可扩展、有效利用资源、有效保护隐私安全等诸多优势，但其安全性相对低。在边缘计算网络中，海量异构设备和边缘服务器的本地及跨域交互为恶意行为的实施创造了机会。在消息传输过程中，数据容易被攻击者截取、干扰和监听，经常遇到主动与被动攻击，因此网络管理员设置的配置需十分可靠，而由于边缘计算具有动态开放性，实现较为困难。在边缘异构网络中也不易将数据流量和控制流量隔离，缺乏一种安全、灵活、低成本的管理方式。此外，边缘网络中常采用分片的方式，即数据被分开并存储在不同的位置，分片可能使数据丢失或被篡改，数据完整性难以保证。因此，需要提升基于边缘计算的设备控制、数据存储、计算和网络方面的安全性，以适应其异构、开放的特点，在安全与性能之间寻求平衡。

区块链虽有广阔的应用前景，但也面临着诸多挑战。值得一提的是区块链的三元悖论，即在区块链解决方案中，分布式、可伸缩性和安全性三者往往只能取其二。其中，分布式是指去中心化、无须第三方审查，可伸缩性是指处理事务的能力，安全性则是抗攻击能力。当前区块链的短板主要在可伸缩性上，体现为低吞吐量、高延迟和资源耗尽等，限制了区块链的实际应用。此外，从数据真实性的角度来看，向区块链提交真实数据是为区块链应用赋能的第一步。尽管区块链可以保证链上数据的不可篡改性，但是缺少将真实世界的实体映射到链上对象的有效途径，如果在使用区块链时无法保证数据真实且完整，那么链上的智能合约依然会对这些垃圾数据进行无用操作，产生无法预料的后果。

边缘计算融合区块链技术，不仅能缓解云服务层的集中压力，还可以在多个边缘节点上实现分散控制。得益于 P2P 与共识机制，区块链以透明的方式保护了数据完整性、有效性和一致性，实现了异构网络下的数据协同。自动化的智能合约简化了边缘计算中业务逻辑的执行，还可实现边缘计算资源的按需分配，显著降低操作成本。同时，边缘计算也为区块链服务提供了不同层面的支持。在资源层面，区块链与上层应用可以共享边缘节点的资源，从而节约云端资源开销；在通信层面，边缘计算利用其靠近用户端的优势，在数据产生时就同步上传至区块链，打通区块链"第一公里"的同时满足低时延要求；在能力层面，边缘计算集成多种网络能力，可以为数据上

链前与上链后的真实完整性背书，例如设备认证、冗余聚合、交叉验证等，事后可对数据进行分析与核查。

（二）基本架构

根据前文对边缘计算的概述，其结构主要分为三层，即物联网设备层、边缘服务层和云服务层。区块链可以集成这些层中的每一层，以提高网络的性能并保障数据安全，根据所在层级可分为终端区块链、边缘区块链和云端区块链。图2展示了区块链融合区块链的基本架构。

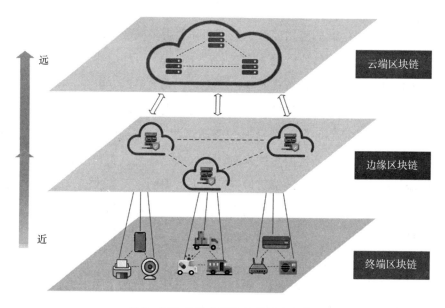

图2　区块链融合区块链的基本架构

1.物联网设备层

上层的每个边缘服务器连同该层连接到它的设备，形成自己的本地网络。设备信任获得 CA 证书后，由本地边缘服务器管理和注册 IoT 设备。物联网设备之间、设备与边缘服务器之间或边缘服务器之间的通信被记录为事务并存储在边缘区块链上。每个边缘服务器都是一个区块链管理器，负责交易的创建、验证和存储。

这一层的设备间通信可以分为两类。同一本地网络中的 D2D（Device-to-Device）通信和不同网络中的 D2D 通信。第一种情况下，物联网设备将请求转发给它们的管理器，即边缘服务器。管理器对请求进行身份验证，然后将其广播到整个网络。第二种情况下，物联网设备间的交易由各自的边缘管理器进行身份验证。区块链应用在该层称为终端区块链。

2. 边缘服务层

边缘服务器位于本层，部署在该层的区块链称为边缘区块链。物联网设备缺乏共识过程所需的算力、内存和存储，边缘服务层将物联网设备从这种计算开销中解脱出来，并存储物联网设备之间以及物联网设备与边缘服务器之间的所有事务。针对物联网设备与边缘服务器的网络通信，可以采用安全通信协议，如 HTTPS 以及 MQTT（消息队列遥测传输协议）等，进一步巩固数据全链路安全。

区块链的安全服务通过对物联网设备产生的交易进行加密并将其数字签名附加到每笔交易中来保护它们。部署在边缘节点上的边缘区块链使用工作量证明或其他共识算法来验证交易并将其写入区块，然后将区块广播到其他边缘节点进行验证。

3. 云服务层

该层由云服务器组成，这些云服务器构成了一个去中心化的云端区块链。它存储对延迟不敏感且可能需要进一步深入分析的数据。例如，传感器数据可以与其他来源的数据相结合，以获得更详细的说明。

五　结论

区块链技术具有天然的去中心化与不可篡改的属性，这使得它可以解决一些传统方案无法应对的信任、数据安全问题，但任何技术都存在盲区，单独使用区块链有时达不到理想的结果。边缘计算与区块链具有相似的体系结构、共同的分布式思想，同时又能在可伸缩性、安全性方面进行互补，两者的结合注定将会渗透到多个垂直行业，促进社会经济转型和发展。

B.11
基于联盟链平台的互操作与集成机制研究

左春　王洋*

摘　要： 联盟链平台应用相当于联盟各应用的、基于账本数据结构的多对多数据耦合互操作，与传统多对多互操作相比，体系相对清晰、分工更加明确，具备研究价值。本报告通过联盟链对互操作与集成机制进行研究，面向复杂场景需求，聚焦基于联盟链账本平台的数据耦合方式，提出了共享账本数据结构的设计与实现方法，明确了联盟链操作语句支撑实现垂直互操作与集成的关键作用。此外，还提出了联盟链分工策略，为联盟链实际应用提供支撑。

关键词： 多对多互操作　垂直打包集成　共享账本数据结构　联盟链分工机制

一　引言

　　联盟链平台应用相当于联盟各应用的、基于账本数据结构的多对多数据耦合互操作，与传统多对多互操作相比，体系相对清晰、分工更加明确。从定义上看，互操作与软件工程体系结构和各组成部分的信息交换有关，在区块链技术产生之前，互操作研究已经进行多年，但进展有待加速。联盟链作为区块链发展的主要方向，体现多中心互操作性，蕴含了系统工程的条理性

---

* 左春、王洋，中科软科技股份有限公司。

和分工原则，即联盟链平台是基于流行开源分布式中间件和数据库一体化的软件，与流水账本和链式数据结构集成；在此之上的场景化应用形成包含智能合约在内的脚本约定，彼此之间可相互独立、各行其是，当应用软件系统群联盟主体之间需进行特定互操作数据耦合时，联盟链账本只负责多应用软件系统之间共享不可篡改账本部分的内容。共享账本是联盟之间进行信息交换的媒介，账本内容需要有数据结构标准来支撑联盟链平台与应用层和其他应用软件的集成。

二 互操作分类

互操作需要基于行业应用软件参考模型进行讨论。行业应用软件参考模型划分为不同层次，自底向上分为环境层、组件层、组装层（见图1）。环境层包括操作系统、数据库、中间件、网络通信平台等，可以跨行业使用；组件层分为通用组件（如工作流引擎、权限和加密引擎等）和领域专用组件（如保险保费计算、寿险激励规则等），由此开始了领域间的区分；居于顶层的是组装层，涉及不同行业领域的业务系统，它分为很多子系统，以业务线为主体来体现，同时也包含相对横向的子系统。

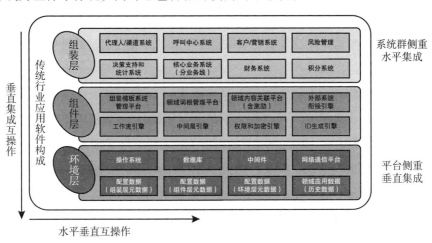

图1 互操作在应用软件参考模型中的内容体现

（一）垂直互操作与集成的特征归纳

互操作分为水平互操作与垂直互操作。本报告主要讨论垂直互操作（见图2），垂直互操作与可封装性强相关，可封装性决定了互操作接口的复杂性。

互操作涉及庞大的开源工具集，有很多的细分赛道。垂直集成封装良好，应用语义封装更困难，可封装性决定互操作接口复杂性。环境层和组件层的系统软件往往与流行开源软件有关，形成事实标准。

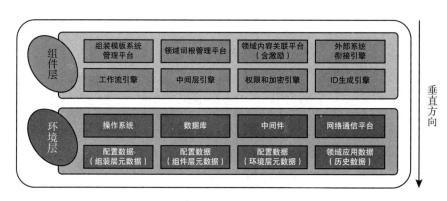

图 2　垂直互操作

当垂直打包时，系统软件的日志、预警、调优和配置等自管理类功能在过程类使用标准的指导下被限制性使用，同时，在场景应用的牵引下与应用软件进行集成。这一原理是垂直互操作与集成的显著特征，最终会向下延伸至硬件领域。

垂直互操作有相对清晰的界面（见图3），但难点在于涉及应用语义的封装。垂直互操作的实例很多，它不仅满足于提供一些基本服务（如基本读/写操作指导服务、集成环境下的服务），而且提供管理类高端服务。同时，它涉及庞大的开源工具集。因此，在向下延伸的过程中，底层的开源和开放性是关键，行业客户可穿透选择流行的开源软件、优秀的软/硬件产品，形成质量分层。

图3　垂直互操作的清晰界面

（二）数据耦合与程序耦合

互操作有两大分支，分别是程序互操作和数据互操作，涉及程序耦合和数据耦合。数据耦合偏静态，强调共同认可语义对象，如共识账本，数据耦合的程度相对较轻，但需确保数据安全，以及数据和处理在跨系统间集成的安全方法和技术，关注不同软件系统之间的互操作隔离原则和实现，其中涉及大量具体领域知识。与数据耦合相比，程序耦合偏动态，强调应用逻辑（类似独立于两个应用软件之间的"中介体软件"），它在"互联网+"场景组合下可以发挥关键作用，但程序耦合容易面临系统间牵一发而动全身的情况，安全问题更为严峻。针对上述特征，大型工程开发需要明确系统间的耦合方式、规则、过程及协议等。

本报告探讨的是基于联盟链平台的互操作与集成聚焦数据耦合，联盟链平台应用相当于联盟各应用的、基于账本数据结构的多对多数据耦合互操作，它与传统多对多互操作相比，体系相对清晰、分工更加明确。数据耦合的实现需针对传统数据结构制定标准，降低互操作成本。接口和信息交换需要标准指引，行业应用软件开发首要关注的是行业内相关标准，包括但不限于通用标准、术语标准、领域知识标准。以保险为例，相关标准包括ACORD、术语标准、基础数据模型、机构代码编码规范、业务数据采集规范、业务数据交换规范等，它锁定了上位约束。之所以需要关注标准，是因为行业应用属于复杂系统，它的认知维度和层面总会变化，同一层面的信息难以实现完备的推断，因此需要构造不同层面（即上位和下位）的信息空间，对上位分类进行约束，促进下层空间的推断，因此需要关注标准。对特

定行业应用而言，不仅要制定逻辑高层的行业标准，还应在分类边缘处进行泛化相似内容推断，支撑多空间系统的接口互操作封装等。这种多层语义信息空间的设计、治理和"发现"，成为行业应用软件及其参考模型设计的重要技能。在标准指导下，实现和拓展仍依赖具体应用。

三 联盟链账本平台组成

联盟链包括环境层、组件层（内容可通过操作语句进行选择）、账本平台（相当于应用嵌入系统层软件的"楔子"）。账本平台最重要，是联盟链平台垂直互操作与集成的核心内容所在。

联盟链账本平台构成包括联盟链账本数据结构、操作语句组件、联盟链操作接口语句、联盟链历史数据、平台元数据，其中主要的部分是联盟链账本数据结构和联盟链操作语句组件，它们支撑不同行业应用实现数据耦合（见图4、图5）。

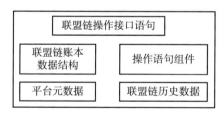

图 4　联盟链账本平台构成

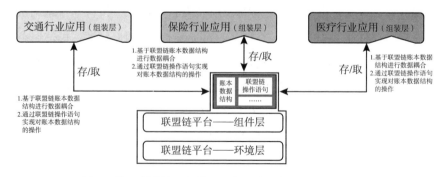

图 5　基于联盟链平台的不同行业应用数据耦合实现机制

四　账本数据结构及实现步骤

账本数据结构包括以下三方面：联盟链元数据结构、联盟链横向数据结构、联盟链纵向账本数据结构。

联盟链账本平台数据结构分为纵向和横向，以及相关的环境支持。账本数据结构包括两个主要的结构，按照由微观到宏观的方向，即交易组成数据结构、区块组成数据结构。交易组成数据结构是整个数据结构集合的关键，所包含的信息最为完备。"区块"聚合了交易信息，此外，除一般区块，本报告还提出了初始区块和撤销交易。初始区块主要用初始额的概念来归集需要"转储"的信息。初始块的初始额涵盖了该区块内各分类账的初始额数值。数据结构通过设计相关字段（如交易内容分类），形成转储汇总时的核算方向依据。在打包交易的过程中，一旦发生交易撤销行为，则将该交易及所在区块信息记录为撤销交易，此时区块信息冗余地记录在撤销交易中（冗余记录不限于此种情况）。

横向对象是纵向对象的组成元素，其中大部分需要先于纵向数据结构进行定义和初始化。它既可以冗余地记录在纵向数据结构中，也可独立存在。

联盟链元数据主要实现对纵向账本数据和横向数据中相关元素的解释，约束其取值；此外，还支撑对联盟链内各结点存储及分布的参数设置、底层通用参数设置等。

账本数据结构设计应能支撑和兼顾应用覆盖面广、需求差异化等情况，所以在分类和细化时需要遵循 5W2H 原则，与其对应。这种设计便于联盟链账本平台与传统应用软件实现平滑的数据对接。开发者在区块链应用中进行块与块之间的耦合时，需要密切关注账本数据结构，在数据结构约束下进行应用拓展，在此基础上实现分工与合作，其中，平台应侧重 I/O 和基础通信；应用应侧重协同业务逻辑，强调领域知识。

当作为指导的联盟链账本平台数据结构模型确定后，接下来需要思考，面向实际应用联盟链账本平台的数据结构应当如何实现。因此，本报

告面向实际应用，提出一种联盟链账本平台数据结构的实现方法，如图6所示。

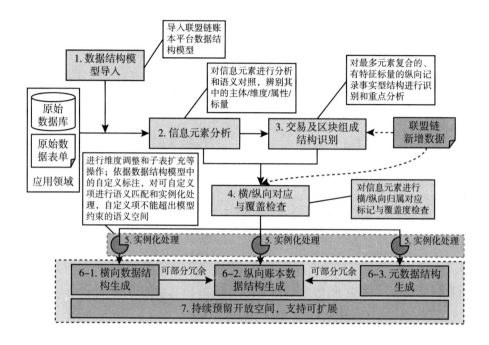

图6　面向实际应用的联盟链账本平台数据结构实现方法

具体步骤如下。

（1）在获取具体应用领域原始数据表单及原始数据库结构的基础上，对联盟链账本平台数据结构模型进行导入。

（2）对原始数据库的数据进行信息元素分析，辨别其中的主体/维度/属性/标量等内容，结合第1步导入的联盟链账本平台数据结构模型进行语义对照和约束。

（3）对交易及区块组成结构（即最多元素复合的、有特征标量的纵向记录事实型结构）进行识别和重点分析，进一步确定其中的元素、子对象和复合对象。

（4）基于第2步和第3步的分析结果，对信息元素进行横/纵向归属对应标记与 5WH 覆盖度检查。

（5）对经过第 4 步处理后的数据进行维度调整和子表扩充；依据数据结构模型中的自定义标注，对可自定义项进行语义匹配和实例化处理，自定义项不能超出模型约束的语义空间。

（6）基于第 5 步处理结果，生成面向实际应用的数据结构。依据实际需要、交易参与者信息、管理者信息等字段可在纵向账本数据结构中进行冗余存储。

（7）为支持应用升级和扩展，在结构中应预留开放空间。

（8）当面向实际应用的联盟链账本平台产生新增数据时，对新增数据的处理重复第 3~7 步。

数据结构及面向实际应用的实现方法可支撑具体应用领域的联盟链账本平台设计，实现在账本基本要素、元数据、横向和纵向等层面相对稳定的数据结构和取值扩展，以防数据结构过于自定义。

五　联盟链操作语句功能规划

联盟链平台的操作语句是实现互操作与集成的有效工具。联盟链操作语句大致包括创建语句和操作语句，它与 SQL 语句类似，但与 SQL 语句相比在读/写功能之上有更丰富的功能分类，实现注册、对横向数据结构的读和写、纵向表的读和写，也涉及撤销及冲正等功能（见图 7）。

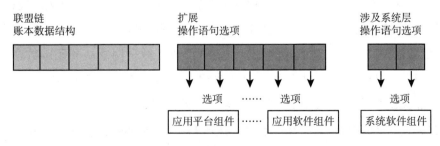

图 7　联盟链账本数据结构与操作语句及实现组件关系

操作语句主要实现对组件层的选择，由于组件层内容需要被选择性地集成，所以需要进行规划，形成分类和标准，以供在具体运用配置时根据情况选择。

六　从账本形成过程谈联盟链分工策略

基于联盟链账本数据结构及操作语句，联盟链中"交易"涉及的主要步骤包括交易初始化、交易形成、传输及验证、权威确定并操作。站在分工的角度进行区分，交易初始化、交易形成侧重于应用层，传输及验证、权威确定并操作侧重于平台层。

典型交易类型包括：（1）事实记录，即对已经形成的"交易对"进行记录；（2）过程记录；（3）规则自动匹配。此外，在工程应用中，也可将交易类型定义为：（1）发起发起；（2）发起接收；（3）资产转移。具体分类的依据可根据具体应用领域自行选择。

交易状态和区块状态在具体应用中体现为枚举型，可根据不同应用场景进行枚举值的自定义，自定义的依据规则包括但不限于：（1）因业务流程引发的组成元素数据更新，及其造成的状态变化；（2）因管理流程引发的交易检查、撤销等操作，及其造成的状态变化。

在讨论责任体系时，结点的角色很重要。结点主要包括"主结点"和"辅结点"，主结点是指联盟链内可进行交易验证、生成、检查/资产转移、全网订阅分发、核查、共识/表决、重发等，区块发起、验证、打包、检查/封包、全网订阅分发、核查、共识/表决、重发等操作的结点，有明显的资源配置优势。主结点是记账的主体，负责形成可被全网复制的账本数据副本，其中，记账的主结点可以为某个拿到令牌的主结点（其他主结点对它形成的账本数据进行复制），也可以为多个具备记账功能的主结点（由记账的主结点之间对数据进行相互检查，达成共识），具体如何设计可按照不同的应用场景进行选择。辅结点是指联盟链内仅能进行交易发起、接收、查询，区块接收、查询等操作的结点，其中一些操作需依托主结点进行。辅结点不具备记账权限，仅能通过主结点进行账本数据副本的复制，为保障数据传输及存储的完整性和一致性，在本报告提出的数据结构设计中，辅结点可通过 1 个以上的主结点进行副本的复制。

七　总结

联盟链平台与应用的垂直互动依靠两大典型界面，分别是账本数据结构对齐和操作语句对齐。联盟链账本数据的内容共享需求决定了账本平台本身要考虑一定的封装性，其中存在部分可被调用的系统层参数，需要在平台和相关应用运行的初始阶段确定下来，进行必要的初始化工作。未来，联盟链的要点是设计"责任体系"，兼顾"记录信用"和应用面的平衡设计。此外，互操作接口及界面应借鉴编程的 SOLID 原则，实现迭代重构，工程中应用软件对象的语义很不稳定，因此在进行封装和互操作接口设计时，需不断发现对象内容的耦合关系。

参考文献

［1］左春:《行业应用软件互操作技术发展趋势》，中国软件技术大会，http：//softcon. cn/. 北京，2021。

［2］左春:《联盟链数据结构规范》，载姚前主编《中国区块链发展报告（2021）》，社会科学文献出版社，2021。

［3］左春、梁赓、王洋:《从联盟链技术探索看软件体系结构的技术变革》（上），《信息技术与标准化》2018 年 11 期。

［4］左春、梁赓、王洋:《从联盟链技术探索看软件体系结构的技术变革》（下），《信息技术与标准化》2018 年 12 期。

［5］左春、梁赓、王洋:《区块链平台相关标准及应用软件构成的方式》，载李伟主编《中国区块链发展报告（2018）》，社会科学文献出版社，2018。

［6］张正、王洋、左春：《一种联盟链账本平台的数据结构构建方法及系统》ZL202010438417. 1，2020 年 8 月 14 日。

B.12
基于区块链的个人信息可携带权实践

姚辉亚　李　斌　高玉翔*

摘　要： 数据要素已成为数字经济时代最核心的生产要素，如何发挥数据
要素的效率倍增作用、促进数字经济高质量发展已经成为当前亟
待解决的重要问题。在全部类型的数据中，个人数据占比最高，
面临的挑战也最大：个人数据虽然由个人创建，但在很多情况下
却需要在企业之间流转，责任主体和利益主体不一致，导致个人
数据流转困难。个人信息可携带权提供了解决这个问题的思路。
个人信息可携带权赋予个人主动在企业间流转个人信息的权利，
因而有望解决个人数据流转困难的问题。本报告对全球现有主要
个人信息可携带权的实践模式进行梳理，从安全存储、可信传
输、协同生产三方面分析平台主导和政府主导两种模式的优势和
局限性，并提出基于区块链底层的个人主导的个人信息可携带权
实践模式，以期为个人数据流转和个人信息保护实践提供借鉴和
参考。

关键词： 个人信息可携带权　区块链　安全存储　可信传输　协同生产

一　研究背景

（一）数据要素的特殊属性、治理挑战和应对思路

随着数字经济的蓬勃发展，中共中央、国务院在2020年发布的《关于

---

* 姚辉亚、李斌、高玉翔，深圳前海微众银行股份有限公司。

构建更加完善的要素市场化配置体制机制的意见》中，首次将数据列为一种生产要素，数据要素与土地、劳动、技术、资本共同构成了新时期经济发展的五大核心生产要素。

与其他传统生产要素相比，数据要素具有易复制性、非竞争性和非排他性、分散性、价值聚合性和价值认知多样性等特殊属性。这给数据要素的使用和治理带来了巨大的挑战。

数据既要满足作为生产要素的通用要求，又要应对作为数据要素的特殊挑战，主要有三大核心诉求[1]：安全存储、可信传输及协同生产。其中，安全存储是指满足数据的安全计算和可靠存储要求；可信传输是指数据在不同所有者和控制方传递的过程中，能追踪数据全流程，保护数据权利，并保证数据的可信任、可检验；协同生产是指打通多方之间的可信数据，互联互通，让更广范围内的更多数据联合发挥更大价值，并在此过程中满足隐私保护和合规要求。

为此，在进行数据相关的应用探索时，需要考虑通过区块链、人工智能、云计算、大数据等前沿技术构建新型的数据新基建解决方案。

（二）个人数据占比最大且流转困难

一般认为，数据按照创建来源可以分为政务/公共数据、企业数据和个人数据。

规模方面，在参考了业界的多份研究成果后进行的估算结果显示：在全球产生的所有数据当中，政务数据占比不到1%，企业数据占比约32%，个人数据占比则可高达68%。[2]

近年来，各级政府和各类市场主体都在努力通过公共政策和产业布局充

---

① 马智涛：《打造数据新基建》，《中国金融》2021年第5期，第33~35页。
② 个人及企业数据量根据IDC 2017年3月发布的《数据时代2025》估计，政务数据量根据中国信通院2021年1月发布的《政务数据共享开放安全研究报告》中的数据估算。由于数据每时每刻都在加速产生，总量较难统计，目前具体类型数据的占比尚无权威数据，因此本估算数据仅供参考。

分发挥各类数据的作用，释放数据生产力。政务/公共数据方面，面临的挑战主要来自体制机制障碍和壁垒。各级政府通过制定数据开放政策、建设大数据平台等方式，推动政务数据开放共享，破除体制机制壁垒。企业数据方面，主要问题是数据流通和交易不畅。随着征信机构、数据交易所等机构的发展，这个问题也正在逐步得到解决。个人数据方面，主要面临个人数据流转难的问题。与其他两类数据相比，个人数据具有来源更加分散、价值聚合性更强的特点，还面临产权不清晰、处理难度大等现实问题，而且针对个人数据的基础设施建设进展缓慢。随着个人信息隐私保护逐渐趋严，个人数据获取成本日渐提高，个人数据流转难的问题也日益凸显。

（三）主流个人信息流转模式难以保障用户权利

目前，国内外个人信息流转的主流模式是基于商业合作的企业间直接传输。流转方式较为简单，个人信息的流转由提供者或接收者发起，经个人授权同意后，个人信息数据就直接从提供者通过 API 传输到接收者那里（见图1）。

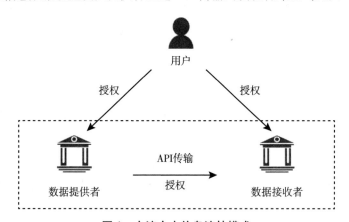

图1　主流个人信息流转模式

这种模式下的数据传输是基于商业利益进行的，用户处于被动地位，无法主动进行个人信息的精准授权，也无法避免强制授权、过度授权等情况的发生，用户权利难以保障。在存储方面，用户个人信息存储在数据提供者服务器上，存储安全性依赖数据提供者，用户也不可自行选择存储位置。在协作方面，由于没有标准化的统一数据传输方式，每次协作都需要企业间两两协商确定协作方式，同行业的企业之间由于存在竞争关系，也很难进行协作。

在《个人信息保护法》正式实施后，这种模式也面临巨大的法律挑战。《个人信息保护法》第二十三条规定："个人信息处理者向其他个人信息处理者提供其处理的个人信息的，应当向个人告知接收方的名称或者姓名、联系方式、处理目的、处理方式和个人信息的种类，并取得个人的单独同意。"这就极大地增加了个人信息流转的法律合规成本，个人信息处理者必须积极探索新的个人信息流转合规模式。

主流个人信息流转模式主要有安全存储、可信传输和协同生产，优缺点比较详见表1。

表1   主流个人信息流转模式的优缺点比较

模式	优点	缺点
安全存储	—	·安全性依赖数据提供者 ·用户不可选择存储位置
可信传输	经双方定制可传输多种类型数据	·用户处于被动地位，隐私权利难以保障 ·无法精准授权
协同生产	基于商业利益的跨行业协作	·无标准协同方式,需企业间两两协商,协作效率低 ·同业竞争性机构间难以实现协同

二   个人信息可携带权将个人权利还于个人

个人数据流转难的关键在于个人数据虽然由个人创建，但大多数情况下需要通过企业流转，责任主体和利益主体不一致。近年来，"个人信息可携带权"的出现为个人在企业之间主动流转个人信息提供了法律依据，为个人数据的流转和使用提供了新的机遇。

（一）全球个人信息可携带权的立法

"个人信息可携带权"这一法律概念最早由欧盟立法提出。《通用数据保护条例》（GDPR）于 2016 年 4 月在欧盟理事会和欧洲议会表决通过，其中第 20 条规定："数据主体有权获取其提供给数据控制者的相关个人数据，其所获取的个人数据形态应当是结构化的（structured）、通用的（commonly used）和机器可读的（machine-readable），且数据主体有权将此类数据无障碍地从该控制者处传输至其他控制者处。"

GDPR 颁布后，很多国家和地区也出台了类似的法律。美国加利福尼亚州 2018 年 6 月出台了《加州消费者隐私法案》（CCPA）。与 GDPR 类似，CCPA 规定"消费者有权要求经营者将其个人信息以易于使用或传输（即可携带）的方式向消费者提供，以便消费者可以无障碍地将信息传输给第三方"。印度 2019 年 12 月通过了《个人数据保护法案》，规定"数据主体有权以结构化、通用化且机器可读的格式接收向数据受托者提供的个人数据，以及以该格式将该数据转让给任何其他数据受托者"。新加坡 2020 年底表决通过的《个人数据保护法修正案》也规定："个人可以要求负责数据转移的机构组织将个人资料传送至指定的数据接受方。"

在我国，2021 年 8 月立法通过的《个人信息保护法》第四十五条规定："个人请求将个人信息转移至其指定的个人信息处理者，符合国家网信部门规定条件的，个人信息处理者应当提供转移的途径。"

（二）个人信息可携带权的内涵解构

个人信息权利可以分解为国家主权、人格权和财产权三方面的权利。国家主权方面，《网络安全法》和《数据安全法》在多个条款中规定了其他个人信息权利的行使不得对抗国家主权；人格权方面，《民法典》第四编"人格权"下第六章"隐私权和个人信息保护"做了原则性的规定，《个人信息保护法》进行了细化，如个人拥有个人信息的查阅复制权、更正权等多项权利；财产权方面，我国暂时还没有具体的法律法规，但《民法典》第二编"物权"中关于一般私人财产权的相关规定可参鉴,即个人对私人财产拥有占有、使用、收益和处分的权利。

个人信息可携带权是一种新型复合权利。一方面,个人信息可携带权是个人信息查阅复制权利的延伸,具备人格权的特性;另一方面,更重要的是,拥有个人信息可携带权,个人可以要求接收者给予财产上的回报,因而个人信息可携带权也符合财产权的主要特征。

除此之外,个人信息可携带权还是一项主动性权利。《个人信息保护法》规定的部分个人信息权利属于被动性权利(如更正权等),只有当相关权利被侵犯时,个人才有权要求相应的救济。个人信息可携带权的行使并不以该权利被侵犯为先决条件,是一项主动性权利。

个人信息可携带权同时具备主动性及财产权的特性意味着,个人可以主动发起个人信息流转,并从中获益,这就解决了个人信息流转中责任主体和利益主体不一致的问题,为解决个人信息流转难的问题提供了难得的新机遇。

《个人信息保护法》将此项权利赋予个人,也充分体现了将个人权利还于个人的立法初衷。

三　全球个人信息可携带权的实践探索

个人信息可携带权在境外的实践主要有平台主导和政府主导两类模式,而国内则较多采用企业之间(B2B)流转的模式。

(一)平台主导的个人信息携带模式:美国企业 DTP 项目

Google 等公司发起的 DTP(Data Transfer Project)项目是平台主导模式的典型。在 CCPA 立法后不到 1 个月,总部位处加州的 Google、Facebook、Microsoft、Twitter 四大互联网企业联合发起了该项目,目的是为用户搭建一个在不同服务商之间传输数据的平台。[①]

① Data Transfer Project Overview and Fundamentals, 2018, https://datatransferproject.dev/dtp-overview.pdf.

所有加入 DTP 的公司都需要参与一项 API 标准的开发，当用户要行使个人信息可携带权时，可以在信息提供者处进行授权，信息提供者验证授权后直接通过 API 接口将相关数据提交至信息接收者，操作过程比较简便。

DTP 的参与者需要部署 DTP 系统，该系统由三个组件构成：数据模型（Data Model）、适配器（Adapter）和任务管理库（Task Management Library）。

数据模型构建了传输文件类型和元数据的标准，适用于少量类型已经被充分定义的且被广泛采用的标准数据，如图片、音乐、邮件、联系人数据。所有参与 DTP 的公司都必须采用 DTP 系统的数据模型，以方便个人信息传输。

适配器分为数据适配器和身份认证适配器，前者用于 API 和数据模型之间的格式转换，后者则用于用户身份认证。

任务管理库用于处理后台任务，包括数据存储、任务调用、故障处理等。任务管理库通过一个通用的云接口进行部署，因而可以部署在本地、云端或生产环境中。DTP 系统所传输的数据也是先通过任务管理库加密后再进行传输，即 DTP 系统使用了加密 API 传输技术。

数据提供者和数据接收者均可以选择将 DTP 系统部署在自有或第三方的服务器（本地或云端服务器均可）上，按照不同的部署模式组合个人数据传输会经由不同的服务器路径。DTP 的主要参与者均选择将 DTP 系统部署在自有服务器上，因而大部分情况下个人数据传输并不会经由第三方，而是从数据提供者直接传输到数据接收者。

参与 DTP 的公司有 Google、Microsoft、Apple、Twitter 和 Facebook 等大型互联网公司，还有数十家图片网站、音乐网站及云存储服务商，如 Flickr、SmugMug、500px 等。

DTP 模式在快速流转个人信息的同时，也带来很多问题。在 DTP 模式下，用户全程无法干预，个人信息携带过程中的存储如果出现问题实际上很难解决。个人信息携带过程中，可携带的信息还必须满足提供者和接收者都能处理这一前提条件，因此只能在有限的公司之间传输重合程度高、较为标准化的数据，如图片、音乐清单、邮件数据。DTP 模式下个人信息携带只能基于共同开发的 API 系统，中小参与者没有能力参与开发，也无法实现跨场景、跨行业的个人信息携带，如何吸纳更多的公司参与可能是 DTP 模式当前面临的最大问题。为了可携带权而建立的 DTP，如果最终仅有少量公司参与，那么实际上就阻碍了 DTP 内外的数据流通，有违设立可携带权的初衷，还会造成新的垄断。

表 2 给出了 DTP 模式的优缺点比较。

表 2　DTP 模式的优缺点比较

	优点	缺点
安全存储	在企业服务器上存储,技术安全性高	用户不可自行选择存储位置和方式
可信传输	传输操作简便	·信任机制完全依赖企业信用 ·透明度低、用户权利保障责任不明确
协同生产	使用统一 API 标准、便于协作	仅支持联盟内有限的机构及场景,难以实现跨行业应用

（二）政府主导的个人信息携带模式：MyData

韩国政府推出的 MyData 是政府主导模式的典型。该模式下政府发放 MyData 运营牌照，由 MyData 运营商构建 MyData 平台。MyData 平台整合了用户个人信息数据，用户访问、下载个人信息数据都需要统一经过 MyData 平台，由 MyData 平台向各金融服务机构请求数据。如果个人想要携带个人信息到其他金融服务机构，在 MyData 平台上为该机构接收者进行授权即可。

按照规划，MyData 服务全面推进后，金融领域用户可以通过 MyData 服务查询账户信息、存贷款信息、支付信息、保险和投资信息等上百项个人信息。在此之后，MyData 服务还将提供个人自助数据分析、个人信息携带等功能。

技术上，韩国 MyData 服务大量使用 API 技术，其所用 API 可以分为三

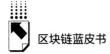

类：认证类 API、信息传输类 API 和支持类 API，分别用于使用者身份认证、个人信息传输和后台数据查询，相关的标准由 MyData 运营商、合作金融机构、MyData 支持机构等多方共同制定，并根据用户和金融机构的需求，不断添加和完善。韩国 MyData 模型如图 2 所示。

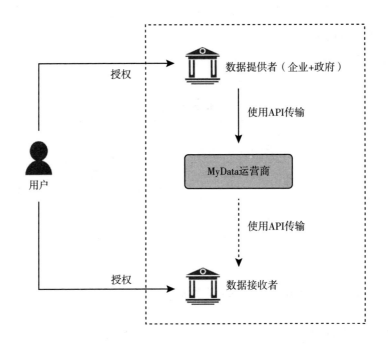

图 2　韩国 MyData 模式

由于数据存储在参与公司和运营商服务器上，MyData 模式具有数据存储技术安全性高等优点。但是 MyData 模式由政府驱动，实际上是一种中心化的模式，这种模式难以跨行业流转数据，数据提供者也没有提供数据的积极性。此外，韩国没有要求运营商与个人信息处理者分离，还造成了复杂的垄断问题。MyData 模式也没有解决用户不可自主选择存储位置的问题，相反，由于增加了运营商作为额外的个人信息存储节点，也增加了个人信息泄露的风险。MyData 的优缺点比较如表 3 所示。

表 3　MyData 模式的优缺点比较

	优点	缺点
安全存储	牌照准入、技术安全性高	·多方存储增加了风险 ·用户不可选择存储位置
可信传输	·基于统一 API 可查看行业内结构化数据 ·机构持牌参与，可信性强	——
协同生产	可覆盖本行业内主要机构	·按场景切分，难以形成跨行业协作 ·数据运营商不中立，存在潜在利益冲突，容易形成新的垄断

（三）现存实践模式的局限性

如上所述，传统主流的 B2B 直接传输模式，在没有公共机构的约束及用户自主发起的情况下，用户的个人权利很容易被裹挟。当前个人信息可携带权的实践模式在部分解决个人信息携带问题的同时，各有各的局限性。DTP 和 MyData 模式更多的是平台或政府主导推动，均没有充分发挥用户在其中的作用。

从安全存储、可信传输和协同生产三方面来看，现有模式存在以下问题。

在安全存储方面，用户缺少个人信息存储的选择权，个人信息存储也没有遵循最小必要原则。DTP 模式下用户只能选择将个人信息存在某个处理者的服务器上，MyData 模式下用户也只能选择存储在数据运营商那里，而不能自行指定存储位置，限制了用户可携带权的范围，而运营商作为第三方，只需要提供传输方案就已经足够，完全不需要存储用户数据，不必要的多副本存储反而提高了数据泄露风险。

在可信传输方面，个人信息真实性难以有效验证，用户权利保障的方式不明确，也缺乏信任机制。当前三种模式中，个人信息接收者只能被动接收从提供者或平台传输来的个人信息，无法验证真伪，从而导致携带而来的个人信息可靠性大大降低。如果用户在个人信息携带的过程中出现问题，很难

判断是提供方还是接收方的责任，又或者是 API 传输协议出现了问题，用户也很难就此进行追责。此外，DTP 模式由企业自发组织，是企业为了履行法律规定而设，会更多地考虑企业本身利益而非用户利益，而 MyData 模式中一些数据运营商本身就是数据处理者，用户很难相信其不会为自己牟利，中国主要个人信息流转模式也是由企业发起而非用户主动提出，这就导致了数据携带过程中的信任机制缺失，用户参与程度不高。

在协同生产方面，用户可携带数据的类型有限，现有模式也容易造成新的垄断。在 DTP 模式中，只有用户在使用各种服务过程中上传的图片、音乐清单、邮件数据才可以携带，而在韩国的 MyData 模式中，尽管用户可以查看上百条信息，但暂时并不能携带个人信息，也难以实现跨行业、跨场景协作。更重要的是，现有个人信息携带模式都以参与企业组建联盟为前提，联盟内部的个人信息携带较为便利，而联盟内外的个人信息携带阻力反而变大，容易造成新的垄断。

归根结底，个人信息可携带权的全球实践表明，如果不能解决来自安全存储、可信传输、协同生产三方面的问题，就无法有效发挥个人信息可携带权的作用。

四　个人信息可携带权实践的中国路径

（一）基于数据新基建的解决思路

现有个人信息可携带权的实践模式所面临的挑战，本质上仍与数据要素安全存储、可信传输、协同生产这三大核心命题息息相关。因此，要实现更完善的个人信息可携带应用，仍可从这三方面着手寻求解决方案。

在安全存储方面，需要给予用户选择如何存储的权利。现有模式以市场机构或政府为主导者，用户的选择权利被忽视，这与个人信息可携带权具有主动性的特性不符，也就难以发挥个人信息可携带权的作用。为此，应积极探索用户在行使可携带权时的自主性作用，减少过度授权、强制授权等，减少数据泄露等风险。

在可信传输方面，需要解决个人信息验真、个人权利保障和信任机制问题。个人信息可携带的前提是携带信息真实可靠、权利保障机制完善、信任机制健全，可以利用技术工具，建立个人信息验真机制、用户权利保护机制以及个人信息传输中的信任机制，满足跨机构身份认证、数据溯源和可信数据流通的需求。

在协同生产方面，需要解决个人信息在跨行业多场景情况下的协作问题。对于接收者来说，理想的个人信息可携带权模式应当能够跨行业、跨场景，并且具有广泛适用的数据传输标准，该标准应具有良好的可扩展性，以便新的加入者能够很容易地参与其中，从而满足大范围数据协作的需要。

（二）探索与启发：粤澳健康码互认项目

解决个人信息携带权落地应用中的安全存储、可信传输、协同生产问题，区块链技术有望发挥特殊作用。

2020年5月，广东和澳门两地政府部门基于区块链技术，推出了粤澳健康码跨境互认项目，为构建个人信息可携带权模式提供了参考。在新冠肺炎疫情期间，健康码跨地互认互转存在较多的困难。在 FISCO BCOS 区块链开源底层平台的技术支持下，广东和澳门两地政府部门运用基于区块链的实体身份标识及可验证数字凭证技术，推出了粤澳健康码跨境互认项目，助力两地居民正常跨境通关。

该项目的思路是让用户成为个人信息传输的核心角色，自主携带申报个人健康信息，通过数据指纹上链，实现数据验证及健康码互认互换。在经过用户同意授权之后，所在地区的政府部门开始启动健康数据转码；在后端，个人健康数据文件的哈希值和用户的数字签名将记录在区块链上，数据原文信息则仍保存在健康码发行机构的本地数据库中；在前端，用户无须在多个平台重复填写复杂信息，只需简单授权后，产品将自动为用户转为前往地区的健康码，从而实现了合规前提下的个人健康信息

的跨境携带。截至 2021 年 6 月，项目已服务超 9500 万人次在粤澳两地跨境通行。

（三）个人主导的个人信息携带模式

受粤澳健康码互认项目的启发，微众银行提出了一种新型的分布式数据传输协议（Distributed Data Transfer Protocol，DDTP）。该协议旨在让用户成为关键参与者，由用户主动发起个人信息数据传输并自行上传，从而实践个人信息可携带权。协议方案采用分布式账本技术，充分发挥区块链在全流程追溯、信任传递、防篡改等方面的优势，同时引入权威机构，打造安全、可信、易协作的个人信息携带应用。与其他模式不同的是，该协议强调以用户个人为主导，遵循分布式理念，不依赖数据提供者和接收者双方合作，也不依赖中心化机构推动，可支持跨机构、跨行业、跨场景协同。

如图 3 所示，行使个人信息可携带权主要有两个环节。第一个环节是用户到数据提供者处下载个人信息数据，同时将下载的个人信息存储在一个指定的位置。存储位置可以是本地，也可以是云或其他位置。在这个过程中，如果用户进行了授权，还可以引入权威中立的第三方见证机构对该用户的个人数据文件存储过程进行见证，以保证该存储过程是个人真实意愿的体现，同时防止数据被篡改，确保接收者得到的个人信息与提供者提供的个人信息一致，并将相关文件的哈希值存储在区块链上。

第二个环节是用户将已下载的个人信息数据传输给数据接收者，并对使用范围和使用目的等进行授权。数据接收者在收到个人信息数据文件之后，可以通过区块链进行基于哈希值的可验证数字凭证——"数据指纹"的核验，从而完成验真的过程。与此同时，用户的授权行为、接收者的使用行为都可以在链上完成记录，以用于对相关数据文件的流转记录进行追溯。

该协议可以满足相关各方关于个人信息可携带权的基本需求。在安全存

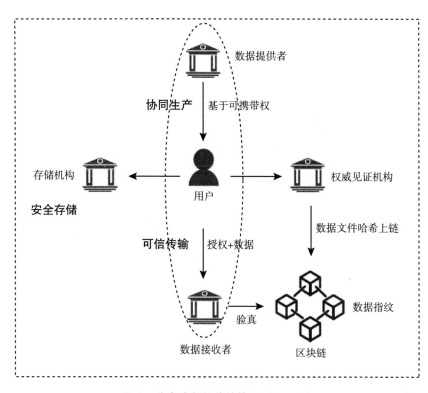

图3　分布式数据传输协议（DDTP）

储、可信传输、协同生产三方面，具有明显的优点。

从应用效果来看，通过引入用户作为核心参与者，DDTP 建立了用户主动行使个人信息可携带权的模式，由于是用户直接向接收者传输数据，根据《个人信息保护法》相关条款，接收者不能索取不必要的数据，因此也不会出现过度授权和信息滥用的问题，能够成功保障用户行使个人信息可携带权；通过使用区块链技术，DDTP 使个人信息存储、传输和验证分离，成功解决了验真、溯源、审计、信任机制传递等方面的问题；用户自主发起并结合基于哈希值的可验证数字凭证——"数据指纹"上链验证的方式，既符合政策要求，又能解决跨机构、跨行业、跨场景数据协同生产的问题，可以用于个人信息可携带权的中国实践。DDTP 协议的优点如表4 所示。

表 4　DDTP 协议的优点

	优点
安全存储	·用户自行发起传输,可选择存储位置 ·存储和验证分离,避免数据的不必要复制,安全性高
可信传输	·利用区块链不可篡改性实现数据验证 ·用户授权记录上链,可溯源、可审计
协同生产	·用户自主发起,可支持跨机构、跨行业、跨场景协同 ·同样适用于跨境协作场景

（四）未来展望：更广泛的跨行业、跨场景分布式数据传输设施

值得一提的是，DDTP 协议运作模式在前期可能是分散运作的，不同机构可能采用不同的区块链生态网络来构建细分行业或领域的个人信息携带应用。展望未来，基于公众联盟链理念的区块链跨链技术，可以将所有分散的细分领域应用平台链接起来，构建更广泛的分布式数据传输、核验和协作的新生态。届时，数据接收者只需要在任意应用平台一点接入，就可以在接受个人自主上传数据的同时验证所有来源的个人信息数据。

五　结论

个人信息可携带权为个人数据的流转提供了一条可行路径。已有实践证明，由企业或政府主导的个人信息可携带权模式，由于忽略了作为数据主体的个人参与，对相关方缺乏激励，因而难以为继。为此，本报告提出了一种由个人主导的个人信息可携带权实践模式——分布式数据传输协议（DDTP）。

在 DDTP 中，对于用户而言，整个过程均由用户主动发起，充分保障了用户在行使个人信息可携带权过程中的主动权，个人携带的信息种类和携带形式也不受限制，用户可以通过 API、邮件、H5 等多种形式发起，携带多种个人信息。

　　用户执行信息可携带权时，可以仅授权接收者下载数据并验证，相比直接的"提供者—用户—接收者"模式，不需要每次执行可携带权都向提供者提出申请，从而优化了用户体验。

　　而对于信息接收者来说，只要在任意核验平台单点接入，就可以在获得用户授权的基础上，进行个人信息核验，而不必一一处理来自分散数据源的数据，大大简化了数据处理的过程。

　　据此，DDTP 协议既体现了个人在整个过程中的核心作用，实现了个人信息可携带权将个人信息价值还于个人的愿景，又为数据使用者节省了处理数据的成本，可以激发相关各方参与的积极性，从而能够解决个人信息流转的难题。相信 DDTP 协议未来会在实践个人信息可携带权、解放数据生产力方面发挥重要作用。

参考文献

［1］ 马智涛：《打造数据新基建》，《中国金融》2021 年第 5 期，第 33~35 页。

［2］ Data Transfer Project Overview and Fundamentals，2018，https：//datatransferpro ject. dev/dtp-overview. pdf.

B.13
zkEVM 基本原理

朱 立[*]

摘 要: 作为 zkRollup 二层技术的发展，zkEVM 是近年来区块链技术的
重要研究方向。该技术旨在提供易于开发的通用 zkRollup 解决方
案，同时力求兼容以太坊虚拟机（EVM），从而充分利用 EVM
的良好生态。zkEVM 是密码学技术在区块链中深度运用的典范，
其技术也对隐私计算等具有一定的借鉴价值。为此，本报告将对
其基本原理做一介绍。

关键词: 区块链 零知识证明 虚拟机 多项式承诺

一 zkEVM 产生的背景

（一）区块链扩容问题

去中心化程度高的公链通常吞吐量都不高，比如基于 PoW 共识的以太
坊公链典型吞吐量只有 15 笔/秒左右。为了在尽量保持去中心化的同时提
升以太坊的吞吐量，社区设想过多种扩容方案。直接在一层引入分片的方
案一度被当作理想的发展方向，但分片方案的设计难度超过了预期，时间
表一再拖延。以太坊社区开始意识到，在保持底层链稳定可靠的同时，引
入以 Rollup 为代表的二层技术，一方面可以成数量级地提升吞吐量、极大

---

* 朱立，上交所技术有限责任公司。

地降低交易成本，另一方面依然能确保与一层部署相近的安全性，是近期内可行的技术方向。

（二）zkRollup 工作方式

Rollup 是一种确保关键数据可得性的二层技术，主要特性是关键数据保存在底层公链，业务逻辑在二层执行，同时提供手段力图确保二层状态跃迁的合法性。

此合法性证明若是基于交互式押金罚没机制构建的欺诈证明，则称为 Optimistic Rollup，若是基于零知识证明技术在二层生成跃迁的合法性证明，就称为 zkRollup。后者技术挑战大，但用户体验好，目前被认为是理想的中长期发展方向。

图 1 引自 Hermez 1.0 文档，是说明 zkRollup 运作方式的良好案例。Hermez 1.0 是个旨在提供二层（zkRollup 设施）代币转账的项目（基于 zkEVM 的 2.0 版正在研发中），其转账吞吐量乐观估计可达 2000 笔/秒。借助钱包，用户可向二层提交转账、退出等指令（图中"L2 交易"），也可直接和部署于一层（底层公链）的智能合约交互，提交强制转账、强制退出等指令（图中"L1 交易"），以此强制二层执行指令，令二层的状态树发生变化（如图中虚线所示）。

二层维护者（类似于一层的矿工）将这些指令打包为交易批（类似于一层的区块），在二层执行指令并更新二层状态（账户余额），为状态跃迁生成零知识证明（图中"证明"），将零知识证明、交易批和新的二层状态根提交给一层智能合约，完成批的铸造动作。

一层智能合约对零知识证明进行验证，以确认该二层状态根确实是由交易批的正确执行所致。在确认后，接受并存储提交的交易批。因为零知识证明所背书的"正确执行"已经包含了交易验签，所以提交到一层的交易批中不包含签名信息，只有最必要的明文交易信息，比如转账发送者、接收者、代币类型及数量等，交易数据长度得以大幅缩减。图 2 是 Hermez 1.0 的长度缩减实例分析，其提交到一层的单笔交易长度从至少 109 字节缩减到

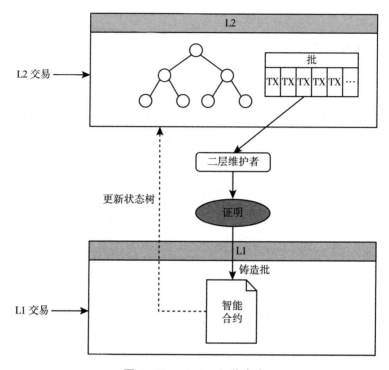

图 1　Hermez 1.0 运作方式

区区 14 字节。更小的数据长度、验证而非重复计算在技术和经济两方面同时节省了开销。

　　由于零知识证明技术的加持，二层维护者无法通过提交错误状态跃迁主动作恶，只能采取不打包等方式消极作恶。由于一层存储了重建状态所需的全部明文交易信息，而代币由一层合约实际代持，通过二层的状态树记录用户持仓台账，故在二层维护者全面罢工等极端情况发生时，原则上用户可以绕开二层，直接向一层合约提交自己持仓的默克尔树证明，申请退出项目生态。①

---

① Hermez 1.0 只允许用户先通过 Exit 指令将资产转移到所谓的"退出树"，每个提交到一层的批都带有独立的退出树。用户稍后可以通过所谓 Withdrawal 指令直接从一层合约将退出树中的资产提取到自己的地址，无须经过二层。这种资产退出机制的第一步仍然需要经二层维护者之手，所以并不完美。虽然如此，要制定理想的退出机制还是可能的。

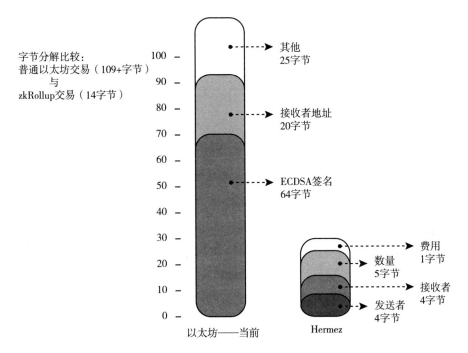

字节分解比较：
普通以太坊交易（109+字节）
与
zkRollup交易（14字节）

100
90
80
70
60
50
40
30
20
10
0

其他
25字节

接收者地址
20字节

ECDSA签名
64字节

费用
1字节

数量
5字节

接收者
4字节

发送者
4字节

以太坊——当前

Hermez

图2　一层、二层交易数据长度比较（摘自 Hermez 1.0 文档）

从此案例也可看出，zkRollup 虽然运用了零知识证明，但通常并不意味着交易原始信息的保密。从其对零知识证明的运用方式来看，更主要的是运用其实现"可信计算、计算外包"。因为"各司其职"，故而是"无须了解"，而非"不可了解"。其用到的零知识证明技术必须具有"易于验证"的特点，唯有如此，才能以更高的效率代替传统方式，无须每个一层节点通过重复执行来验证状态跃迁。

二　从 zkRollup 到 zkEVM

早期的零知识证明开发需要直接基于 QAP 等算术系统编写全部智能合约逻辑，对研发人员的技能提出了极高的要求。程序逻辑可能先被表达为由诸多乘法门、加法门互联而成的电路，数据经输入线进入电路，经过一系列

内部门的运算，最后从输出线离开电路生成结果。与二进制逻辑门不同的是，线上传输的数据不限于 0 和 1，可以是某个域的元素。

程序正确执行的证明是通过表明证明者知道电路中各线的正确赋值来达成的。先要将门电路转换为若干多项式，再通过一系列多项式运算和密码学原语生成证明。如果需要研发新的业务逻辑，就得重新定制研发全部门电路。这种方式类似于直接基于汇编语言开发程序，缺乏必要的分层和抽象，对程序员的要求极高，不利于二层生态的发展。

目前的合约开发已围绕以太坊虚拟机（EVM）形成了良好的生态，有大量经过实践验证的项目准备迁往二层。为尽可能复用现有成果，拥抱成熟生态，最好能创建一个具有以下特性的 zkRollup 基础架构——支持常用的合约开发语言（如 Solidity），且合约执行效果和在一层 EVM 中执行保持一致。

zkEVM 准备提供的，就是这样一个基础架构。zkEVM 旨在打造一个完全兼容 EVM 的虚拟机，提供一种通用的 zkRollup 开发机制。要执行的合约代码、合约执行参数等信息作为输入传输到 zkEVM，zkEVM 执行后，可以为本次执行生成零知识证明，证明合约被正确执行。由于完全兼容 EVM 虚拟机，故开发语言、开发工具等可照常使用。有了 zkEVM 之后，底层电路的构建和优化只需交给少量专业人士处理，其他开发者再也无须关注底层细节，这正是分层和抽象思想的又一次成功应用。

从纯技术角度看，也存在其他选择，比如可以撇开 EVM 另搞一套虚拟机并提供其上的通用零知识证明。这里至少有两种方法：一种是完全另起炉灶设计一种零知识证明友好的虚拟机，另一种是设计一种与 EVM 存在少量不兼容的虚拟机。无论采用哪种方法，都可另行提供常用合约语言的编译器，实现源代码层面的 EVM 生态兼容。但是，所谓"兼容不绝对，就是绝对不兼容"，本质上这些方法都不能和现有生态契合无间。EVM 虽然是一个略显老旧的虚拟机，但 zkEVM 的根本好处在于全面拥抱既有生态。IT 发展史已多次证明了"生态大过技术"，这次可能也不例外。

三 zkEVM 技术剖析

（一）操作码和微操作码

EVM 采用基于栈的架构，提供 1 个堆栈（深 1024）、可按字节寻址的易失性内存、持久化存储。没有通用寄存器，堆栈在相当程度上代替了寄存器。虚拟机在执行时，pc（程序计数器）指向当前执行的操作码，sp（堆栈指针）指向栈顶。

为理解本部分要讨论的问题，先需了解 EVM 代码执行环境的分层，图 3 是其典型情况——源代码编译后生成 EVM 代码，EVM 代码由众多操作码构成，操作码在 EVM 中被逐条执行，就和 CPU 执行机器指令一般。EVM 通常由软件代码实现，并在以太坊节点（如 Geth）进程中执行。以 Geth 为例，其对 EVM 的实现大致如此：通过 Go 语言代码建立数据结构，实现虚拟机所需的堆栈和内存，依托 KV 数据库提供虚拟机所需存储；逐个读取 EVM 代码中的操作码，按 EVM 规范操作堆栈、内存、存储，执行运算并更新程序计数器 pc。

Geth 上单个 EVM 操作码的执行，在图 3 中将转化为一系列物理主机 CPU 指令的执行。Geth 节点也可以跑在 VMware 虚拟机中，所以也可能转化为一系列虚拟主机 CPU 指令的执行，而每个虚拟主机 CPU 指令又最终被转化为若干物理主机的 CPU 指令。

图 3 提供了一种洞察：可以从单个 EVM 操作码出发构建零知识证明，也可先将 EVM 操作码编译为更基本的微操作码，再从微操作码出发构建零知识证明。无论是哪种方式，两者均可实现完全的 EVM 兼容性。[①]

两种技术路线都已有团队在探索：AppliedZKP 团队采用前者，Hermez

---

① 曾经有团队以 Hermez 最终基于 UVM 生成零知识证明为由，认为 Hermez 放弃了 EVM 兼容性。基于上述分析，结合 Hermez 的公开愿景，笔者认为这种推理是缺乏根据的。

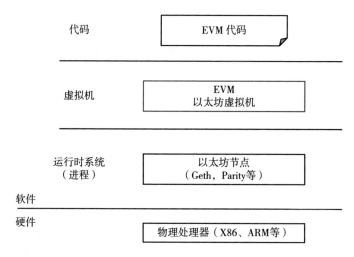

图 3　EVM 代码执行环境分层

团队采用后者。① 由于 EVM 是基于栈的架构，Hermez 的 UVM 却可能是基于寄存器的架构，所以两个团队具体构建零知识证明的方式初看存在差异，但基本原理其实相同。

（二）合约执行流水

zkEVM 需要了解合约执行的每一步细节才能构建证明。所谓合约执行，本质是在读入合约代码、合约状态、合约调用参数等信息后 EVM 自身的执行。要获得执行过程的细节，最简便的方式是实际运行并详细记录信息。执行过程的详细记录被称为"执行流水"，执行流水的生成是计算零知识证明的第一步。

在此借用 Hermez 资料中的双寄存器简版虚拟机模型来说明执行流水。欲执行的程序如表 1 所示。位置 0 处指令的作用是将外部输入读入寄存器 A。位置 2 处指令的作用是将寄存器 A 和 B 的值求和后置入寄存器 A——若 A 的值是 0 则跳转到位置 4，否则顺序执行位置 3 的指令。

---

① 从公开资料看，Hermez 2.0 的微操作码虚拟机很可能带有寄存器，接近传统的 CPU 架构，和 EVM 基于栈的架构存在区别。

表1 执行的程序

位置	指令
0	FREELOAD A
1	MOV B-3
2	ADD A B, JMPIZ 4
3	ADD AB
4	STOP

由于涉及分支选择和跳转，故不同输入值下产生的执行流水长度可能不同，表2是该程序读入7和3时的执行流水。

除了记录寄存器A、B、pc在指令执行前后的取值，表2中还记录了很多其他信息。freeIn列记录指令读到的外部输入；const到inA间的各列类似于芯片引脚，通过其不同组合设定指令行为，和指令编码对应。可以看出，需要记录的信息十分详尽。

AppliedZKP的zkEVM大体是针对每个EVM操作码的执行情况进行记录，记录其输入输出、执行结果等。虽然记录粒度和Hermez不同，但原理一致。

程序执行流水将进一步派生出若干从不同角度证明程序执行正确性的表格。在zkEVM中运用零知识证明所追求的效果，就是无须以验证者了解表格细节为前提，却仍能向验证者证明：表内各单元格之间符合若干约定的约束关系、表和表的单元格之间也符合若干约定的约束关系。由于这些精心选择的约束关系定义了程序的正确行为，故其一旦全部成立即表明程序执行正确，此即zkEVM运用零知识证明的根本思路。

如何高效可靠地证明这些约束关系成立，牵扯多种复杂算法，其细节并不适合在本报告中呈现，当前只关注有哪些表、有哪些约束。

（三）执行的程序代码正确

完整的合约执行正确性证明需要包含两项内容：证明执行的程序代码正确，证明程序代码的执行正确。在zkEVM中，两者存在一定交集。

表 2 不同输入值下的执行流水

指令	freeIn	const	addr	selJMPIZ	setB	setA	inFreeIn	inB	inA	op	invOp	pc	pc^{+1}	A	A^{+1}	B	B^{+1}
FREELOAD A	7	0	0	0	0	1	1	0	0	7	7^{-1}	0	1	0	7	0	0
MOV B−3	0	−3	0	0	1	0	0	0	0	−3	$(-3)^{-1}$	1	2	7	7	0	−3
ADD A B, JMPIZ 4	0	0	4	1	0	1	0	1	1	4	4^{-1}	2	3	7	4	−3	−3
ADD A B	0	0	0	0	0	1	0	1	1	1	1	3	4	4	1	−3	−3
STOP	0	0	0	1	1	1	0	0	0	0	0	4	0	1	0	−3	0
指令	freeIn	const	addr	selJMPIZ	setB	setA	inFreeIn	inB	inA	op	invOp	pc	pc^{+1}	A	A^{+1}	B	B^{+1}
FREELOAD A	3	0	0	0	0	1	1	0	0	3	3^{-1}	0	1	0	3	0	0
MOV B−3	0	−3	0	0	1	0	0	0	0	−3	$(-3)^{-1}$	1	2	3	3	0	−3
ADD A B,JMPIZ 4	0	0	4	1	0	1	0	1	1	0	α	2	4	3	0	−3	−3
STOP	0	0	0	1	1	1	0	0	0	0	0	4	0	0	0	−3	0

表 1 和表 2 此处又有新的作用。针对表 2 的单个执行流水，抽取其（pc，Instuction）两列形成一张新表 E[①]，将其与表 1 中的程序代码表 C 两相比较，易知表 2 的执行流水执行正确程序代码的必要条件是：表 E 中的每一行都是表 C 的某一行。反过来，由于循环、跳转的存在，表 C 中的某一行在表 E 中却可能出现 0 次、1 次或更多次。

已知有一种名为 lookup 的零知识证明技术，正可用来证明表 E 中的每一行都存在于表 C 中。但这只是证明了执行流水的每一个指令确实都出现在目标程序的正确位置，本身还不能证明执行了正确的程序代码，因为有可能程序执行顺序和跳转逻辑并不正确。因此，要证明执行了正确的执行代码，还需要确保指令执行的相对顺序及跳转逻辑正确，而这是在证明程序代码的执行正确时顺带确保的。

（四）程序代码的执行正确

程序代码执行正确有两方面含义：其一是输出输入的关系正确；其二是代码执行上下文转换正确。

表 3 摘自 Scroll 团队的技术资料，用以说明如何证明单个 EVM 操作码执行正确，其电路布局类似于 AppliedZKP，但更简明。

表 3 呈现的是一张大表的局部，该表同样派生自程序执行流水。该表由若干"槽位（slot）"上下接续构成，每个槽位的行数相等。对于程序执行流水中的单步 EVM 操作码执行，在表中将占据相邻的若干槽位。除了少量具有可变操作数的操作码（如 SHA3、CALLDATACOPY 等）需要占据多个连续槽位之外，大多数简单操作码（如 ADD）只需占用一个槽位。

表 3 的槽位 i 内部分三个区域，分别是执行上下文（第一行）、指令及结果标志（第二、第三行）、操作数（第四至第七行）。

---

① 此处所谓的"表 E""表 C"是为了便于行文而引入的临时称谓，本身并无特殊含义。唯一值得注意的是这两张表（需要读者自行理解）都包括两列，第一列是程序计数器，第二列是指令。

表3 ADD 操作码

	q_{op}	a_1	a_2	...	...	...	...	a_w
槽位 i-1	...	...	...	...	...	...	...	...
	...	...	...	...	...	...	...	...
槽位 i	1	pc	sp	gas	...	...	...	...
	0	sADD(1)	sMUL(0)	sSHR(0)	...	...	...	...
	0	sErr1(0)	sErr2(0)	...	...	...	...	...
	0	va0	va1	...	...	...	...	...
	0	vb0	vb1	...	...	...	...	...
	0	vc0	vc1	...	...	...	...	...
	0	carry0	carry1	...	...	...	...	...
i+1	1	pc′	sp′	gas′	...	...	...	...

执行上下文记录了本操作码执行前的 pc、sp[①]、剩余 gas 等信息。

指令及结果标志用以标识执行的是什么操作码、操作码执行结果是什么。很多指令彼此只有少量差异，在很多方面行为相同（比如 ADD 和 MUL 都是从堆栈顶部弹出 2 个输入操作数，将 1 个结果操作数入栈，差别仅在于求结果的算法不同），故可基于同一模板定义槽位布局，但用相应开关区分实际执行的操作码及执行结果。比如在表3中，sADD 单元格置 1 而同一行中其他单元格均置 0，用以表示当前操作码是执行加法（ADD）且执行正确。sErr1 所在行用以标识操作码异常执行结果[②]，比如栈中待操作数不足、gas 耗尽，等等。两行中只有一个单元格置 1，因为执行的指令及结果只能属于其中一种情况。

操作数区记录了操作码的输入输出数据值。对于 ADD 操作码，va0、vb0 所在行分别存放加法的 2 个输入，vc 所在行存放计算结果，carry0 所在行存放进位。之所以用一整行来表征单个操作数，是因为 EVM 堆栈中单个操作数的宽度长达 256 比特，而每个单元格只放 8 比特。

---

① EVM 开始执行时，sp 初始化为 1024，而 sp 的合法取值是 [0, 1023]。

② 这种布局隐含的逻辑是：sErr1 所在行中的各类异常对于本槽位适用的不同操作码都相同。否则就需操作码标志位、错误出口标志位彼此独立。

槽位 $i+1$ 存放程序执行流水中下一个操作码的执行情况。

如果槽位 i 内部、槽位 i 和槽位 $i+1$ 之间满足一系列预设的约束关系，就表明当前 ADD 操作码执行正确。

比如以下约束关系[1]用来限制槽位中的 sADD、sMUL 乃至 sErrk 中有且只有一个是 1，其余是 0：

$$sADD \times (1-sADD) = 0$$
$$sMUL \times (1-sMUL) = 0$$
$$sADD + sMUL + \cdots + sErrk = 1$$

比如以下约束关系用来证明加法运算正确：

$$sADD \times (256 \times carry0 + vc0 - va0 - vb0) = 0$$
$$sADD \times (256 \times carry1 + vc1 - va1 - vb1 - carry0) = 0$$

又如以下约束关系用来证明本加法操作码和下一个操作码间的上下文接续正确[2]：

$$sADD \times (pc' - pc - 1) = 0$$
$$sADD \times (sp' - sp - 1) = 0$$
$$sADD \times (gas' - gas - 3) = 0$$

条件跳转操作码 JUMPI 的处理方式类似。该操作码形如 "JUMPI dest, cond"，当 cond 不为 0 时程序跳转到 dest，当 cond 为 0 时执行下一操作码。根据 JUMPI 的定义，执行开始前，dest 是栈顶第一个元素，cond 是栈顶第二个元素，执行时两个参数从栈中弹出，执行后 $sp' = sp + 2$。相邻槽位间 sp 接续关系的约束方式思路同前。

条件跳转时，槽位间 pc 接续关系的约束方式略有技巧，需要引入如下辅助函数 isZero（c）：isZero（0）返回 1，输入值 c 非 0 时 isZero（c）返回 0。JUMPI 所需 pc 接续关系约束表达式可表达为：

---

[1] 出于篇幅考虑，这里只略引同类中之一二，并非全部。下同。

[2] Geth 内部基于名为 data 的 uint32. Int 数组实现堆栈，栈中元素个数为 data. len，push 操作时元素存放位置下标是 data. len。在堆栈深度变动时，data. len 和此处 sp 的变动方向正好相反。

$$pc' = dest + isZero(cond) \times (pc + 1 - dest)$$

易于验证，当 cond 为 0 时，$pc'=pc+1$；当 cond 不为 0 时，$pc'=dest$，正符合要求。

剩下的要点是如何实现 isZero（c）函数，方法是让证明者主动提供如下辅助值 inv（c）：当 c 是 0 时，inv（c）可为任何值（包括填固定值 0）；当 c 不为 0 时，inv（c）为有限域中 c 的逆元，也即 $c \times inv$（c）$= 1$。

现在可将 isZero（c）定义 $1 - c \times inv$（c），易于验证这样的 isZero（c）符合要求。

为防止证明者对非 0 的 c 提供不正确的辅助值 inv（c），还需增加如下约束：$c \times isZero$（c）$= 0$。

（五）读写访问的约束正确

至此已可证明执行的代码确实和目标程序一致，单个操作码的执行过程正确，操作码间的上下文接续也正确，但仅此还不能证明程序执行正确，因为还未能证明槽位中填写的输入是不是正确数据，或者说尚未能证明操作码之间对输入输出数据的访问是否一致。可通过引入所谓的读写表解决该问题，从而完成程序执行正确性证明的逻辑闭环。

单个 EVM 操作码内部可以有多个读写操作，访问的区域可以是 EVM 的内存、堆栈或存储。以 ADD 操作码为例，需要弹栈（读）两次、压栈（写）一次。在程序执行流水中，需要为每个读写操作赋予全局唯一连续编号，称为 gc（全局计数器），并在表 3 槽位的执行上下文区域增加操作码执行前 gc 值，增加下一个槽位 gc' 和当前槽位 gc 之间的接续关系约束，比如要求 $sADD \times$（$gc'-gc-3$）$= 0$。这里 $gc'=gc+3$ 是因为 ADD 操作码执行过程中发生了 3 次读写操作。

根据程序执行流水生成全部（gc，type，key，rw，val）元组[①]，即中间

产物性质的总线映射表。在总线映射表的基础上，再为每个访问位置都添加一条 gc 为特殊值（如 0）、写入值 0 的初始化记录，并按 type、key、gc 升序重新进行排列，即构成所谓读写表。[1] type 是常量 stack/mem/storage 之一，分别代表对堆栈、内存、存储的访问。key 代表读写位置（对堆栈而言就是栈中位置[2]，对内存而言就是内存偏移、对存储而言就是 MPT 树的存储路径），val 是读写值，rw 表示读写方向。

表 4 是假设的某次 ADD 3，5 执行相应的总线映射表记录。与此有关的是读写表中涉及堆栈位置 999 和 1000 的若干记录，如表 5 中灰色背景记录所示。

表 4　某 ADD 3，5 执行相关的总线映射表局部

gc	type	key	rw	val
…				
57	stack	999	r	3
58	stack	1000	r	5
59	stack	1000	w	8
…				

表 5　读写表局部

type	key	gc	rw	val
…				
stack	999	0	w	0
stack	999	50	w	3
stack	999	57	r	3
…				
stack	999	883	w	10
stack	1000	0	w	0
stack	1000	49	w	5
stack	1000	58	r	5
stack	1000	59	w	8
…				

---

[1]　这里所谓的"插入特殊记录"可以理解为是逻辑上的，因为即使不插入此记录也并未损失信息。

[2]　栈顶方向此位置编号小，栈底方向位置编号大，和 sp 保持一致。

读写表按 type、key、gc 做升序排列是为了便于证明数据存取状态的一致性，因为此时完成检查只需比较相邻两行。基于读写表检查的约束有若干项，典型约束如读操作读出的 val 值，应与同一类型同一位置的前次操作（无论读写）的 val 相同，且 gc 较之递增，等等。

在对每个槽位进行执行逻辑的检查时，需要同步增加约束，要求操作码的各访问操作记录均在读写表中存在（通过 lookup 技术）。最后，还需验证读写表中读写记录的总条数，在忽略初始化记录后，和全部操作码执行完毕后的 gc 值相当。①

（六）分而治之的模块设计

和早期用一个大电路编码全部逻辑的单体式开发方式相比，零知识证明开发技术近年来的最大进步当数 lookup 的使用。lookup 允许将零知识证明工作分解为若干模块，每个模块专注一部分约束关系的证明，并在模块和模块之间通过 lookup 表（查找表）开展协作。

以读写表为例，EVM 电路可以专注于对单个 EVM 操作码的执行提供正确性证明，在操作码涉及堆栈、内存或存储的读写操作时，EVM 电路可直接援引读写表中记录作为数据来源可靠的依据。读写表中记录的质量，则由所谓的状态电路另行施加约束予以保证。其间虽似无直接调用关系，但通过援引读写表，EVM 电路得以运用状态电路的工作成果，故在事实上可看作一种调用。

和通常的系统研发类似，这种"调用"关系可以嵌套。比如读写表中涉及存储状态变更时，需要确保变更后的状态根合乎 MPT 树的计算法则。作为读写表提供者的状态电路，此时也同样无须关注 MPT 树的计算逻辑，只需援引 MPT 模块提供并确保正确性的 MPT 查找表。MPT 树的计算又需要依赖哈希函数计算逻辑，MPT 模块也可以同样援引哈希模块提供的哈希查

---

① AppliedZKP 文档中的说法是去查找总线映射表。但根据其代码看查找的应当是读写表，总线映射表只是生成读写表的中间产品。由于执行操作码过程中的 lookup 查找是单向的，所以不能防止读写表中被插入重复 gc 值的脏记录。

找表，将哈希计算的正确性证明外包给哈希模块。

图 4 摘录自 Scroll 团队的技术文档，该图很好地展示了当前典型 zkEVM 解决方案基于查找表的模块化设计技术。

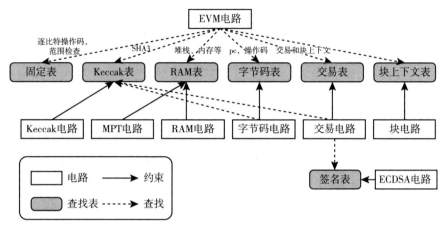

图 4 典型的 zkEVM 模块化设计

分而治之的模块化设计思路，必将对零知识证明的开发起到巨大的推动作用。

四　底层技术略说

前文已解释了程序执行流水如何分解为若干表格，程序执行的正确性又如何表达为表格内及表格间的各种约束。证明者 P 后续要做的，就是通过技术手段向验证者 V 证明：P 知道一系列表格，代表了从已知状态出发、针对公开输入按预设逻辑开展的一段代码执行；表格又满足一系列约束，足以保证代码执行正确。相应技术手段涉及太多细节，以下只能略述其关要。

首先是将表格中的每一列映射为一个多项式，以便后续运用多项式的数学特性构建证明。多项式有两种表示方式，其一是系数表示法，如给出序列 $[1，2，5]$ 就等于给出了多项式 $f(x) = 1+2x+5x^2$；其二是赋值表示法，如给定两点坐标就唯一决定一条直线。zkEVM 通常基于赋值表示法将表格

的每一列映射为单独的多项式：假设列 A 的第 i 行取值是 A_i，即将此单元格理解为点（ω_i，A_i），ω_i 是有限域 FP 中 1 的 $n=2^K$ 次方根之一（n 是表格中存放有效内容的最大行数）。此时列 A 可视作存放了 n 个点的坐标，n 个点可唯一确定一个不超过（$n-1$）次的多项式。这一步骤中，以 ω_i 而非 i 为横坐标非常关键，可带来一系列后续数学处理上的便利。

表格各列映射到多项式后，表内各种约束就可用多项式表示，比如 $A(x) \times B(x) - C(x) \times D(x) - E(x) = 0$。表间约束如查找表，最终也是通过多项式来表达的。

其次是进行一系列多项式承诺。作为一种重要的密码学算法，多项式承诺在 zkEVM 中有着广泛且深入的应用。多项式承诺提供若干基本操作：其一是 Commit，功能类似哈希函数，可用某种不易碰撞的压缩信息 C 表征整个多项式。所谓"承诺"，是取其"一旦给出表征，后续难以更换为具有相同表征的另一多项式"之意。其二是 CreateWitness，针对若干自变量取值，可返回对应的多项式取值列表并附带多项式取值正确性证明 W。其三是 VerifyEval，供验证者利用 C、W 证明多项式取值正确且与承诺 C 一致。

最后是由验证者 V 或通过 Fiat-Shamir 算法生成一系列随机数，包括若干要求证明者 P 执行 CreateWitness 的自变量取值点。证明者 P 给出应答后，验证者 V 通过 VerifyEval 验证多项式取值正确，并验证各多项式间关系成立[①]，就完成了程序执行的正确性验证。

目前，zkEVM 最常用的多项式承诺算法是 ZKG10。该算法需要可信的初始化设置，也需要用到椭圆曲线配对，故限制较多，好处是生成的证明较小、验证较快。

然后是查找表（lookup）技术。查找表技术有几种算法，除了 Plookup 之外，Halo2 文档中提及另一种更简洁的算法，详情可于其文档中得知。查找表技术虽不复杂，但意义极为重大。

---

① 这里的表述做了简化。此处还涉及 Schwartz-Zippel 引理的大量运用，比如利用随机数构建多项式的线性组合以压缩最终需要处理的多项式数量。

五 总结和展望

作为当前的公链技术热点，zkEVM 有多个团队开展研发，其底层技术原理基本相同，本报告已对此进行了介绍。

zkEVM 尚有若干技术领域有待进一步探索，比如通过递归证明聚合（通常需要一对配套的椭圆曲线，其中任一曲线的标量域恰好是另一曲线的基域，反之亦然）并行生成证明、缩减证明长度、缩短验证时间等。该技术已在其他项目（如 Mina）中得到运用，后续有望在 zkEVM 中得到进一步应用和发展。zkEVM 的另一发展方向是硬件加速，通过 GPU/FPGA/ASIC 等手段提升零知识证明的生成速度。

同样可以预见的是，zkEVM 最终也会赋能联盟链，因为 EVM（及其变体）在联盟链中也具有广泛的应用。

行业应用篇

Industry Applications

B.14
基于长安链提升数字服务效能的实践

北京市政务服务管理局　北京微芯区块链与边缘计算研究院

摘　要：　区块链具有的多方共识、不可篡改和可追溯的技术特性，与数字政务面临的数据可信共享和业务高效协同的发展需求高度匹配，因此已经成为推动数字政务建设的核心技术力量。北京市依托自主可控的长安链技术体系，以落实国家区块链创新应用试点方案为主线，以政务服务应用为牵引，建设以区块链核心技术为支撑、以区块链基础设施为底座、以区块链政务服务应用场景为驱动的数字服务支撑体系，打造了1套区块链算力基础设施、1个区块链共性基础服务平台、N个政务服务应用场景的"1+1+N"模式，提供政务服务一体化的区块链应用能力。在实际业务中，长安链数字服务支撑体系，以破解政务服务领域的关键问题、核心瓶颈、痛点堵点作为切入点与抓手，扎实推进政务服务领域区块链全场景应用，着力促进跨部门、跨地域的数据流通共享、业务协同办理、服务效能提升。

关键词：　长安链　区块链　BaaS平台　数字服务

按照国家区块链创新应用试点工作要求，北京市依托自主可控的长安链技术体系，以政务服务应用为牵引，建设以区块链核心技术为支撑、以区块链基础设施为底座、以区块链政务服务应用场景为驱动的数字服务支撑体系，扎实推进政务服务领域区块链全场景应用，取得了积极成效。

一 区块链成为推动数字政务建设的核心技术力量

近年来，全国各地大力推进数字政府建设，综合运用互联网、大数据、人工智能、云计算等前沿技术推动政府管理理念、手段和模式创新，数字政府也从最初的信息化、数字化向智能化、智慧化演进，其中"互联网+政务服务"和政务服务数据共享成果显著。然而，随着数字政府建设的持续深化，各部门之间缺乏统筹协同、各系统之间相互独立、信息数据不能互联互通、政务服务数据资源分散、数据共享链路较长、数据质量参差不齐、政务服务应用不强、涉及多部门的主题类政务服务事项办理尚不完善等问题凸显，成为数字政府领域的突出问题。区块链技术的引入和应用，为政府服务管理和数据要素治理提供了更丰富的手段和解决方案，尤其是在跨层级、跨部门、跨区域的政务服务协同办理和数据流转共享等方面，区块链技术的不可篡改、隐私保护和可追溯等技术特性得以更好地发挥作用，能够解决传统信息技术难以从根本上解决的确权、溯源和可信等问题。

国家对区块链技术创新发展和在政务服务领域的应用提出了系列部署和明确要求。国家"十四五"规划纲要提出，加强区块链技术创新，以联盟链为重点，提出区块链服务平台和政务服务等领域的应用方案。国家发展改革委发布的《"十四五"推进国家政务信息化规划》（发改高技〔2021〕1898号），对区块链在政务信息化领域的应用做了具体规划：一是加快网络融合、升级完善国家电子政务网络体系，进一步优化完善国家电子政务外网骨干网络建设，强化政务外网综合运维管理和全网等级保护建设，探索5G、区块链等新技术在政务外网领域的应用，推进政务区块链共性基础设施试点

应用，支撑规范统一、集约共享、互联互通的数据交换和业务协同；二是加快技术融合、构建智能化政务云平台体系，依托国家电子政务外网构建政务云平台体系，整合算力资源，支撑大数据、人工智能、区块链等新技术创新应用，面向政务部门提供绿色集约、共享共用、安全可靠的一体化算力服务，满足大规模业务承载、大数据开发利用、共性履职应用服务和容灾备份等业务需求，促进提升政务大数据创新应用水平；三是加快数据融合、健全国家数据共享与开放体系，优化完善政务数据资源目录，创新应用区块链、隐私计算等新技术，推进政务数据的算法式安全共享，推进国家数据共享交换平台与国家公共数据开放平台的协同联动，深化公共资源交易平台数据资源整合共享。探索利用区块链数据共享模式，实现政务数据跨部门、跨区域共同维护和利用，促进业务协同办理，深化"最多跑一次"改革，为人民群众带来更好的政务服务体验，区块链已成为智慧政务体系建设的新底座、新思路。

2021 年 6 月，工信部和中央网信办联合印发的《关于加快推动区块链技术应用和产业发展的指导意见》（工信部联信发〔2021〕62 号）提出，在政务服务领域要建立基于区块链技术的政务数据共享平台，促进政务数据跨部门、跨区域的共同维护和利用，促进业务协同办理，深化"一网通办"改革，为人民群众带来更好的政务服务体验。

2022 年初，中央网信办等 17 个部门联合组织开展国家区块链创新应用试点，要求开展"区块链+政务服务"试点工作，探索建设基于区块链技术的电子证照服务平台，推动电子证照跨域互认互信，进一步推动减材料、免证办；结合在线政务服务特点，推动编制政务服务领域相关标准规范，充分利用区块链技术优势，推动更多事项"跨省通办""一网通办"。同时，要求开展"区块链+政务数据共享"试点工作，提升政务数据流转共享和全流程安全可控能力，研究推进相关技术、管理、标准研究和安全保障体系建设，营造"区块链+政务数据共享"良好生态，不断推动政务数据安全有序共享。

在国家对区块链技术的大力推动下，不少地方政府出台了相关政策文件，探索和推动区块链技术在政务服务领域的应用和实践。近年来，北京市充分发挥国际科创中心和首都资源优势，连续制定《北京市区块链创新发展行动计划（2020—2022年）》《北京市数字政务建设行动方案（2021—2022年）》《北京市政务服务领域区块链应用行动计划（2020年）》《北京市"十四五"时期高精尖产业发展规划》《北京市"十四五"时期国际科技创新中心建设规划》，大力推动区块链技术创新和在政务服务领域落地应用。《北京市2022年政务服务行动计划》明确提出，强化数字服务平台支撑，推动区块链、人工智能、空间操作系统等技术与政务服务应用场景深度融合。落实国家区块链创新应用试点方案，推动区块链全场景应用，以财政、不动产登记、物流等重点领域的区块链技术应用，带动进一步深化政府改革。

二 长安链数字服务支撑体系

长安链（ChainMaker）是国内首个自主可控、灵活装配、软硬一体、开源开放的新型区块链底层平台，由北京微芯区块链与边缘计算研究院联合清华大学、北京航空航天大学、腾讯等高校和科研机构的科学家和工程师合作研发，融合了区块链专用加速芯片硬件和可装配区块链底层软件平台，构建高性能、高可信、高安全的数字基础设施。

长安链依托自主可控的长安链技术，以政务服务应用为牵引，按照1套区块链算力基础设施、1个区块链共性基础服务平台、N个政务服务应用场景的"1+1+N"模式，建设长安链一体化数字服务支撑体系，扎实推进政务服务领域区块链应用，促进跨部门、跨地域的数据流通共享、业务协同办理、服务效能提升，实现链享数据减材料、链通业务省时间、链上服务促发展，进而推动区块链在数字政府、数字经济和数字社会的多维应用，培育开放友好、多方协同、技术研发与业务应用相互牵引迭代发展的区块链产业生态。

（一）系统架构

1套算力基础设施：通过区块链先进算力平台建设，为政务服务区块链场景应用提供统一的区块链硬件设施、底层技术框架和区块链验证服务支撑能力，主要提供区块链节点管理服务、算力资源以及支撑政务服务业务的智能合约运行环境，构建以长安链硬件设备为基础的算力基础设施层。

1个共性基础政务服务平台：构建政务区块链支撑平台、公共服务区块链支撑平台等共性基础政务服务平台，利用区块链在分布式数字身份、可信存证等方面的技术优势，构建通用能力平台层。同时，为应用场景提供技术支撑及隐私保护服务，提升大数据应用价值，促进数据在可用不可见的基础上赋能多场景应用。

N个政务服务应用场景：通过政务服务区块链应用场景破解政务服务领域的关键问题，促进跨部门、跨地域的数据流通共享、业务协同办理、服务效能提升，助力北京建设成为具有全球影响力的区块链科技创新高地，构建区块链科技创新与产业发展融合互动的新体系，为北京经济高质量发展持续注入新动能。

长安链系统架构如图1所示。

（二）功能特点

集约统筹全市资源。依托区块链共性基础政务服务平台及目录区块链，实现对全市各区各部门区块链应用的统筹管理，提供底层技术支撑，避免新的区块链"孤岛"产生，实现财政资金的集约化使用，避免重复采购和资源浪费。

攻关突破核心技术。面向政务服务区块链应用场景的建设需求，突破政务基础平台和政务数据共享的关键技术，为政务服务应用场景建设提供统一共性基础平台，形成政务数据共享的模式和规范，形成一批可应用、可扩展、可复制的政务服务区块链共性关键技术。

提升科技赋能水平。针对政务数据在开放共享和安全隐私方面面临的共

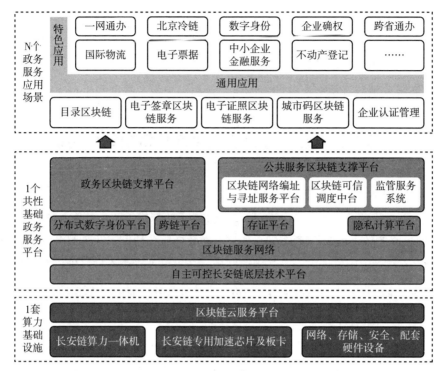

图1　长安链系统架构

性问题，以技术开发促进政务服务数据共享模式融合，用科技保障数据有序开放共享和保护安全隐私，提升政务服务科技水平，打造政务服务区块链应用的技术示范模式，引领全国政务服务区块链技术创新。

带动促进产业发展。依托长安链联盟，引导更多技术厂商参与，推动安全可控区块链技术业务标准落地，促进技术标准可持续和良性发展。构建政务服务区块链应用市场，引入准入审批和强制退出等管理机制，优选有价值的政务服务区块链应用和有能力、有潜力的区块链技术企业，规范繁荣行业产业。

综合来看，长安链一体化数字服务支撑体系可实现区块链资源利用、业务高效管理和统一运营保障，降低各区各部门使用区块链技术的难度和成本，推动跨链对接、跨域管控等核心关键技术的落地，解决政务服务领域区

块链应用需求多样化、重复建链成本高、数据跨链协同难等一系列问题，提升政务服务数字化水平。同时，为各单位提供技术先进、高效易用、场景化、集约化的区块链基础设施，有效支撑各单位区块链应用的建设和运行，为政务服务领域区块链业务的一体化建设提供技术、数据和生态支撑。

三　基于长安链支撑落实国家区块链创新应用试点

按照国家区块链创新应用试点要求，北京市基于长安链数字服务支撑体系，夯实全市政务服务业务支撑能力，围绕"区块链+政务服务"和"区块链+政务服务数据共享"两个试点领域，在政务服务协同、政务服务办理和政务服务全渠道应用等方面，充分体现区块链的先进性和安全性，推进政务服务线上线下全流程区块链创新应用，促进全市政务服务精细化、智能化和一体化。

（一）工作目标

在技术方面，提高数字服务领域区块链通用支撑能力，为建设高效便捷一体化政务服务提供新的技术工具和协同平台，打造数字服务发展新高地。在应用方面，深度挖掘区块链业务应用价值，促进政务服务线上线下全流程深度融合，为企业和群众提供全程可信、高效透明的政务服务。

（二）"区块链+政务服务"

在全市政务服务业务支撑能力提升的基础上，利用区块链不可篡改、链式存储、可追溯、公开的优势，打通线上线下各业务应用环节的信息壁垒、环节壁垒和层级壁垒，促进信息共享互认，深化精准授权、快速认证、便捷申报、智能审批、材料归档和再应用等业务应用，通过链上业务协同、链上材料流转，实现政务服务线上线下各阶段、各环节无缝衔接，支撑企业、群众线上线下办事过程中的刷脸认证授权、证照授权共享、材料减免提交、减少重复验真、线下快捷登录及精准授权等办事环节，实现减材料、免证办、告知承诺增效办、"跨省通办"和"一网通办"。

（三）"区块链+政务服务数据共享"

基于北京市大数据平台的数据基础，开展政务服务领域数据共享，提供政务服务数据的资源编目、供需对接、数据治理、数据汇聚、数据安全防护等服务，结合区块链分布式存储技术、隐私计算、身份权限控制等链上应用功能及管理机制，通过多中心化的节点部署架构，向上联通国家垂管系统和国家一体化政务服务平台，横向联通全市业务系统及大数据平台，向下汇聚各区各部门政务服务业务数据，推进政务服务数据资源互联互通、共享应用记录可信审计、数据流转过程安全可控，加强政务服务数据治理，优化政务服务数据流转链路，强化政务服务数据服务能力，有效支撑国家营商环境创新试点、北京市数字服务平台建设、"跨省通办"等重点任务。

四　长安链有力推动北京政务服务领域区块链应用落地见效

截至目前，长安链一体化数字服务支撑体系支撑了300余个政务服务领域应用场景落地，促进了57个部门、2.8万类数据项、327亿条数据的共享，大幅提升了政务服务便利性。

例如，在电子印章领域，北京市实现印章制发、签验章等全流程数据上链，构建从印章申领到使用的闭环，做到签章应用信息可查、可控、可追溯。据统计，电子印章发放首日，就有835家企业申请，共发放4175枚电子印章。以北京电子印章为代表的区块链电子印章平台的快速普及，在优化营商环境的同时，也促进了北京市数字经济发展，赋能全社会数字化升级。

又如，在身份认证领域，将身份认证信息、高可信身份核验信息上链存证，应用于申报受理和告知承诺审批领域，作为办事材料。在申报受理领域，通过区块链将授权存证信息、授权信息、共享信息作为填报信息或上传材料应用，可以简化材料填报和提交环节。在告知承诺领域，将办件信息、操作信息、告知承诺书等关键信息上链存证，作为溯源凭证，能够实现承诺

内容在线核查，保障告知承诺内容真实有效。

再如，在之前已落地场景的迁移跨链方面，推动跨境贸易、电子票据、不动产登记等高价值、高影响的重点场景深化建设，对接迁移至长安链。目前，电子票据区块链应用已迁移至长安链 BaaS 平台。

同时，长安链在智慧城市、食品安全等多个数字政务应用场景也有效落地。例如，在疫情防控期间，基于长安链建设的"北京冷链"平台，在保障多方经营主体的商业隐私和数据安全的前提下，追溯全市冷链食品全程数据。目前，平台已接入企业 2 万余家，累计流通进口冷链食品超过 81 万吨，处理冷链新冠肺炎病毒核酸阳性事件超过 200 起，有效支持了北京市在疫情防控下的冷链食品监管工作。

通过认真落实国家试点工作，到 2022 年底，将基于长安链数字服务支撑体系，在夯实支撑能力基础上强化落地应用，完成数字政务区块链应用基础框架，实现政务服务基础业务服务能力链上运行，进一步扩大政务服务领域区块链应用落地效果，助力高效统筹疫情防控和经济社会发展，不断增强企业群众获得感幸福感安全感，以实际行动迎接党的二十大胜利召开。

参考文献

［1］国务院：《关于加快推进政务服务标准化规范化便利化的指导意见》，2022。

［2］国家发展改革委：《"十四五"推进国家政务信息化规划》，2021。

［3］工业和信息化部、中央网络安全和信息化委员会办公室：《关于加快推动区块链技术应用和产业发展的指导意见》，2021。

［4］中央网络安全和信息化委员会办公室等 17 个部委和单位：《关于印发国家区块链创新应用试点名单的通知》，2022。

［5］北京市人民政府办公厅：《北京市区块链创新发展行动计划（2020—2022年）》，2020。

［6］北京市人民政府：《北京市数字政务建设行动方案（2021-2022年）》，2021。

［7］北京市政务服务管理局：《北京市 2022 年政务服务行动计划》，2022。

B.15
基于区块链的数字函证基础设施
实践应用

博雅正链（北京）科技有限公司

摘　要： 现代信息技术的高速发展，特别是区块链技术的成熟给纸质函证的数字化提供了付诸实践的契机。为推动我国函证业务集约化、规范化、数字化发展，基于区块链自主可控的架构及分布式、防篡改、可追溯的技术优势，有效搭建数字函证基础设施，能够解决银行、事务所、被审计单位间的"互信"问题，同时增强金融监管的专业性、统一性和穿透性，推动函证数字化，夯实银行函证及会计审计质量，为优化营商环境和缓解中小企业融资难融资贵提供有效支持。

关键词： 区块链　数字函证　审计　互信

一　函证业务发展现状

（一）函证业务现状

在数字经济时代，各行各业都在发展数字化，金融作为经济的核心，实现数字化是大势所趋。国务院总理李克强在2022年《政府工作报告》中提出，要促进数字经济发展，加强数字中国建设整体布局，建设数字信息基础设施。

函证是注册会计师获取审计证据的核心环节之一，也是最易出现舞弊风

险的环节之一。近年来，我国金融市场出现的多次风险事件都与不实银行函证密切相关。

目前，美国、澳大利亚、英国等国家已构建了较为成熟的数字函证体系。传统函证主要以人工审计、邮寄等方式进行，完成一笔函证需要耗费大量的时间、物力和人力，可靠性却未能得到有效保障。利用区块链技术打造数字函证基础设施，能发挥其防篡改和可溯源的特性，推进函证业务保真和可审计。

（二）业务痛点

在审计过程中，注册会计师要对被审计单位银行存款、票据及其贴现、银行借款、信用证、担保等交易信息向银行进行函证，而邮寄及跟踪函证是注册会计师界公认的相对比较有效的函证方式。一般来讲，首先是会计师填写函证数据，然后经由企业盖章确认后送至银行，银行的相关工作人员确认后送回。整个流程多为人工操作，存在如下问题。

函证流程烦琐，流程效率低。在线下流程，为了保证函证真实、函证负责人员（注册会计师、银行工作人员等）确为本人，需要采用复杂的确认方式，整个流程消耗注册会计师、银行工作人员大量的时间成本和人力成本，而且函证审计效率较低。

银行回函流程烦琐，审批流程长。银行在接收了函证后，需要对函证信息进行确认，由于函证信息分散在多个部门，且需确认的信息量较大，因此在银行内部流转确认的时间较长，一般最短需要1个星期，最长需要3个星期。由于注册会计师对银行函证印章法律效力存在认知盲区，也加大了判断回函法律效力的难度。

易发生被审计企业与银行人员联合舞弊事件。被审计企业及银行工作人员联合作假是常见的舞弊行为，如银行工作人员对函证信息做出虚假证明、被审计企业私下修改并以银行的名义寄出等，由于采用人工操作方式，这类行为较难识别。即使发现问题，往往也是在出现问题造成一定损失后进行追溯。

企业成本高和财务报表透明度低。纸质银行函证存在真实性、准确性和完整性难以有效确认的问题，降低了银行函证的公信力，同时也会影响企业财务报表的透明度，使监管部门、上下游企业和社会公众无法及时了解企业的实际运营情况。银行办理函证属于中间业务，一般会收取一定的手续费，但部分银行收费过高，且各个银行甚至同一银行内部收费标准不一，也造成了一些问题。

自然资源和社会资源存在浪费。传统银行函证仍采用全纸质化方式，且纸质函证需要留存二十年，这就需要建设防火、防水等特定物理设施，存在较大的资源浪费。

有丢失和人为编制错误的情况发生。银行函证在邮寄过程中丢失的情况时有发生，不但会导致审计成本增加和审计周期的延长，还会使企业存在相关信息泄露的风险。人为编制纸质函证相比电子化函证，更容易出现错误，也会影响事务所审计工作的准确性。

基于区块链的数字函证基础设施既能解决传统函证舞弊、篡改、拦截、造假、周期长、成本高、风险高等问题，也能借助区块链防篡改的特性解决中心化电子函证系统数据容易被篡改的问题。

（三）函证数字化发展的政策指引

2020年8月，财政部、银保监会发布《关于进一步规范银行函证及回函工作的通知》（财会〔2020〕12号）指出，相关金融机构应当按照国家及主管部门的文件，打造可信的数字函证基础设施，汇总本行的企业在本机构的所有相关业务信息，建立函证专项工作机制，提升函证工作效率和函证质量，积极响应函证数字化的发展规划。

2020年9月，财政部、中国人民银行、国资委、银保监会等七部门联合发布的《关于推进会计师事务所函证数字化相关工作的指导意见》（财会〔2020〕13号）指出，会计师事务所及注册会计师作为函证工作的核心角色，要提升其函证数字化能力，通过新一代信息技术构建函证数据共享、函证业务协同的信息化能力及函证多方协同的创新机制。信

息化支撑手段应能保障函证信息在各方间安全流转，满足可追溯、不可篡改的要求。

二 解决方案

为落实函证数字化有关政策，有效解决传统函证业务痛点问题，推动实现函证业务线上化处理，促进提升效率、降低成本，基于区块链技术，在事务所、被审计单位、商业银行、中国互联网金融协会（以下简称"中互金协会"）、中国注册会计师协会（以下简称"中注协"）之间，建立完善安全可信、标准统一、便捷高效的数字函证基础设施，在银行和会计师事务所之间建立安全可信体系，保障函证数据跨领域流转共享的安全性和可靠性，防范函证风险及金融风险。

（一）数字函证业务流程

当下，针对函证业务，相关机构基于博雅正链 RegChain 构建了数字化的函证流程，会计师事务所可以通过平台发送函证，金融机构受理被审计单位授权的函证并回函，会计师事务所获取回函，行业组织负责对会计师事务所和金融机构进行接入管理和平台维护，具体流程如图1所示。

中互金协会：协会是由中国人民银行会同原银监会、证监会、原保监会等有关部委组织建立的国家级互联网金融行业自律组织，业务主管单位为中国人民银行。协会在本场景下的职责为监管方，在保证函证数据隐私、函证业务合规的前提下，对函证业务流程进行监督。

中注协：中注协作为各条银行函证联盟链中的重要角色，负责对事务所入驻平台进行审核，能够获知所有银行函证业务的办理进度，进而实现对全流程的第三方监督。

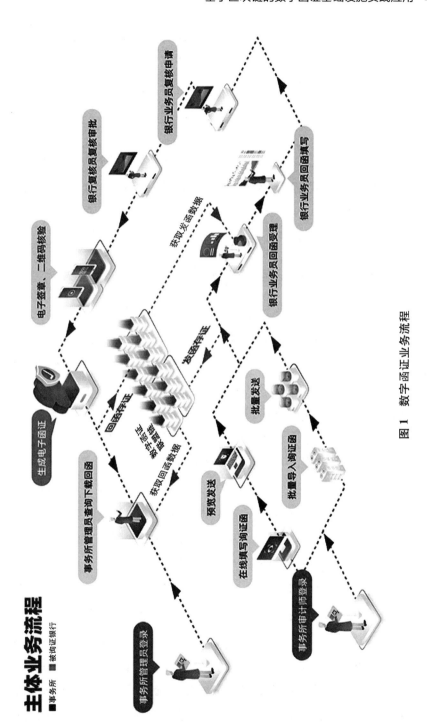

图 1　数字函证业务流程

银行：银行基于区块链节点获取发函后，通过网银系统向被审计企业确认函证授权，收取函证费用（部分银行不收取函证费用），并在收费成功后进行回函。银行负责促进提升内部控制管理水平，降低徇私舞弊、造假与篡改的风险，防范自身运营风险、法律风险等。同时，提高银行内部运转效率，降低人力成本。

会计师事务所：会计师事务所作为银行函证的业务发起方，可在平台注册并通过审核后开展相关数字函证业务。在对指定企业进行审计时，可按照监管部门询证函标准格式要求在平台完成发函流程，从而提升审计工作质量和效率，降低审计风险和成本。

（二）数字函证基础设施建设的技术路线

平台采用数字认证、数据加密等技术保障数据安全，且均符合电子签名法有关要求。平台底层密码技术使用开源密码工具箱 GmSSL，符合国家密码管理局相关要求；通过数字证书控制节点的联盟链准入，对相应参与方进行身份认证；平台区块链节点之间的通信采用安全通信协议保证节点间通信的完整性和机密性。区块链节点之间的通信需采用传输层安全性协议（TLS），保证节点间通信安全和数据完整性。区块链节点共识完成后记账，保障函证业务数据的防篡改、抗抵赖。此外，平台采用分布式系统架构，即使部分节点出现宕机也不会影响平台的正常运行，可保证业务连续性，节点重新恢复工作后，将会自动同步账本数据。平台区块链技术应用严格遵守《金融分布式账本技术安全规范》（JR/T 0184—2020）、《区块链技术金融应用评估规则》（JR/T 0193—2020）等金融相关标准和规定。

平台可有效满足不同银行、会计师事务所的数字函证业务需求，例如在银行端，平台可为函证业务量多的中大型银行提供基于可信执行环境（TEE）技术的区块链一体机和应用程序接口（API）的接入方式，同时为函证业务量少的银行提供 Web 端的平台在线填报快速接入方式。此外，平台也可为行业组织、监管机构提供实时穿透式监督管理能力，相关行业组织、监管部门可在保证函证数据隐私、函证业务合规的前提下对函证业务流程进行监督，例如通过智能合约实现对函证业务有关情况周期性的统计分析。

三　数字函证基础设施的价值及意义

（一）行业价值

博雅正链 RegChain 是内生安全、高效扩展、自主可控的国产基础联盟链平台，利用 RegChain 构建的数字函证基础设施能够创新函证审计应用，构建高效率、低成本、高质量的函证模式，推动函证业务"防假保真"有效落地，实现函证业务电子化、标准化、规范化、集中化，以可信技术为中小企业财务数据做背书，完善社会信用体系建设，为优化营商环境和发展普惠金融提供有效支持。

一是提升函证业务的效率。传统上一般采用邮寄函证或亲自跟函的方式，不仅发函前要对涉及的函证信息进行反复确认，在回函前银行人员也要经过各种审批流转，函证时效性差。利用区块链技术，以数字函证取代纸质函证的模式，能够实现函证的点对点快速传输，减少邮寄等对时效性的影响，规范函证业务流程，从而提升函证审计的效率。

二是降低函证工作成本。以数字函证取代传统的纸质函证，推进审计底稿无纸化进程，并进一步节省纸张、打印、邮寄、现场函证等资源消耗。通过改善银行函证流程，提高函证业务运转效率，降低人力成本。

三是保证函证数据的可靠性。函证信息在经过审核进入数字函证区块链平台后，便会永久性得以保存，信息不可篡改、可追溯。会计师事务所、被审计单位、银行等任何一方不可违规操作修改数据，全流程公开透明，规避徇私舞弊、造假与篡改的风险。

四是统一函证服务标准。函证平台为银行、会计师事务所及被审计企业等各参与方提供统一接入、业务路由的功能，各方无须各自建设业务系统。相关行业组织的接入，能在业务、服务、技术标准等方面提供监督指导，提

供标准统一、符合监管要求的数字函证服务。

五是推进函证领域治理和监管，促进流程规范，通过构建基于区块链的数字函证基础设施，相关监管部门及行业组织可进一步加强函证业务的监管和自律。监管广度可覆盖函证业务往来的各方机构，监管深度可涉及每笔函证业务，对于提高金融服务效率、维护金融市场秩序、防范金融市场风险、降低实体经济融资成本、保护投资者利益都具有重要的意义。

（二）经济效益

目前我国年函证业务量达到千万级，每笔纸质函证成本平均约200元，相关费用主要由被审计企业承担，若全部通过数字函证基础设施接入并实现函证数字化，以节约10%成本计算，每年可节约社会审计成本2亿元。从产业链的角度看，银行、会计师事务所等从业机构接入数字函证基础设施并实现函证数字化，可有效促进提升函证质效，提升企业的财务透明度和准确度，有助于金融市场各参与主体充分识别企业的财务情况，降低欺诈风险，提升金融服务实体经济效率。从社会角度看，平台作为区块链技术在传统经济领域的典型应用，在促进数据共享、优化业务流程、降低运营成本、提升协同效率、建设可信体系方面发挥了重要价值，可有效防范函证风险和金融风险，缓解因企业财务不透明导致的融资难、融资贵等问题，进一步提升金融服务效率，夯实会计审计质效，助力国家实现治理体系和治理能力现代化。

（三）社会效益

随着我国数字经济相关指导政策的发布，社会逐渐进入数字时代，各行各业都在紧抓新一轮科技革命和产业变革新机遇。函证作为基础的审计程序，能够直接影响审计质量和资本市场数据真实性，区块链技术与函证的结合，是金融基础设施数字化和改革发展的重要场景。除此之外，金融机构、监管机构等核心角色利用区块链技术，为扩展和创新业务带来了更多机遇，为经济和社会带来了不可估量的价值。

在社会治理层面，信任机制和智能合约支撑多方互信自治，可降低治理成本。在行业监管层面，基于节点的分布式数据存储和链式结构，能够确保函证数据不可篡改和过程可溯源，监管广度可覆盖函证机构往来各方，监管深度可涉及每笔应收、银行存贷等。对利益关联方而言，区块链技术的去中心化、信任、自治能力，能够消除利益关联方信息披露的信任成本，提高投资决策效率，有助于优化资源配置。

（四）必要性

1. 发函、授权和回函各环节权责清晰

基于区块链构建的数字函证基础设施使各方权责清晰，事务所负责发函、企业负责授权、银行负责回函，相应的数据均会生成交易，通过事务所、企业、银行和监管单位部署的区块链节点共识上链，各节点分别独立维护一份账本数据。如果其中存在恶意节点提出不合法的交易数据，该笔交易则会被其他节点丢弃，以此保证通过各参与方共识上链的数据经过所有的非恶意节点校验认定。当各方针对指定函证出现分歧或纠纷时，可在包括监管单位在内的各个节点查询相关指定函证在账本中对应的实际数据，判断具体哪个环节出现了问题，保证发函、授权和回函各环节的权责清晰。

2. 强化银行函证业务信息化水平

现有银行函证业务仍需要事务所和企业提交纸质函证文件，然后根据函证业务的具体情况出具回函。如果各银行构建独立的面向事务所和企业的函证系统，允许事务所和企业在线完成发函和授权操作，由于各银行信息系统建设水平和系统存在差异，不仅有可能使事务所和企业承担较高的使用成本，而且不利于在整体上强化银行函证业务的信息化水平。利用区块链技术，在参与方和监管单位之间构建联盟链，各事务所、企业、银行在不同的节点通过统一建设的数字函证基础设施办理相关业务，将一改银行函证业务的现状，实现银行函证业务信息化、统一化、标准化的跨越式发展。

3. 提升事务所审计效率，降低审计风险

基于区块链技术构建的数字函证基础设施，向上为事务所提供统一的函

证业务入口和办理流程，向下通过区块链对接各银行的函证业务，事务所因此能够在平台上办理不同企业和银行的函证业务。与此同时，平台中的监管节点一方面可以对银行的函证业务进行监督，另一方面能够持续对平台业务流程进行优化和升级。基于区块链技术构建的数字函证基础设施将极大地提升事务所的审计效率。此外，参与方和监管单位作为不同的区块链节点，对银行函证的全流程进行共识，一方面清晰地划分了事务所的权利和责任，另一方面监管部门也能够实时监管银行函证业务办理情况，并在发生函证纠纷时进行取证。

4. 函证公信力强将提升被审计企业的品牌价值

银行函证作为事务所对企业进行审计的重要依据，其公信力也将影响企业的运营、社会信誉和品牌价值。有公信力的银行函证有利于企业持续健康发展，也会对部分试图弄虚作假的企业形成威慑。对于上市公司而言，财务审计情况公信力强，一方面有利于企业获得融资和提升估值，另一方面也能保障社会公众的权益。对于非上市的小微企业而言，财务审计情况好，也能够提升其竞争力。函证公信力无疑对进一步改善营商环境具有重要意义。

5. 函证公信力强能缓解小微企业融资难题

中小微企业财务不规范是其融资难、融资贵的主要原因之一，而大量中小微企业在融资前面临会计师事务所的审计，其中不乏存在审计不规范、难以审计等问题，应用基于区块链技术完成的电子函证，可以保障中小微企业审计的真实性、有效性和可靠性，促进中小微企业财务规范化，同时通过电子化的函证手段，可有效降低被审计的中小微企业成本，减轻企业经营负担。

B.16
工业互联网公共服务平台
赋能供应链金融风控

王 惠 李 宇 王姣杰*

摘 要： 工业是国民经济的核心主体，近年来，党中央、国务院高度重视
工业领域金融服务，尤其加大了对中小工业企业金融服务纾困帮
扶力度，稳定和激活整个工业产业链条的运转。受金融风险防控
机制约束，叠加疫情，中小企业融资难、融资贵问题更加凸显，
工业经济运行面临下行压力。以区块链为基础构建的公共服务平
台，为解决中小型工业企业融资问题提供了一个工具，为金融机
构进行风险评估提供了可靠的依据。公共服务平台融合区块链、
物联网、隐私计算等新兴技术，借鉴、分析、形成金融机构互认
的数据风险评估模型，打造可信、动态的数据生态池，将静态风
险评估模式转变为动态、可靠、可信的跨越式风险评估新模式。
同时，在全国统一大市场的背景下，公共服务平台助力优化工业
产业链条，成为企业参与国际竞争的重要依托，推动我国经济高
质量发展、行稳致远。

关键词： 公共服务 动态风控 区块链 可信服务

一 金融服务赋能工业企业不足，风控措施不够完善

中小微企业作为我国最重要的市场经济主体，占企业总数的90%以上，

---

* 王惠、李宇、王姣杰，北京中科金财科技股份有限公司。

其中工业产业链相关企业占 40% 以上，有效支撑了国民经济的持续发展。近年来，得益于企业数字化转型的深入以及政府对普惠金融的大力支持，供应链金融处于快速增长阶段，融资规模不断扩大。据统计，中国供应链金融市场规模从 2015 年的 15 万亿元迅速增长至 2021 年的 28.6 万亿元，预计到 2024 年，市场规模将达到 40.3 万亿元。

当下，市场基本是围绕核心企业提供担保授信融资，由于中小企业规模小，经营差异性大，缺乏抵押资产，因此存在融资难、资金缺口大的问题。

其一，金融体系结构单一、多样性金融产品缺乏。国有大型商业银行在企业信贷融资中占主要地位，更倾向于向规模较大、信誉良好、经营状况较好的企业放贷，相比之下，中小企业获得贷款相对难。这主要是因为金融机构采用传统的静态、结果性数据，难以洞察企业经营数据导致放贷决策存在巨大的不确定性，同时由于企业数据存在真实性问题，无法促进金融产品创新。

其二，企业与核心工业企业间信用信息未实现横向与纵向传递。传统的供应链金融工具传递核心企业信用能力有限，导致核心企业的信用大多只能传递到一级供应商，个别能传递到二级，不能做到在供应链上跨级传递，更别说实现核心企业在产业链间进行信用传递。

其三，缺乏企业真实数据作为评估依据。银行和企业之间缺乏沟通数据的渠道，金融机构无法有效判断中小企业物流、资金流、信息流、商流情况。

其四，供应链各方履约风险无法控制。供应商与买方之间、融资方和金融机构之间的支付和约定结算受限于各参与主体的契约精神和履约意愿，在结算时不确定性因素较多，存在资金挪用、恶意违约等风险。

二 中科金财"区块链工业互联网公共服务平台"助力构筑共管、共治、共享的金融服务新生态

中科金财联合多家工业互联网平台、工业企业、担保机构、保理公司，

致力于打造一个面向区块链的工业互联网公共服务平台，促进服务和资源的聚集，为工业企业发展赋能。

面向用户、上下游协作单位、开发者及工业企业提供服务的工业互联网公共服务平台，致力于打造基础服务能力、核心服务能力和服务推广能力三类重点能力，形成公共服务支撑能力体系，其整体框架包括以下几个层面。

（1）持续驱动关键应用和关键技术创新，建设后台基础能力层，包括边缘层、IaaS 层、PaaS 层。营造基础验证环境、平台应用推广基础环境，开展边缘云端协同、可信身份认证、可信传输等创新技术应用，形成技术成果转移与推广能力。

（2）建设服务中台和数据中台，形成中台核心功能层，形成区块链新技术验证、区块链协议解析及算法模型库与标准数据集、开发工具代码托管、工业互联网平台管理技术系统、工业互联网平台测试系统、技术和产业资源库、区块链 API 组件集、柔性监管入口、传统软件云化等中台服务核心能力。

（3）实现关键资源汇聚与共享，建设服务推广层，提供八个方面的服务，即创新生态服务、技术转移服务、推广服务、资源交易服务、数据监管服务、金融服务、产业推广服务、评估咨询服务，构建工业互联网平台完整服务体系。

从区块链组网角度看，平台主要采用一主多侧架构，主链开展数据交互业务，侧链做具体的业务应用。金融服务是公共服务平台中的一个业务侧链，主要为企业提供金融赋能服务，主要包括以下方面。

（1）保障数据采集、传输的真实性，助力构建动态、可信的数据生态池。平台提供一个大的 App 市场，主要为中小企业提供软件化的服务，其底层采用区块链技术，能够保障企业数据的真实性。未使用平台服务的企业，则采用与工业互联网平台、企业设备进行直接关联的方式，设备产生的数据可实时传递到区块链网络，保障数据的真实可信。

（2）解决产业链间信息"孤岛"问题，助推金融服务在产业链间的流通。当下的很多工业互联网平台都是独立运行的，模型、数据无法实现内外

互联互通，导致金融服务流通渠道不畅。公共服务平台采用"区块链+隐私计算技术"实现数据不出域式的互联共享，并能较好地进行风控。

（3）传递企业信用。基于可信的数据生态池，企业信用可以沿着可信的贸易链路传递，解决了核心企业信用不能向多级供应商传递的问题，使信用实现了纵向与横向的传递。

（4）防范履约风险。利用智能合约，结合业务规则，实现线上业务的交易撮合，真正做到集信息流、资金流、商流于一体，降低违规风险和商业风险，并借助业务闭环丰富数据资产，为更深层次的金融服务构建支撑体系，提升平台价值。

（5）促使金融产品创新。平台利用区块链提供的可信服务，保障了用户可以实时获取企业的动态经营数据，为金融变革和金融产品创新提供了更多的可能。

三　科技赋能，推动产业金融3.0深化发展

中科金财打造的"面向区块链的工业互联网公共服务平台"金融服务板块，将有力推动产业金融行业变革，并呈现产业与金融"你中有我，我中有你"、共生共赢的新局面。

（1）公共服务平台促进新技术的融合发展，助推产业金融3.0深化发展。云计算、大数据、人工智能和区块链等新兴技术并非彼此孤立，而是相互关联、相辅相成、相互促进的。大数据是基础资源，云计算是基础设施，人工智能依托云计算和大数据，推动金融科技走向智能化时代。区块链为金融业务基础架构和交易机制的变革创造了条件，它的实现离不开数据资源和计算分析能力的支撑。公共服务平台的金融服务板块应用，整合了大数据、区块链、云计算等技术，将有力地推动新技术融合，助力金融领域实现监管与产品的创新，引导金融行业发展。

（2）提升中小企业发展质量，为中小企业融资纾困。这主要表现在平台聚焦工业互联网平台、企业，利用区块链、隐私计算、大数据等技术提升

金融服务能力。同时，该平台将金融服务融入工业互联网场景之中，提升工业互联网数据价值，提供公平、公开、高效的金融服务。

（3）促进工业领域实现集群化、数字化、金融化发展。基于区块链技术的工业互联网公共服务平台，实现了产业链间、企业间的价值横向和纵向流通，推动了全新的生产制造、金融服务生态体系形成，赋能产业链中的企业高质量发展。

B.17
基于区块链的"双碳"数据可信管理研究

赵桐　顾青山　安立　徐少山　董宁*

摘　要： 推进"双碳"战略的有效应用和落地，构建可信且有效的"双碳"数据管理和认证模式是基础。为此，金融壹账通联合中国质量认证中心、中国移动，打造了"区块链碳排数据管理平台"。平台以区块链技术为底层应用基础，打通数据采集、数据分析等数据流程，同时协同物联网设备、信息化系统等软硬件系统。基于此，平台形成了支持可信碳排数据及可信碳排认证管理的能力，并为碳资产管理提供可信基础。平台已入选国家区块链创新应用试点"区块链+能源"特色领域试点，获得信通院高价值案例奖。

关键词： 区块链　碳排放管理　碳资产

一　研究背景

（一）双碳背景

我国在 2020 年即提出"2030 年前中国要碳达峰，2060 年实现碳中和"，简称"双碳"，并且连续两年写入政府工作报告。"双碳"目标的制定，一方面体现了我国作为国际大国的担当、回应全球正在经历的气候变化

---

* 赵桐、顾青山、安立，深圳壹账通智能科技有限公司；徐少山，中国质量认证中心；董宁，中国移动通信有限公司。

要求，另一方面也是为国家民族的长远利益的考量。

鉴于碳排放活动本身具有时间尺度和空间尺度的双重特性，在"双碳"的具体实践过程中，需要构建广泛高效、多方可信的治理体系，熟悉外部特性，并与内部核心能力融合，从个人维度鼓励减排、从企业维度推进科学碳排放、从区域维度进行有效监管，将新型技术应用于碳减排、碳交易、碳监管等场景之中，充分实现参与主体的可信协作，为我国的"双碳"目标顺利达成提供有力支撑。同时，也应清晰地认识到，我国还处在"碳中和"的早期阶段，企业如何在生产成本以及技术创新投入之间实现平衡，仍然是需要重点关注的。

（二）行业痛点

实现"碳达峰，碳中和"，数字化建设是必不可少的，但面临诸多技术挑战，具体体现在以下几个方面。

1. 数据基础设施建设不完备

碳排放的数据管理基础能力尚不足，缺乏一套运行高效的基础设施平台，各类业务系统、机构无法进行高效可信的碳排数据验证。政府及监管部门也无法精确掌握辖区内企业的运营情况、实际碳排放情况、往期数据及基于往期数据对未来的预测数据，甚至部分地区发生了粗放式的拉闸限电的情况，对企业的实际运营产生了一定影响，影响了产业结构的长期稳定。

2. 数据真实可信管理不到位

碳排放数据来源多种多样，比如传感器、卫星成像、居民和当地社区提供的照片和报告等，而在整合数据的过程中必须进行数据真实性验证。在当前的各类"双碳"工作场景中，除上述数据基础设施存在缺失外，还存在碳排放监测计量数据不统一、信息不透明、监管力度不足、碳排放 MRV 全生命周期数据难以监测和管理、商业信息与环境信息无法公开等问题。

3. 新一代数字化技术融合赋能不足

部分单位对自身耗能结构、产品工艺、节能流程缺乏精细化管理，而且能源监测、数据分析、优化处理和统一调度等管理过程数字化程度较低，其

根本原因在于新一代信息技术与碳排放管理未实现深度融合。利用区块链、工业互联网、云计算、大数据、人工智能等技术，可以助力构建设备、车间、厂区、园区、楼宇等多层次的系统能源、资源与碳排放的优化与精益管控技术体系，赋能"双碳"数据采集、监测、核算、管控、预测等全流程数智化治理体系建设，实现对碳数据全方位、多层次、透明化的监测与管控的目标。

二　实现路径

金融壹账通、中国移动合作，并联合中国质量认证中心开展"双碳"业务及试点选择，共同推进产品落地。三方结合自身优势，积极排查企业碳排放管理过程中的痛点、痒点，发现商业价值，为推进企业碳排放赋能。

（一）设计思路

技术底层以区块链为总体框架，打通数据采集、数据存储以及管理分析等数据流转流程，以智能合约等技术方案实现对业务层的总体支撑。碳排放数据是核心，主要为用户提供生产运营过程中的功能支撑。主要体现在以下三个方面。

1. 打造可插拔模块化应用系统，匹配多行业碳排放数据管理需求

根据行业、地区等具体业务场景，归集日月年历史数据、地方计算因子、区域内企业碳排放原始数据，为链上信息打造可靠基础，依托技术手段实现数据可追溯、可分析、可预测，为政府部门的决策提供科学、可靠的依据。为涉及碳排放分析的多类数据来源、数据类型，如业务系统接口数据、三方核查验证分析报告等，提供基础模块，实现可靠对接。分类存储监测计划、碳报告、核查报告、复查报告、配额履约等信息，形成企业碳档案。

2. 参照 MRV 的标准体系，使温室气体排放可测量、可报告、可核查

在实现"双碳"的过程中，企业往往需要对生产过程数据进行统计，要求数据存储安全可控，能够实现跨机构的可信数据传输。碳排放核查、碳

汇交易等场景，往往涉及企业、第三方机构、交易机构、监管机构等多方，因此应重点确保系统具有数据授权、加密传输和数据验真等支撑能力。借助MRV 标准体系的贯彻实施，确保控排企业填报的碳报告符合核查、复查的监管要求，提高碳报告质量以及排放量审定的准确性，为开展碳配额交易、绿色金融新型业务提供互联互通的基础条件。

3. 系统支持一套输入、多套输出的运行模式，可根据不同的使用场景和需要输出不同的报表

本平台借助基础功能模块帮助用户实现从采集、核算到报告生成的无纸化、一体化、自动化的全过程核算，满足所有"双碳"系统的基础能力要求。在实际落地的过程中，应充分考虑新型技术的兼容性、扩展性，并结合企业的实际业务需求持续优化解决方案。如在清洁能源领域，除要求计量设备、交换机等传统设备的接入，还要求"双碳"系统拥有储能设备、天气预报服务等光伏场景下的数据能力，从"双碳"底层提供支撑，确保新型业务的软硬件便捷拓展对接，协助推进低碳零碳目标的实现。

（二）实施路径

本平台在规划阶段，分为四个阶段，分批完成信息化，并选择相应试点实现落地。具体阶段划分如下。

1. 行业调研，遴选试点企业

以中国质量认证中心为主导，根据碳排放的不同类别遴选试点单位，进行现场调研，具体包括国家规定的重点排放单位（火力发电、钢铁生产企业等）、公共建筑或者机构（总部楼宇、科技园区、博物馆等）或者大型活动场所等具有代表性的试点场景。

调研内容包括企业规模、信息化水平、数字技术应用情况、区块链数据采集情况与方式、关键环节的数据梳理对相关指标的确认及参与试点的意愿等。根据调研情况，综合遴选最佳的试点企业。

2. 论证技术方案，研发试点应用系统的基线版本

以金融壹账通为主导，开发区块链能力平台基线版本、研发试点应用系

统基线版本。重点工作包括以下几个方面：（1）打通上下游相关衔接端口，制定碳排放全链条数据安全集成方案，完成服务端口和基础数据的配置等；（2）试点验证企业数据与区块链能力平台对接，测试区块链技术在试点场景的应用情况；（3）完善试点应用系统的数据分析功能，构建相关方基于区块链的数据实时收集及后台分析能力；（4）结合传统的第三方核查方式，研究基于区块链技术的新型MRV审定与核证技术要求，实现数字化的核查。

3.首批试点单位的建设、部署、试运行

针对首批试点单位的具体场景，以金融壹账通为主导，开发区块链能力平台定制化版本、开发完成示范应用系统的定制化版本；以中国移动为主导，进行试点单位的部署及试运行。主要目标包括以下几个方面：（1）根据调研情况和技术方案，充分利用区块链技术平台优势，确定可实施的对接方案，确定易获取和易实现的上链数据和评定规则，并确认相关设备的支持能力；（2）完成系统部署与调试；（3）推动可信MRV系统初步运行，实现试点单位的关键过程和关键数据上链、排放报告上链等功能。

4.研究技术标准，扩大试点，构建产业生态

结合中国移动现有资源，针对整个试点过程中的技术探索和具体经验，在区块链基础技术、示范应用、MRV核算等领域研究编制技术标准。逐步扩大应用试点的范围，覆盖更多行业场景，推动整个行业的生态体系建设。

（三）流程优化

在传统方式下，企业提交的碳排放数据可能被人为干预甚至恶意篡改，核查机构如果不能判断数据内容的真实性，将导致篡改后的数据流转到监管机构或交易机构，并给监管和交易的公信力带来负面影响。在本平台中，企业提交的排放数据上链存证，后续流程中核查机构、监管机构或交易机构能够对数据进行内容审查验证，如果数据被篡改，能够及时发现

并及时处置。

业务流程对比如图 1 和图 2 所示。

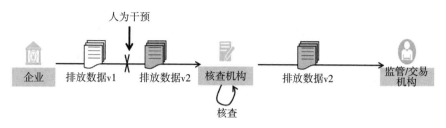

图 1 传统业务流程

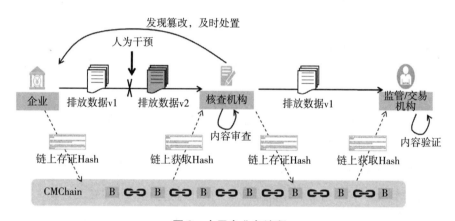

图 2 本平台业务流程

（四）试点选择

本平台优先选择区域园区及辖区内企业建立试运行系统，实现原始生产数据采集及采样证据收集、碳排放数据的规范核算、碳排放数据存证上链存证和安全存储、碳排放监测、数据核查输出，并基于存证摘要核查数据真实性和完整性。

（五）试点建设关键指标

本平台设计的碳排放监管系统需要企业数据在多个主体甚至多个行业之

间流转，要求数据真实可信、安全流转，因此需要重点解决以下六个关键性技术问题。

1. 基于区块链的可信存证

针对收集到的碳排放原始数据，完成数字摘要的提取并完成链上存证，确保核算过程有可信数据作为基础，并依托区块链技术确保数据流转过程可以防篡改，用于后期的验证、溯源及审计。

2. 采集过程真实合规

根据国家质量认证相关要求，数据在采集过程中，字段信息需要线上传输，同时要记录相关的影像、视频及签字等辅助信息，保证数据采集符合相关政策及行业要求。

3. 全行业自动核算

将国家发改委下发的二十四个行业指南作为核算基础，并逐步完成CCER方法学等计算模型的对接。通过预制智能合约，从直接碳排放、间接碳排放、其他碳排放等维度完成碳排自动核算，并结合含碳量、生产工艺指标等计算因子，形成过程自动化的数据核查模型。

4. 多样化采集

考虑到我国各个行业、不同企业之间的信息化程度存在较大差异，系统在设计过程中注重多种形式的数据采集，除在IoT设备直接上报之外，同时支持企业信息化系统的接口数据对接、人工手动填报上传、图片文字识别等方式。

5. 数据安全存储和共享

采用分级加密、多级脱敏、主动授权校验、属性访问控制等安全手段，在数据存储、展示、流转全生命周期中防止企业敏感信息泄露，实现数据可信流转与企业隐私保护的均衡。

6. 智能分析与辅助决策

系统可以进行外部技术的应用对接，完善监测功能；同时，对接多主题知识库、政策分析模型库，完善决策数据支持，如基于国内外开源因子库完成数据的挖掘、归集、趋势分析、异常告警等。

三 技术框架

（一）架构设计

本平台的系统架构如图 3 所示。

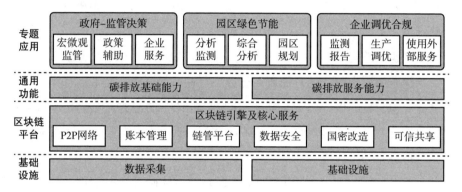

图 3 区块链赋能"双碳"系统架构

1. 基础设施层

该层为区块链"双碳"系统的软硬件基础设施部分。重点实现与碳排放企业的数据对接，具体可采用物联网设备对接、业务系统接口对接、手动录入等手段，并通过相关加密技术及安全算法保证数据的兼容性、安全性。

同时，系统结合 5G、云计算、可信存储等信息化软硬件技术，打造"双碳"系统运行高速率、低延时、海量接入、高安全性等性能。

2. 区块链平台层

区块链平台为"双碳"系统的数据控制提供底层基础，是整个架构的核心模块。基于区块链技术实现对数据资源的整合治理，使结构化数据与非结构化数据兼容运行，并配合账本管理、共识算法等手段确保分布式节点之间的数据访问控制具有一致性和真实性，确保系统稳定运行，并完成与上层应用的技术衔接。

3. 通用功能层

"双碳"系统通过数据采集对接、智能合约运算等技术手段,形成对上层应用的有力支撑。其中,模块以数据作为原始推进点,构建基础模块,并为各类业务应用、场景落地提供必要的功能支撑。如,碳排核算模块可根据企业的生产过程中的用电、用气、用油、用热、用煤等情况,以及绿色能源占比等,自动运行企业碳排总量、区间波动、短时预测等功能,并能结合碳配额管理展开业务绩效分析。功能层以可插拔形式,为企业碳排管理提供各业务模块。

4. 专题应用层

专题应用层主要从用户的所在行业、行业监管要求、企业商务模式等维度进行专题归集,以"多元化功能+用户自定义"的形式充分满足不同应用场景的需求。用户通过对自身业务的识别分析、归纳总结、映射匹配等方法,对自身业务模块进行选择。

"双碳"系统提供三类预设场景,即企业主体碳排数据管理、园区绿色节能业务创新、政府监管数据匹配。政府用户、企业用户、监管机构、第三方认证机构可进行快速对接,高效率、低成本地实现自身需求与"双碳"业务的结合。

(二)技术特色

本平台涉及的"区块链+双碳"数字化技术架构体系,兼具主流联盟链技术特性,如分布式、防篡改等,支持算法可插拔;同时充分匹配"双碳"业务场景需求,打造具有行业特性的系统运行方案。方案具备以下技术特色。

1. 针对碳排 MRV 的多层信任与审计结构设计

"双碳"系统的区块链能力可匹配企业生产的组织形式,支持单一设备级、业务条线级、企业级等多角度的排放活动统计分析;同时,企业级、园区级、地区级、行业级的多级结构,可实现碳排数据的审计业务精准对接,协助用户结合具体的碳排放指标、审计功能,实现区块链碳排放系统能力的分级存证、验证、审计。

2. 跨链互操作

在行业/地区级、国家级碳排放场景中，被监管企业、审计机构、行业管理机构和部门数量庞大，区块链节点数量可能接近甚至超过传统联盟链容量的上限，需要采用跨链等技术手段，满足同质区块链跨链、异质区块链跨链等不同需求，在确保系统可兼容的同时，确保数据安全性与系统稳定性。

3. 支持国密算法的信息安全保障

结合国内实际情况，在"双碳"系统的区块链能力建设中，应重点关注电子认证系统、密钥管理系统等的安全需求。要符合国家信创的要求，从软件和硬件层面支持国产化，系统中涉及的加密部分应采用相应的国密算法，如SM2、SM3、SM4等；硬件应采用符合国家标准的国产化硬件，包括云主机、CPU以及操作系统等；组件应采用国产化的组件，包括数据库、消息中间件等。

4. 区块链动态扩展升级

在由区块链平台构成的大规模系统中，区块链节点、智能合约等动态升级将成为必要需求。例如，参与节点加入或更替、核算算法或参数升级、监管要求升级等，会涉及区块链动态升级。为此，区块链"双碳"系统充分研究对应的技术手段，可确保区块链升级期间的记账无损、延续和可信。

（三）实施步骤及方案

"双碳"系统在实施过程中，要根据所属行业特性、当地经济结构等因素进行定制化的路径建设。本平台采用由内而外、由点到线的实现路径进行系统建设。企业或机构根据自身信息化能力及所处行业等维度逐步建立、完善、优化碳排数据管理系统，具体分为以下四个步骤。

1. 碳盘查：摸排家底、满足合规要求

从业务实现角度看，企业应遵循确定边界—确定排放源—确定基准年和量化方法—碳排放核算—汇总校验的路径完成碳盘查工作。系统实现主要包含以下几种方案。

"双碳"管理驾驶舱：构建企业内部"碳达峰，碳中和"的绩效管理指

标，实现碳排放总量、碳排放强度、能源消费总量、能耗强度等信息的汇总及可视化展示。

可信数字化碳核查：采集和汇报数据做到数据源头真实准确，第三方机构及监管部门可以便捷地查看和验证数据，以数字化形式为碳核查工作效率提升保驾护航。

产品碳足迹：企业在生产活动过程中所涉及的生产要素，如用水、用电、用气、用煤等，可形成清晰直观的碳足迹。在确保企业精细化进行数据管理的同时，完成数据间的交叉校验，确保数据真实性。

2. 碳规划：发展预测、减排规划

企业应考虑匹配外部的监管要求及地区性碳排放规划，确保自身发展与区域规划相结合，实现更大能效比，并重点实现以下方案。

企业碳排放发展预测：结合精细化管理的"双碳"系统，企业可实时关注碳耗全流程统计，并预测自身基准年碳排放总量，及时预警并调整运营策略。

企业减排发展规划：企业可通过技术创新、提高绿色能源占比、发展生态碳汇等手段，加强能源管理，降耗减碳，并以数据为分析基础，不断优化企业减排方案。

3. 碳赋能：政策赋能、业务创新

企业通过业务创新与技术应用相结合的方式逐步完善碳排放业务优化，并在实施过程中充分考虑政策扶植、金融优化等市场机制，具体如下。

政策补贴及基金：在"双碳"产业发展的早期阶段，部分地区会制定政府补贴、税收优惠及碳基金等市场调节机制，企业公开自身运营情况，在确保数据真实有效的基础上，可以获取更多的发展投资，进一步用于生产技术研发与减排工艺优化。

碳交易服务能力：利用区块链分布式账本优势，帮助企业加快建立完善碳交易管理机制，并支持有条件的企业设立专业碳交易管理机构，对接全国或区域碳排放权交易，开发碳汇项目与国家核证自愿减排量（CCER）项目。

碳金融服务能力：可利用区块链金融属性，对接外部各金融机构，以便获取更加便捷的服务，并充分发挥碳资产的金融属性，结合绿色低碳工作，完成绿色信贷、绿色保险、绿色债券等相关业务，使碳排放权属与绿色金融服务融合。

4. 碳引领：生态协同、行业引领

绿色供应链：不断深化"双碳"业务以及不断进行技术创新，企业可以形成多元化碳减排格局和规模效应，如进行绿色设计、绿色生产，开展绿色物流、绿色回收业务等，从而与供应链上下游之间的合作伙伴形成环境成本合理分担、环境风险整体防控局面，获得更为稳定、长久、可持续的市场竞争力。

碳中和标准：以可信的数据分析模型为科学指导手段，结合林业碳汇等传统降碳模式，不断赋能绿色能源建设，有利于形成产业高端化、多元化、低碳化发展路径，实现生态协同、行业引领的碳中和目标。

四 价值前景

本平台致力于打造"双碳"经济的数字运行基础，为各类生产企业、智能楼宇、工业园区提供可信的碳排放数据综合服务。以数据化推进数字化，以数字化推进精细化，逐步构建从碳数据到碳资产再到碳金融的推进路径。根据测算，碳盘查、培训、规划服务的市场规模在 2025 年将达到 1423 亿元，其中，企业碳盘查总空间为 367 亿元，企业碳培训、平台、规划市场规模约为 917 亿元，政府碳规划、培训、核查等业务市场规模约为 139 亿元。绿色金融市场将在 2060 年达到上百万亿元的规模。市场体量不断攀升、技术投入逐步加大是市场的未来的趋势。

（一）商业价值

本平台可进行规模复制推广，输出的技术解决方案和标准体系可用于为各行业碳排放提供可信和及时的管理能力，为万亿元规模的碳交易市场提供

可信的数据基础。2019 年，我国碳排放为 115 亿吨，按国内、国外碳汇市场平均价格 200 元/吨计算，折算约为 2.3 万亿元。

同时，通过区块链+"双碳"的模式，打造一套碳排放数据的完整链路解决方案，从初始的数据采集对接到碳排放计算因子记录与碳排核算再到核算数据链上存证以及外部的行业/地方数据监管，不断突出商业应用的技术优势。

（二）社会效益

随着"双碳"战略的不断落地，行业监管、区域监管、地方监管以及碳汇、碳税、碳交易等各类需要多方协作的应用场景不断出现，并且均需要以可信安全的合规碳排放数据作为流转基础。在此背景下，传统信息化手段将面临数据流转过程中被人为篡改、数据采集核算不够规范、敏感信息容易泄露等问题，也可能存在企业拒绝提供真实数据、政府监管不充分不到位、碳交易效率低与成本高等困难局面。本平台利用可控的技术实现路径、实施方案，为市场的"双碳"探索提供了有效的试点方案，主要表现在以下几方面。（1）标准规范的碳排放核算。本平台支持国家发改委颁布的碳排放核算和报告方法，帮助企业实现标准规范的碳核算，从而实现科学减排的目标，指导企业节能减排行动。（2）数据质量合规性保障。（3）多样的数据采集手段，适应国情。

（三）金融价值

金融壹账通作为一家金融科技公司，结合本项目，不断进行碳金融实现方式的研究和推进。在金融领域，通过降低融资成本，提高融资可获得性和创造新的交易市场，服务于实体经济，引导和促进企业的低碳转型。具体到碳金融领域，可利用各种金融制度安排和金融交易活动，在实现温室气体减排目标的同时降低金融风险、增加社会效益，实现经济社会环境目标的最优。

B.18
基于区块链的数字藏品应用实践

孙荣　夏凝　袁立威　陈敏聪*

摘　要： 科技的力量日益强大，文化的魅力历久弥新，而科技与文化的融合让数字文化产业应运而生。2021 年，数字文创行业蓬勃发展，数字藏品市场如火如荼，为数字经济注入了新的活力。本报告从数字藏品产生背景、数字藏品概念、国内外发展现状和应用价值与挑战四个维度对数字藏品的相关内容进行梳理，以形成对数字藏品的整体认知。同时，以国内领先的数字藏品平台鲸探数字藏品平台为例将区块链技术和互联网创新技术融合，进一步实现文化价值、艺术价值和经济价值，助推我国文创行业走向新阶段。

关键词： 区块链　数字藏品　应用实践

一　基于区块链的数字藏品产生背景

区块链行业的蓬勃发展，逐渐催生出了以共识算法、P2P 网络、密码学、存储引擎、智能合约虚拟机、隐私保护、世界状态模型及安全为基础组件的各种不同的区块链平台，并且在不同的方向上形成自己的特色和优势。近两年，以 NFT 为代表的一类非同质化数字凭证技术快速发展。NFT 全称 Non-Fungible Token，中文翻译为"非同质化通证"，区别于 Fungible Token（同质化通证）（比特币等虚拟数字货币），其在区块链上为数字作品或商品

---

* 孙荣、夏凝、袁立威、陈敏聪，蚂蚁区块链科技（上海）有限公司。

生成一个无法篡改的独特编码，确保其唯一性和真实性，具有不可分割、不可复制的特性，可用于表示某种数字作品或商品的权益归属，可以在不同账户之间流转。理论上，NFT 可以表达任何物理或虚拟作品或商品，如艺术品、收藏品、音乐、视频、体育活动、游戏、教育课程以及门票等。但需要注意，NFT 只是物理或虚拟商品的一种数字化载体，而非内容和商品本身。

随着球星视频产品 NBA Top Shot 的亮眼表现和数字艺术家 Beeple 高达6900 万美元的数字艺术品拍卖价格，NFT 行业由 2021 年以前少有人问津的状态，在短短一年时间内发展为引爆全球的热门行业，掀起国外 NFT 热潮。国内相关机构也纷纷借鉴国外 NFT 技术和商业模式，开拓国内市场和本土应用场景。

然而，由于国外基于公链的 NFT 交易具有很强的 C2C 交易属性，存在价格虚高、金融产品化趋势和炒作投机行为，为洗钱等违法行为提供了空间，给国家金融市场稳定带来极大的风险。为此，国内相关机构在抵制商品恶意炒作，推进虚拟货币化、金融产品化合规基础上，结合中国文化市场的特色，创新探索出区块链数字藏品发展路径，在技术、交易市场和应用方面均与国外 NFT 交易产品存在较大差异。技术方面，我国区块链数字藏品主要基于联盟链发布，能够有效降低数字藏品的金融属性，同时更加强调收藏及现实价值属性①；交易市场方面，国内拥有权威背书的区块链数字藏品交易平台的产品发布频次低、定价低且未开放二级市场。应用方面，基于中国深厚悠久的传统文化优势，国内数字藏品应用领域与中国传统文化的结合成为当前热点应用场景，如文物、非遗、文创、国潮等数字藏品，助力我国传统文化焕发新的活力。

国内数字藏品提出时间较短，尚未有明确的概念。本报告沿用 2021 年中国信通院牵头、蚂蚁链参与的《基于区块链的数字藏品研究报告》中对数字藏品的定义。数字藏品是以自身收藏价值和版权价值为交易基础，"使用区块链技术通过唯一标识确认权益归属的数字作品、艺术品和商品"，能

---

① 可信区块链推动计划：《基于区块链的数字藏品研究报告》，2021。

够实现链上可追溯流转的非同质化，主要基于联盟区块链技术生成和发行。

数字藏品包含但不限于图片、音乐、视频、3D 模型、纪念票等各种形式的虚拟物品。按照用途可以分为收藏品与具有特定用途的实用型程序。其中，收藏品又可以细分为传统文化、潮玩、艺术品、影视传媒、游戏、体育、元宇宙等。因为数字藏品具有非同质化、确权流转和可追溯的特性，所以被广泛应用于具有收藏价值、注重版权保护和资产稀缺性、唯一性的产业领域。

二 基于区块链的数字藏品发展现状

（一）数字藏品交易平台概况

在国外 NFT 市场出现发展热潮时，国内也迅速进入探索发展阶段。在不到一年的时间里，头部厂商纷纷入局，国内数字藏品平台数量迅速增长。目前国内主流平台主要由互联网头部平台、底层区块链技术能力强和内容体系丰富的服务提供商提供。

从发布的数字藏品所在领域看，数字藏品平台主要有三类，第一类是全品类发布的综合性平台，如鲸探、幻核、希壤等；第二类是聚焦特定藏品领域的平台，如虹宇宙聚焦元宇宙类藏品，游娱块、薄盒等聚焦潮玩类藏品，元视觉聚焦影视传媒类藏品；第三类是企业自身客户端作为发布数字藏品的平台，如新华社、人民网、上汽荣威、淘票票、泰康在线等。从数字藏品交易量和交易规模来看，2021 年国内数字藏品发布数量和市场份额呈现向头部平台集中趋势。

（二）国内应用领域

国内平台数字藏品发布主要采用专业生产内容（PGC）模式，平台通过与拥有专业知识水平或成熟 IP 的团体或个人合作，向艺术家、博物馆等提供相应服务进行数字藏品发行。代表平台如蚂蚁鲸探、腾讯幻核、京东灵稀等。主要应用分布在传统文化、潮玩、艺术品等领域。具体而言有以下几类。

传统文化艺术类，数字作品设计源自文物、非遗、文创、国潮和传统工艺等领域，如蚂蚁链发起的"宝藏计划"通过数字技术激活传统文化，鲸探发行的内容中70%以上为典型中国文化艺术题材。

潮玩类，主要包括卡牌、游戏、动漫、二次元、数字头像等具有收藏价值的潮流娱乐类数字藏品，如幻核发布的动漫《一人之下》主题藏品。

影视传媒类，主要包括音乐、视频、明星周边、图片等音视图领域数字藏品，如视觉中国通过元视觉平台限量发行数字图片藏品。

文学类，主要应用于书籍、文字、新闻等内容类数字藏品，如阅文集团发布首个网文数字藏品，新华社发布中国首套新闻数字藏品。

体育类，主要包括足球、篮球、赛车、电竞、运动会衍生品等与体育主题相关的数字藏品，如鲸探推出杭州亚运会3D版数字火炬，小红书发布冬奥雪花数字藏品。

元宇宙，主要为虚拟土地、虚拟形象和个性化服饰等应用于虚拟空间需要唯一确权的商品，如红洞数藏平台推出元宇宙烟花数字藏品、无极熊猫等。

消费品，汽车、鞋服、食品、酒水等领域著名消费品牌纷纷布局数字藏品。如奈雪的茶发布元宇宙IP形象"Nayuki"。

实用程序，包括区块链技术在票务、保单、溯源、教育、科研等实用领域的应用，如淘票票发布的演出行业首份数字藏品纪念票——《只此青绿》舞蹈诗剧纪念票。

其他应用领域还包括航空、航海、科幻、城市形象等，均有多种数字藏品。

三　基于区块链的数字藏品的应用价值和挑战

（一）应用价值

我国文化产业正处于重要发展战略机遇期，在科技创新和产业融合的双重因素促进下，正不断产生新的发展动能。以数字藏品为代表的区块链技术创新应用模式，作为促进版权保护、创新数字化商品交易模式的有效工具，对文化产业创新发展具有重要价值和现实意义。具体表现为以下几个方面。

1. 有利于实现知识产权确权保护和流转追溯

区块链数字藏品通过 NFT 技术将特定作品信息进行上链处理，赋予每一件作品唯一标识符和反映特定作品特征信息的元数据链接，能够标记特定数字藏品相关权利及其所有者，生成所有权归属证明，进行版权与归属核验，有利于解决传统知识产权难以确权的痛点。

同时，基于区块链技术的数字藏品上链和交易记录的透明化，商品流转路径能够被追溯，并可以通过节点共享账本确保真实性，增加数字作品权益的不可复制性，进而有效降低数字版权的盗版与侵权风险，保护发行人版权和消费者权益。

总之，区块链数字藏品为数字作品的确权、授权、流转和版权保护提供了切实可行的解决方案。

2. 助力传统产业构建新商业模式，释放发展新活力

数字藏品作为数字化技术与传统产业相结合产生的新型产品形式，为促进传统产业迸发新的商业化能量带来可能。

一方面，数字藏品所具有的可以永久保存、丰富的内容输出和渠道便捷的特征，能为消费者带来更加新颖特别的体验，赋予传统产品新的价值增长点和活力。如数字藏品与文博、非遗的结合，能够有效促进传统文化单位的数字化创新，扩大了大众可及性。另一方面，在传统知识产权授权交易渠道外，区块链技术也为创作者提供了版权交易的新的可能性——即实现低成本内容确权和版权交易结算透明化，使版权所有者有机会从任意流转中获得持续的版税收益，有助于提高创作者积极性，促进数字内容创作生态的健康发展。当然，此种模式在国内还有待进一步探索。

3. 挖掘文化创意价值，拓宽文化消费新边界

数字藏品在具备传统产品版权价值的基础上，其真实性、唯一性和可追溯性等特征又使其兼备强大的收藏、纪念和社交价值，更多线下实体产品或

图片、音乐、视频等内容产品，也可以通过数字藏品这一新载体发布，挖掘更多价值可能。

传统热门 IP 和优质原创作品的积累，为数字藏品提供了丰富的素材，同时数字藏品新颖的产品形态、多种线上售卖渠道和天然的互联网触达能力也为传统消费品提供了新的传播渠道和营收渠道，促使更多数字内容资产化，使消费不再局限于实体，而是拓展到了图片、音视频、3D 建模等数字内容，推动了剩余价值的有效利用，提升内容提供商与实体产品价值。如线下知名消费品牌通过发布与实体产品相关的品牌数字藏品，培养虚拟领域消费者消费习惯，促进品牌传播和提升线下用户流量。

此外，数字藏品所带来的虚拟和现实、传统和现代的碰撞、新奇的产品体验和新式潮流完美适配了 Z 世代、千禧一代的年轻消费人群的精神需求[①]，为传统行业拓宽了消费者群体。

（二）存在的风险与挑战

数字藏品行业的发展尚处于早期阶段，因此仍存在数字藏品底层技术不成熟、市场不规范、价值不清晰、产权保障不足、监管政策有待完善等较多风险和挑战。

1. 炒作和投机的风险

由于市场对以数字作品/艺术品等为内容的数字藏品价值没有公认的衡量标准，容易引发市场过高的心理预期，并成为部分炒作者或投机者的牟利目标，因此需要重点防范价格炒作和投机。特别是与线下实体交易相比，在线交易模式因为时空不受限、交易频次更高，更容易助推炒作。目前，如果不对线上 C2C 的数字藏品交易平台的交易规则进行特别限定，则交易平台很容易在投机者的推动下，滋生非法"交易所"的各种乱象。

2. 知识产权侵权风险

数字藏品的版权保护缺乏明确的法律约束，现有的技术并不能全面保障

---

① NonFungible：《NFT 市场 2021 年度报告》，2022。

创作者的版权，如目前还不能阻止第一手卖方将相同的数字藏品置于不同的区块链上重复销售，也无法确定谁是第一个将作品制成数字藏品的人。因此，数字藏品在提供一些有价值的知识产权保护方案的同时，也带来许多数字藏品盗版的风险。数字藏品交易平台的知识产权侵权分为卖方侵权和买方侵权，卖方可能不经过授权就盗用数字藏品来发行，侵犯知识产权；买方在购买数字藏品后也可能因为使用不当造成侵权。

3. 金融安全风险

数字藏品存在金融安全风险，包括变相 ICO、洗钱和跨境资产转移等。虽然数字藏品本身与虚拟货币或 ICO 存在本质区别，但如果发行方将数字藏品进行权益拆分，发行代表标准化权益的代币，或者以融资为目的借数字藏品的名义发行代币，仍涉嫌构成变相 ICO；与实体艺术品和收藏品类似，数字藏品一旦产生高溢价，就可能被不法分子利用，成为洗钱活动和跨境资产转移的通道。

四 蚂蚁链在数字藏品领域的创新实践——鲸探数字藏品

（一）蚂蚁鲸探平台发展简介

蚂蚁链作为国内外领先的区块链技术服务提供方，是很多头部数字藏品 IP 方进行数字化艺术探索的首选。同时，在数字版权领域，与相关行业机构、产业伙伴共同完成诸多创新探索和实践。

2021 年 6 月，蚂蚁链与敦煌美术研究所等知名 IP 合作，在支付宝会员频道上线付款码皮肤兑换活动。用户可用"10 支付宝积分+9.9 元人民币"申请兑换敦煌、刺客伍六七、丰子恺画作等数字藏品。

在支付宝付款码场景外，蚂蚁链也积极参与了类似"想象力画廊"等数字藏品公益活动。与杭州亚运会官方合作，面向用户发售亚运会火炬"薪火"同款 3D 版数字火炬藏品。

2021 年 12 月，为了更方便用户的沟通和提升体验，蚂蚁链推出了"鲸探"App。用户可以在上面购买、收藏和展示自己拥有的数字藏品。

（二）蚂蚁鲸探平台建设

鲸探平台的设计目标，就是基于蚂蚁链的技术底盘，为拥有蚂蚁链技术数字藏品的用户提供收藏、欣赏、展示和赠送等功能；同时，为数字藏品和艺术家提供数字藏品发行、铸造和销售的能力。

1. 蚂蚁鲸探平台框架设计

鲸探平台的框架如图 1 所示，主要分为如下几个部分。

鲸探 App：为数字藏品的普通用户提供购买、展示与交流服务的客户端。

Mpaas 网关层：网关层为鲸探 App 提供网关服务，提供基本的流量控制与安全保护。

Mynftcore 业务层：业务层实现鲸探平台绝大部分的业务逻辑，包括用户的注册、用户的购买或者转赠、用户的资产管理、用户的登录注册等区块链链下行为。

Custcontractcore 合约接入层：为用户与区块链的交互提供通用的接口封装。用户的数字藏品都记录和保存在区块链上，所有与数字藏品相关的操作（比如购买和转赠）都需要通过合约接入层接入区块链进行操作。用户的其他操作，比如进行社交等，就不会与区块链或者智能合约发生交互。

Aldaba 链底层：鲸探平台的区块链底层采用蚂蚁链自研的 Aldaba 区块链。Aldaba 链采用账户结构设计，为 10 亿规模账户和 10 万 TPS 提供支持，为鲸探平台在 C 端的大规模应用打下了坚实的基础。

2. 鲸探平台功能

从功能的角度看，鲸探平台结合中心化与去中心化系统的能力，为 C 端用户同时提供了安全可靠的链上资产管理能力与丰富的链下交互能力。鲸探平台的链上资产管理能力主要包括如下几个方面。（1）资产凭证铸造。数字藏品凭证作为资产的一种数字形态，具有唯一性和确权性，不能复制。因此，每个数字藏品都会经历一个从无到有的创造过程，一般称之为铸造

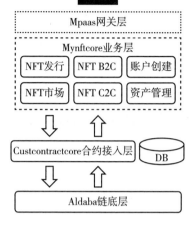

图1 鲸探平台框架

（mint）。（2）资产凭证转移。数字藏品凭证在链上铸造成功后，就可以进行转移，从而实现资产的流转。资产凭证转移在鲸探平台的能力上，表现为资产的第一次购买，以及后续的资产无偿转赠。从技术底层看，资产凭证转移都是基于智能合约，将藏品从一个原始账户转移到一个新的接收者账户。

除了链上资产管理能力，鲸探平台还提供了丰富的用户交互能力，这些能力不会与区块链做直接交互，但为用户提供了更丰富的用户体验。这些能力包括但不限于用户账户管理能力、社交功能、内容管理与推荐功能、分享能力等。

3. 鲸探平台数字藏品相关流程

（1）藏品铸造

数字藏品因为基于区块链技术从而具有唯一性，从诞生起就与特定的作品、艺术品和商品建立唯一的映射关系，每个数字藏品都具有独一无二的链上序列号，可以作为数字藏品在特定区块链上对应且唯一的权利证明。这种唯一的权利证明并不是凭空而来，而是需要在区块链上生成，就是我们常说的铸造。需要发行数字藏品的艺术家或者商户，首先要入驻蚂蚁链商家平

台，完成版权、内容安全和资质认证等必要的法务流程后，提供相应的素材进行数字藏品的铸造。相应的素材包括图片、视频、3D模型等数字形式。在铸造的过程中，每个数字藏品的唯一编号与其他元信息将被注入蚂蚁链Aldaba链系统，并在区块链上生成唯一的藏品凭证标识。

（2）藏品流转

数字藏品在链上铸造成功后，就可以进入流转环节，类似于实物商品生产后就可以进入销售环节。数字藏品的流转是由数字藏品的所有者发起的，转移给另外一个链上用户。在这个过程中，数字藏品的原所有者需要发起一个对区块链智能合约的调用，并指定数字藏品的接收者。区块链系统会对原所有者发起的调用进行鉴权，鉴权成功后，通过智能合约的逻辑，修改数字藏品的所有权。

（3）藏品销毁

在某些特殊的场景下，数字藏品需要进行销毁，比如在铸造过程中发现存在问题的数字藏品。类似于实物残次品的销毁，数字藏品也存在销毁的必要。在这种情况下，数字藏品将会被所有者转移至一个黑洞账户：转入的藏品将不能再次流转，从而实现了藏品销户的目的。

（三）鲸探数字藏品发售

鲸探数字藏品的发售主要包括鲸探的自营商城发售和IP方/品牌方等合作方自主发售两种。

1.鲸探自营商城发售

鲸探拥有自己的App及支付宝小程序，通过鲸探自营商城渠道发售的数字藏品，可在鲸探的App和支付宝小程序上架，用户也可以在支付宝小程序以及App上购买、收藏和展示数字藏品。

数字藏品的发行方为IP方/品牌方等拥有版权或者正规授权的机构或个人，包括文博、非遗、文旅景区、高新科技、体育、艺术、潮玩、ACG、新零售以及文娱等。鲸探则作为发售方，为发行方铸造并销售其发行的数字藏品。

2. 多方开放，机构自主发售

为了繁荣生态，助力实体经济发展，鲸探也持续将自己的能力赋予合作伙伴，让数字藏品在更多的场景和行业中得到深度的应用。

如当一个品牌商希望发售自己的数字藏品用于礼赠自己的顾客时，品牌商可以找鲸探进行合作。鲸探提供相应的数字藏品技术服务，如数字藏品的上链铸造、藏品的流转发行程序设计、发行方的密钥托管等。品牌商获得铸造好的数字藏品后可以通过自己的渠道和场景发放给用户，如在天猫商城购买部分实物商品的时候，可以获得商户赠送的数字藏品。

（四）鲸探平台合规与治理

依托联盟链技术，蚂蚁链推出的数字藏品作为权利和历史流转信息的记载工具，并不是在公链上发行。基于区块链技术生成的数字藏品业务存在被恶意炒作、洗钱、内容安全不可控等潜在风险，需要做好相关用户权益保护工作，可以从几个方面进行管控。

1. 严控金融化和恶意炒作风险

鲸探平台坚决拥护并严格执行中国互联网金融协会、中国银行业协会、中国证券业协会关于"坚决遏制 NFT 金融化证券化倾向"的倡议，并采取相关有效措施防范风险。首先，仅与大型或官方 IP 进行合作，严控商户准入，避免上链作品出现版权纠纷和价值支撑不充分的情况。其次，以技术手段禁止 C2C 有偿交易，仅为满足好友社交需求，允许用户在持有 180 天（6 个月）后首次转赠给好友，二次转赠需持有满 2 年后才可发起，严防恶意炒作价格。再次，对平台外的 C2C 有偿交易行为进行主动监测，如遇违规行为则联动闲鱼、淘宝等平台将蚂蚁链数字藏品或交易信息进行屏蔽下架处理。最后，从技术层面实现三个"不支持"，即不支持预售及预收款、不支持藏品拆分发行或任何形式的份额化操作、不支持在用户界面上出现任何承诺或暗示投资收益的表述文案。

2. 严控内容安全风险

对于数字藏品，严格把控作家政治风向、作品内容安全及用户互动内容

安全。鲸探平台接入蚂蚁集团内容安全风控平台，控制作品内容安全风险，坚决避免与"港独""台独"以及分裂国家等反动作家合作。鲸探的数字藏品链上凭证所卯定的数字内容均存储在链下服务器（或云服务器）的中心化存储空间中，技术上已实现对非法违规内容的自动屏蔽，内容安全风险可控。

3. 严控反洗钱风险

在商户准入及用户购买前，必须通过有效实名认证（支付宝或其他方式实名认证），对与数字藏品相关的欺诈风险进行实时监测管控，而且仅支持人民币支付，不支持虚拟货币或任何其他币种。

4. 做好消费者权益保障

在鲸探小程序、App及相关销售页面做好宣传工作，通过知识科普栏目、协议规则等说明数字藏品的性质，明确用户的权利，尤其是要对链上唯一性的相对性含义进行特别提示及说明。同时，用显著文案提示用户不得进行炒作、场外交易或哄抬价格，并提醒警惕网络欺诈。最后，为用户提供投诉入口、客服热线并及时受理问题和反馈回复，保障用户合法权益。

5. 提倡行业自律及推进标准化

鲸探积极参与编写"区块链技术数字文创应用规范"等团体标准，并联合国家版权交易中心、多家省级博物馆等机构共同发布《数字文创行业自律公约》，强化行业自律，共建良性的数字文创行业发展生态，共同形成包括赋能实体经济、弘扬民族文化、促进行业发展、坚持原创正版、保证价值支撑、保护消费者权益、联盟链技术可控、维护网络信息安全、杜绝虚拟货币、防范投机炒作和金融化风险，以及防范洗钱风险11项共识。

五 总结与展望

1. 数字藏品技术基础设施进一步成熟

区块链技术是支撑数字藏品发展的最重要的底层技术，包括非同质化通证（NFT）、智能合约、去中心化自治组织（DAO）、分布式存储等。未来底层框架技术标准有望进一步统一规范，元数据和媒体数据的分布式存储安全、智能合约等安全保障技术也将不断完善。区块链技术与其他相关技术进一步融合发展，可以在更多应用场景中切实落地。

其他技术，如虚拟现实技术（VR）、增强现实技术（AR）、混合现实技术、全息影像技术等交互技术，能为数字藏品用户提供更加丰富、真实的虚拟体验，有望在近眼显示、渲染计算、内容制作和感知交互等方面进一步实现突破。此外，3D建模、实时渲染等技术也在加速迭代，不断提升藏品质量、提升用户体验。

2. 促进监管政策完善，推动市场有序发展

随着市场的合规化发展与监管制度的不断完善，数字藏品交易安全性也逐步增强。随着国内监管政策和法律在数字藏品流转路径、发行兑换、标准建立、内容监测和版权交易保护等领域的持续完善，行业持续健康有序发展，运营主体技术合规能力不断增强，风险防范机制进一步完善，能够促进建立一个高效、稳定、多元、有序的数字藏品市场。

3. 数字藏品核心竞争力向藏品自身价值等多要素转化

由于数字藏品底层技术尚不成熟，监管政策仍不完善，数字藏品市场存在较大的不确定性，因此现有数字藏品市场在交易额和交易量上呈现向头部平台集中的趋势。未来，随着交易渠道的多样化，平台发行数字藏品的核心竞争力将会由平台背书逐渐转向藏品自身版权价值和收藏价值，平台的发行模式以及运营方式也会随之转变。因此，专注于数字藏品自身内容和平台运营模式创新将成为未来数字藏品竞争优势形成的关键。

4. 数字藏品市场蓬勃发展，拓展更多数字藏品应用场景

2021年，国外NFT市场出现发展热潮，国内也进入早期探索阶段，国内数字藏品市场已经呈现参与企业、用户和交易量稳定增长的趋势，大多数数字藏品仍处于供不应求的状态。在国内数字藏品技术基础设施逐渐完善、监管政策进一步成熟、市场有序规范运转的背景下，更多市场主体、创作者和消费者将进入数字藏品市场，促进更多应用场景落地，推动国内数字藏品行业进入蓬勃发展阶段。

参考文献

［1］可信区块链推动计划：《基于区块链的数字藏品研究报告》，2021。

［2］NonFungible：《NFT 市场 2021 年度报告》，2022。

［3］中国科学网：《2021 年中国数字藏品（NFT）市场分析总结》，2022。

［4］新知榜：《区块链数字藏品交易及行业典型案例观察 117 家》，2022。

［5］信达证券：《NFT：数字藏品背后的虚拟世界商品流通机制》，2022。

［6］算力智库：《2022 数字藏品研究报告 NFT：中西方价值捕获的分化之路》，2022。

［7］阿里研究院、中央财经大学文化经济研究所：《区块链技术激活数字文化遗产研究报告》，2022。

B.19
"星火·链网"骨干节点的应用场景探索与实践

金键 罗松 马超 张钰 陈昌*

摘　要： "星火·链网"是在"制造强国""网络强国"两大强国战略引领下，以促进工业互联网发展和产业数字化转型、增强自主创新与技术能力建设为愿景，进一步提升区块链自主创新能力而谋划布局的面向数字经济的"国家级新型基础设施"。骨干节点是"星火·链网"体系的产业侧，在整个体系中的生态角色至关重要。本报告主要介绍了"星火·链网"体系以及骨干节点，以"星火·链网"骨干节点（昆山）及"星火·链网"骨干节点（胶州）为例阐述了该骨干节点的建设方案、上线后的应用场景，并总结了该骨干节点的建设成效。

关键词： 区块链　星火·链网　骨干节点　新型基础设施

一　"星火·链网"体系及骨干节点介绍

（一）"星火·链网"——国家级区块链新型基础设施

2019 年 10 月 24 日，在中共中央政治局第十八次集体学习中，中共中

---

*　金键、罗松、马超，中国信息通信研究院工业互联网与物联网研究所；张钰，清华大学智慧物流与供应链系统研究中心；陈昌，纸贵（西安）科技有限公司。

央总书记习近平在主持学习时强调，把区块链作为核心技术自主创新重要突破口，加快推动区块链技术和产业创新发展。① 至此，区块链行业发生了翻天覆地的变化。《中华人民共和国国民经济和社会发展第十四个五年规划和2035年远景目标纲要》明确提出打造数字经济新优势，加快推动数字化发展，并将工业互联网与区块链列入数字经济重点产业。② 新型基础设施在促进数字技术自主发展的同时，也在助力产业数字化转型、社会治理数字化、政府管理数字化方面发挥重要作用，逐渐成为数字经济发展的主要推动力。

2020年8月，中国信息通信研究院联合相关高校推出"星火·链网"，将数字化关键资源作为产业数字化转型的支撑的同时，进一步推动区块链与工业互联网协同的新型基础设施在全国建设布局。"星火·链网"是一套以数字经济为主要场景，以区块链技术为核心技术，以网络标识资源为重要突破口，定位为面向全球的国家级新型基础设施体系。经济发展需要供需的有效匹配和基于供需的数据的高效流通，而供需匹配和数据流通的关键则是共识和信任。"星火·链网"协同新基础设施创造了一种基于区块链技术的社会信任体系，消除了中间环节，降低了建立信任的成本，支持大规模端到端直联场景应用，能大幅提升社会运行和资金流动效率，成为促进经济发展的关键。

（二）"星火·链网"骨干节点——链网协同重要业务枢纽

整个"星火·链网"体系以节点的形式组织互联，由超级节点、骨干节点共同组成覆盖全国的完整服务网络。其中，骨干节点作为"星火·链网"的重要组成部分，是链网协同的枢纽部分，核心定位在于充分调动产业界积极性，释放产业动能，实现产业聚集，推动国家基础设施切实服务于具体产业，发挥新基建的引擎作用。

---

① 《习近平主持中央政治局第十八次集体学习并讲话》，2019年10月25日，http://www.gov.cn/xinwen/2019-10/25/content_ 5444957. htm。
② 《国家发改委举行4月份例行新闻发布会》，2020年4月19日，http://www.scio.gov.cn/xwfbh/gbwxwfbh/xwfbh/fzggw/Document/1677563/1677563. htm。

"星火·链网"骨干节点向上锚定对接主链，扩大主链规则运用范围。骨干节点通过向星火主链申请共识域号（Autonomous Consensus System Number，AC）获取主链公共资源，遵循主链信任体系、账户模型、跨链协议以及链上治理机制，实现各个区块链系统之间的互联、互通、互访以及互信，促进数据可信流动、价值有序流转，加速信任传递。

"星火·链网"骨干节点向下联通聚集子链，汇聚产业生态。骨干节点可以面向不同的区域和行业提供区块链服务，带动区域或产业发展，通过主链推动行业内的协作以及行业间的合作，促进数据的可信融通发展，进而助力产业数字化变革。随着各地区、各行业的数据上链，骨干节点的产业枢纽作用将会越来越突出。

"星火·链网"骨干节点提供标准区块链服务，快速融通关键资源。骨干节点根据实际情况封装各种相关服务，对接主链公共资源，拥有一键快速建链的能力，提供各种开发工具、模型、智能合约模板、微服务以及标准的接口规范等，通过骨干节点这一可信锚点，进一步促进数据可信融通与企业数字化转型，促进产业创新发展。

二 骨干节点的应用场景探索与实践

（一）行业型新型基础设施——胶州骨干节点

2021 年上半年，在胶州政府和胶州城投的大力支持下，山东省胶东供应链管理服务有限公司（以下简称"胶东供应链"）作为建设方，承建了全国首批"星火·链网"骨干节点之一。经过紧锣密鼓的开发建设，胶州骨干节点于 2021 年 10 月正式上线。

结合胶州产业特色与胶东供应链业务经验，星火·链网（胶州）骨干节点为当地供应链贸易、生产制造、智能仓储、数字化营销等领域提供一体化解决方案；同时为临空经济区和上合示范区的发展赋能，立足胶州，辐射全国。

1.针对痛点

（1）数字经济发展对治理监管模式提出新要求

我国数字经济规模快速扩张，但是发展不平衡、不规范等问题凸显，数据滥用、算法歧视等问题屡禁不止，不正当竞争和侵害用户权益等问题不断涌现。数字经济新范式带来的冲击、数字平台的监管、新技术引发的法律和伦理突破等问题，使数字治理成为保障数字经济健康发展的重要命题。

首先，头部互联网平台数据垄断现象显现。数据贸易领域容易出现"赢者通吃"的局面，市场结构趋于垄断，成为数字平台经济发展的普遍现象。

其次，数据隐私安全问题频发。数据信息是数字经济时代最为重要的生产要素。出于各种原因，相关机构或经济组织会尽可能地收集更多的数据，易引发侵犯用户隐私的问题，威胁企业和个人的数据安全。这些社会以及经济层面的现象，都带来了新的监管难题。

（2）工业互联网发展在生产协同、数据共享等关键环节受限

山东省经济结构的优势之一在于制造业门类齐全、体系完备，而工业互联网是制造业转型升级、集群化演进的关键基础设施。与此同时，胶州乃至青岛市工业互联网发展仍面临一些问题。

一方面表现为"联而不互"，标准、接口、协议不统一，连接主体间交互困难。许多工业互联网平台难以满足企业进行数据采集、融合、分析的需求。工业企业所用设备种类繁杂、新老设备混杂、现场工况复杂，设备数据通信协议累计达几百种，主流协议也有40余种，尤其是为数众多的中小企业还使用大量协议不开放的设备，企业设备互联互通条件差，难以形成数字化采集能力，给接入工业互联网平台带来很大的困难。这要求工业互联网平台服务商或数据采集服务商必须能够解决不同类型、不同格式的数据采集、融合、分析难题。

另一方面则表现为"互而不联"，跨领域跨部门交互存在安全疑虑，无法实现信息"出域互联"。工业互联网平台应用的价值需要通过无形的"数据驱动"体现，缺少数据积累和未尝过数据应用"甜头"的企业能力、动

力均不强。出于数据安全等考虑，许多工业企业不愿意把数据放到云上，也是企业应用意愿仍有待提高的原因之一。

（3）数据隐私安全问题频发不利于数据要素市场的培育

一方面，数据权属界定困难，数据流通交易机制有待完善。各数据主体正不断地认识到数据的巨大价值，但数据本身具有易传播、易复制的特点，数据权属界定困难，而不完善的数据流通交易机制也使侵权事件或数据资产流失的情况时有发生，由此导致数据主体对数据共享可能存在的隐患有较大的疑虑。

另一方面，数据监管体系尚不完善，数据追溯困难，存在安全风险。在倡导发展数字经济的当下，政府和相关管理机构需要把握产业和企业相关数据才能对地区的经济发展有更全面的认识，进而实现精准规划、科学统筹。如果不能解决数据隐私保护以及数据安全问题，地方政府的数字化转型之路无疑会面临较大的障碍。

2. 胶州骨干节点应用场景探索与实践

从布局骨干节点的建设，到胶州骨干节点上线，再到胶州骨干节点的运营，"星火·链网"整体采用"科技+运营+生态"的思路，在为科技系统建设提供服务的同时，运用"星火·链网"生态体系的资源与能力，形成价值闭环，推动产业快速健康发展。胶州骨干节点自 2021 年 10 月上线以来，重点提供跨境贸易、供应链轨迹管理、供应链金融科技、智能仓储等服务。

在胶州骨干节点智能仓储场景中，区块链技术发挥了重大作用，主要是将货物的仓储业务数据、仓单登记信息、金融平台融资信息、仓单冻结及转让信息、还款信息、仓单解冻及注销信息、提货信息等各环节数据采集上链，并进行交叉验证，实现了确认货权时实时验证货主身份。在这一场景中，智能监管仓应用引入了"星火·链网"星火芯片，将该芯片安装于用于仓储监管的 IoT 设备中，提供仓储货物状态数据实时采集、货物状态数据凭证签发、货物状态数据凭证验证功能，实现线上线下数据实时互通，杜绝线下与线上数据不一致的情况，有效避免了数据造假，同时提升了效率。

星火芯片是由中国信息通信研究院、中国移动、溪塔科技联合研发、合力打造的一款物联网设备 ID 安全芯片，在物联网终端设备接入"星火·链网"时，可提供可信数据采集、存储、流通等数据全生命周期管理服务。

在实际应用中，星火芯片可以嵌入不同的物联网硬件设备中，通过创建分布式数字身份 BID 赋予设备数字身份，进而在数据采集以及数据上链签名过程中完成数据确权，推进数据可信流通。

胶州骨干节点平台综合利用"星火·链网"和星火芯片，在供应链金融服务平台、中小企业、仓储企业、金融机构间构建可信数据协作网络。将星火芯片部署在仓储现场的 IoT 设备中，IoT 端采集仓储货物状态数据，通过星火芯片在设备端完成签名确权，签发货物状态数据凭证，并将系统端数据实时同步至"星火·链网"和胶州供应链金融平台，为各方提供统一业务视角，当有业务需要时，可向相关数据需求方提供数据凭证验证服务。

星火芯片为物联网设备提供可信身份标识，具备不可篡改、不可伪造、全球唯一的安全属性，是推进服务流转的关键基础设施。同时，芯片具备"星火·链网"签名功能，可以通过设备端数据直接上链，保证数据来源的可信性和可追溯性。

（二）区域型新型基础设施——昆山骨干节点

中共中央、国务院印发的《长江三角洲区域一体化发展规划纲要》明确提出"共同打造数字长三角"，内容包括协同建设新一代信息基础设施、共同推动重点领域智慧应用以及合力建设长三角工业互联网等。"欲图大计，必先知数"。面对这个新命题，昆山市积极主动实施长三角一体化发展国家战略，抢抓数字经济发展新机遇，坚持把数字经济作为转型发展的关键增量，加快推进数字产业化、产业数字化，紧盯新型基础设施建设、新兴数字产业发展、数字技术创新应用等重点方向全面突破，布局建设"星火·链网"骨干节点等代表性的新型基础设施，进一步促进数字经济与本地实体经济深度融合。

在中国信息通信研究院和昆山市工业和信息化局的统筹指导下，昆山率先开展"星火·链网"骨干节点（昆山）（以下简称"昆山骨干节点"）的建设工作。2021年9月，昆山骨干节点正式上线，成为长三角地区首个区域型的骨干节点。昆山骨干节点主要围绕昆山本地及周边区域产业，构建区域型新型基础设施，提供区块链、多标识融合管理、数字身份、公共数据可信共享等基础服务，形成完备的技术成果转化、公共服务支撑与行业应用集聚能力。昆山结合本地优势产业，基于昆山骨干节点，围绕城市治理、智能制造、金融科技、民生服务等各个方面，建设和培育一系列示范工程应用，进一步推动区块链等新兴技术赋能产业场景。昆山骨干节点不仅为昆山市的数字化转型工作提供有力抓手，同时为昆山市对接融入上海、辐射长三角提供了应用承载平台，助力昆山成为长三角区块链场景应用的核心城市。

1. 针对痛点

（1）区块链应用需求旺盛，亟须建设共性底层区块链平台

区块链技术在各行业、各领域均可以得到广泛的应用，而区块链应用的建设往往缺少统一的顶层设计与规划，不同的应用采用不同的网络架构和不同的数据标准，使得不同区块链网络之间互不联通，出现同一个部门需要配置不同的区块链应用节点的现象，造成资源浪费，且已经建成的区块链应用性能提升成本太高。为避免区块链系统相互孤立、彼此分散，形成新的"数据孤岛"与"价值孤岛"，需要加快建设区块链可信基础设施及共性底层区块链平台，将区块链共性技术与共性应用进行统一的封装，并进行模块化处理，降低使用成本，减少重复建设的资金浪费。

（2）跨主体协作需求日益旺盛，区块链赋能智慧城市"信任底座"建设

新型智慧城市是城市发展的高级阶段，城市智能应用要为不同主体提供一体化协同服务。城市智能应用涉及多个参与主体，因此造成相互协作时信任成本高，管理协调难度较大，各部门内部流程难以协调一致，尚未形成统一有效的信息统筹机制。创新智慧城市应用亟须基于区块链深化政务服务业务协同，推动政务服务与生产服务业领域的跨体系数据的融合创新，提升政务服务体验，增强经济信息与社会信息的连接和协同效应，从而建立良好的

社会信用体系，解决多主体之间的信任问题。

（3）区块链网络架构众多，跨链互操作成为基础设施建设的新要求

昆山市积极响应相关的政策要求，并在区块链应用场景探索上取得了一定成效。昆山市公证处与昆山农商银行合作，利用区块链技术，有效防范化解商业银行不良信贷金融风险，以公证服务技术革新推动法治营商环境不断完善。[①] 已经建成的区块链应用系统选择的底层区块链技术平台各不相同，这些平台在数据结构、共识机制、通信协议等方面千差万别，导致生态割裂，网络碎片化严重，严重制约了区块链在社会面的大规模应用。

跨链互操作是解决链间通信问题的重要技术手段，利用跨链技术，可以实现异构区块链网络之间的身份互认、数据共享和服务互通，有效解决"链间孤岛"的技术问题。

2. 昆山骨干节点应用场景探索与实践

从布局骨干节点建设，到昆山骨干节点上线，再到昆山骨干节点的运营探索，昆山整体采用"科技+运营+生态"的思路，在提供科技系统建设服务的同时，运用星火生态体系的资源与能力，围绕产业持续运营，形成价值闭环，推动产业快速健康发展。昆山骨干节点自2021年9月24日上线以来，重点围绕多个本地特色行业开展服务并取得一定效果，其中包括政务、农产品溯源、金融等。现阶段已完成数十家企业的接入，新型标识解析量达到千万级。

国牧花田牧业立足黑猪肉溯源场景，联合养殖企业、检疫机构、屠宰机构、运输企业、生产加工企业、零售机构，通过昆山骨干节点赋能区块链、标识等技术能力，实现黑猪供应链企业间溯源数据的安全可信共享交换，构建黑猪肉可信区块链溯源体系，解决黑猪肉全生命周期可信溯源的问题。

基于昆山骨干节点赋能黑猪肉可信区块链溯源，依托区块链和BID标识技术，在纸贵科技的技术支持下，一头黑猪从农场养殖、运输、屠宰，到

---

① 《中华人民共和国国民经济和社会发展第十四个五年规划和2035年远景目标纲要》，2021年3月13日，http://www.gov.cn/xinwen/2021-03/13/content_ 5592681.htm。

送到卖场，再到端上消费者餐桌，每一次交易都会有相应的记录产生，整个过程一目了然。国家级区块链基础设施"星火·链网"与养殖业的融合，为这个传统的行业带来勃勃生机。

昆山骨干节点具备灵活的私有化部署模式以及丰富的区块链基础服务，可以根据不同领域的用户需求，灵活搭建不同类型的区块链网络、低成本地选择平台现有的各类基础服务。依托这一能力，苏州银行金融科技创新实验室基于昆山骨干节点合作了区块链 BaaS 平台，进一步助力实体经济的高质量发展。

参考文献

［1］《习近平主持中央政治局第十八次集体学习并讲话》，2019 年 10 月 25 日，http：//www. gov. cn/xinwen/2019-10/25/content_ 5444957. htm。

［2］《国家发改委举行 4 月份例行新闻发布会》，2020 年 4 月 19 日，http：//www. scio. gov. cn/xwfbh/gbwxwfbh/xwfbh/fzggw/Document/1677563/1677563. htm。

［3］《中华人民共和国国民经济和社会发展第十四个五年规划和 2035 年远景目标纲要》，2021 年 3 月 13 日，http：//www. gov. cn/xinwen/2021－03/13/content_ 5592681. htm。

［4］谢家贵、李海花：《区块链与工业互联网协同发展构建新基建的思考》，《信息通信技术与政策》2020 年第 12 期，第 8 页。

［5］杨白雪、李宗祥、和涛等：《"星火·链网"区块链基础设施建设及应用实践》，载《中国区块链发展报告（2021）》，2021。

［6］谢家贵、李志平、金键：《基于星火区块链的跨链机制》，《计算机应用》2022 年第 2 期。

［7］《长江三角洲区域一体化发展规划纲要》，《纸和造纸》2020 年第 1 期。

［8］王平、陆送波、孙鹏飞：《江苏昆山：共建大数据协同监管平台加强精准监管和风险防控》，《中国市场监管研究》，2020。

［9］郭鹏杰：《"区块链+公证"实现债权回收全"上链"》，《中国农村金融》2022 年第 3 期。

［10］《江苏首个区块链医疗应用落地昆山，数据"上链"更安全》，2020 年 6 月 24 日，https：//baijiahao. baidu. com/s？id=16703932076805114 92&wfr=spider&for= pc。

B.20
区块链技术在中小微企业
融资中的应用实践

牧融集团有限公司

摘　要： 随着经济的发展，中小微企业已经成为推动我国经济高质量发展
的主力军，但是融资难、融资贵问题一直是制约中小微企业发展
的重要因素。本报告首先通过分析中小微企业对我国经济发展的
重要性，提出中小微企业融资存在内源融资不足、外源融资困
难、有效抵质押资产少、资本市场信用担保体制不健全等问题。
基于中小微企业融资存在的问题，其次探讨了区块链在中小微企
业融资领域的应用价值，尝试利用区块链防篡改、可溯源、去中
心化等特性以及传统银行信贷、供应链金融以及金融服务平台相
关理论，构建"区块链+银行借贷服务"、"区块链+供应链金融"
以及"区块链+金融服务综合平台"三种模式，为解决中小微企业
融资难问题寻找突破口。最后，以"牧融信源区块链"金融服务
平台为例，阐释区块链技术在中小微企业融资实践中发挥的作用。

关键词： 区块链　供应链金融　中小微企业融资

一　中小微企业融资现状

近年来，中国经济持续保持中高速增长，成为全球经济复苏和可持续发
展不可或缺的发动机。作为我国国民经济和社会发展的主力军，中小微企业
在稳增长、促进创新、增加就业、改善民生等方面发挥着重大作用，是推动

社会发展的中坚力量。如图 1 所示，2016~2020 年，全国实有各类市场主体从 8705.4 万户升到 13840.7 万户，小微企业的占比也从 94.1% 升至 96.8%。从对国民经济的发展贡献来看，中小微企业贡献了全国 80% 以上的就业、70% 以上的发明专利、60% 的 GDP 以及 50% 以上的税收，是建设现代化经济体系、推动经济健康平稳运行的基础。

图 1 2016~2020 年中国实有各类市场主体及小微企业占比

资料来源：《2020 年中国中小微企业数字化升级研究报告》，艾瑞咨询。

（一）中小微企业融资痛点及难点

受全球经济低迷和新冠肺炎疫情影响，众多中小微企业面临资金链断裂、业务停滞的困境，人员工资和租金等支出不断增加，导致企业收益与成本严重不对等，中小微企业资金压力和经营负担进一步加剧。为扶持中小微企业复工发展，国家多次发布相关财政政策：减税降费、发放财政补贴、给予中小微企业优惠贷款等，但由于中小微企业数量众多，政策扶持仅能解决部分企业的"燃眉之急"，仍有大量中小微企业艰难经营，相当一部分小微企业濒临破产倒闭。中小微企业在商业生态环境中一直处于弱势地位，融资难、成本高一直是中小微企业拓展业务、转型升级、进行科技研发的障碍。究其原因，主要在于以下几个方面。

1. 中小微企业内源融资不足

我国中小微企业主要资金来源分为内源融资和外源融资。内源融资是指企业的自有资金和在生产经营过程中的资金积累部分，是企业向外投放资金和清偿债务的主要资金来源。我国部分中小微企业生产规模小，抗风险能力弱，生命周期短，很难完成自身的资金积累。此外，部分企业发展到一定规模，特别是从传统劳动密集型产业向高新技术密集型产业转型时，内源融资在一定程度上很难满足企业对资金的需求，融资成本可能会超出企业预期，因此便迫切需要外部资金支持。

2. 中小微企业外源融资困难，融资渠道单一

外源融资是指企业通过一定方式向外部其他经济主体筹集资金，如银行贷款、企业债券等。银行借贷依然是众多中小微企业融资的主要途径。单一的融资方式并不能解决大多数中小微企业的资金问题。一方面，企业与银行之间缺乏信息共享技术，缺少信息共享桥梁，导致银行收集中小微企业主体资信情况的渠道少，时间成本高，一定程度上影响了银行放贷的积极性。另一方面，由于缺乏信息共享平台，银行收集中小微企业的信息需要与多个部门对接，会耗费大量的时间和资金成本对企业进行融资审核，这在一定程度上也影响了银行放贷的便利性。

3. 缺乏有效的抵质押资产

商业银行实物资产抵押和信用保障体系不完善提高了中小微企业借贷的门槛。首先，传统金融机构更偏好土地、房屋等不动产作为质押物，不认同机器设备、专利、知识产权等难以变现的资产。其次，部分中小微企业因自身规模小、流动资金少，缺乏易变现的流动资产，加之自身内部信用体系不健全，缺乏统一管理标准，抗击外部系统性风险能力低，偿债能力弱，对于传统金融机构来说坏账风险高。世界银行公开数据显示，我国2015年不良贷款占贷款总额比例为1.674%，2016~2019年不断提高，升至1.862%，虽然2020年不良贷款比例较2019年下降0.02个百分点，但数值仍居于高位（见图2）。因此，银行为了减少坏账损失更青睐于借贷给资金实力雄厚、资金偿还风险较低的大型企业。

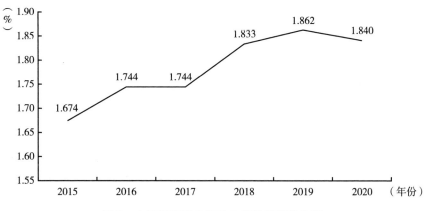

图2 中国银行不良贷款占贷款总额的比例

资料来源：世界银行数据库。

4. 资本市场缺乏健全的信用担保体制

近年来，中小微企业数量不断增加，借贷需求也不断攀升，虽然信贷机构已加大对中小微企业的资金支持，但是银行等传统金融机构依然偏向于向低风险的企业放贷。在融资过程中，无论是评估企业的偿债能力还是抵押资产的可靠性，银行都需要第三方信用担保公司提供评估数据作为支持。许多企业由于缺乏健全的信用担保体制，不会将核心信息公开，信用担保公司就会耗费大量时间和资金用于调查取证，尽调成本不断提高，同时也提高了金融机构对中小微企业融资的警惕性，使中小微企业融资的难度加大。

（二）相关政策指引

2021年6月，中国人民银行发布《关于深入开展中小微企业金融服务能力提升工程的通知》，指出要大力推动中小微企业融资增量扩面、提质增效，充分运用科技手段赋能中小微企业金融服务，加大普惠金融科技投入，鼓励银行业等金融机构通过大数据、云计算、区块链等金融科技手段，提高放贷效率，创新风险评估方式，拓宽金融客户覆盖面。

2021年10月，国务院发布《关于开展营商环境创新试点工作的意见》，

指出要推进区块链技术在政务、民生、物流、会计等领域的探索应用。

2021年11月，国务院发布《提升中小企业竞争力若干措施》，指出要支持金融机构深化运用大数据、人工智能、区块链等技术手段，改进授信审批和风险管理模型，持续加大对小微企业首贷、续贷、信用贷、中长期贷款投放规模和力度。

区块链技术已经在贸易、政务等诸多领域得到应用。利用区块链技术的数据可溯源特点，可以赋能金融服务，将科技与金融生态相结合，打破原有的信息不对称格局，控制风险，依靠技术和可信系统为中小微企业融资寻找出路。

二 以区块链技术为核心的融资模式

随着区块链技术的优越性不断扩展，其应用领域也在不断拓宽，有利于创新中小微企业融资模式。下文主要分析三种以区块链技术为核心的融资模式，分别是"区块链+银行借贷服务"模式、"区块链+供应链金融"模式以及"区块链+金融服务综合平台"模式。

（一）区块链+银行借贷服务模式

对于中小微企业来说，银行借贷依然是其最主要的融资渠道，但因银企之间存在信息"孤岛"，银行收集中小微企业信息的渠道少，流程烦琐，不仅不能及时准确地对中小微企业经营状况、债务偿还能力做出准确判断，而且不能准确把控风险。因此，多数中小微企业很难得到商业银行的信贷支持。区块链技术的加持是对银行业务底层技术的创新，能够优化金融机构征信体系，提高借贷业务效率，降低尽调成本。

1. 提高信息透明度，降低融资成本

引入区块链技术后，中小微企业的财务数据、运营信息会上传到链上，商业银行可以直接从区块链内提取中小微企业相关数据，对企业的资信进行评估，无须开展线下的尽调业务；由于区块链具有可溯源、防篡改的特性，企业数据信息的真实性也能够得到保障。此外，银行可以查询到中小微企业的财务状况，包括企业每一笔借贷及还款的信息，为其更准确地做出借贷决策提供支撑。

2. 签订智能合约，减少坏账风险

区块链技术中的智能合约功能可以助力实现在合约内规定还款金额、还款期限、还款方式等操作。商业银行与中小微企业签订合约后，中小微企业的借款额度及抵押资产均会以数字形式储存到区块链内，可以使商业银行节省更多的人力和时间成本。同时，区块链将按照合约日期自动履行企业应收账款扣款程序，不仅使风控更加智能化，而且能极大地降低银行的坏账发生率。即使中小微企业发生不良贷款问题，区块链也可以迅速终止协议，最大限度地减少银行的损失，减少资金流失风险。

（二）"区块链+供应链金融"模式

随着中小微企业开展国际贸易业务的比例越来越大，对外部资金的需求也空前增加。供应链金融作为一种创新的金融模式，使传统的金融机构可以不再一对一地对中小微企业进行授信评估，而是基于供应链整体，利用核心企业的信用背书，为整个供应链体系提供金融服务。对于传统的金融机构来说，通过与核心企业的合作，可以掌握供应链内中小微企业的交易信息，便于深入了解链上企业的信用情况。此外，金融机构基于整个供应链提供服务相对于为单一中小微企业提供信贷，投资风险更小，更容易控制非系统性风险的发生。在这种模式下，供应链上的中小微企业借助核心企业的信用背书能够以更低的成本获得融资。资金周转困难的企业可以利用将应收账款转卖给金融机构的方式进行贴现融资，及时填补资金空缺，提高资金的周转率。

供应链金融在一定程度上能帮助中小微企业解决融资难的问题。但是，对于传统的金融机构来说，信贷风险的降低主要依靠核心企业的信用背书，其直接为核心企业负责，但是金融机构与中小微企业之间依然存在信息不对称的问题。同时，核心企业与供应链内部上下游供应商之间同样存在信息不流通的问题，导致核心企业不愿意为二级、三级供应商和分销商进行背书。

信息不对称的问题使中小微企业的融资产生了不确定性，影响中小微企业融资规模。

基于上述供应链金融模式存在的问题，区块链技术的加入帮助解决了供应链体系内部信息不对称的问题，使供应链金融能够为更多的中小微企业提供金融服务。下文从以下几个方面论述区块链在供应链金融模式中的拓展。

第一，选用联盟链，把控金融风险。区块链根据市场需求和应用场景不同，分为三种类型，分别是公有链、私有链和联盟链。公有链中任何人都可以参与数据的维护和读取，完全实现了去中心化，在一定程度上保障了信息的公开透明，但企业自身不能调控数据，无法保证数据的安全。私有链系统是一个相对封闭的系统，仅限于企业或者个体内部使用，写入权限完全在一个组织手里，所有想要参与节点交易的用户都被严格控制，只对特定条件下的人开放。由于信息相对封闭，所以许多环节不需要验证即可进行交易，交易效率得到了提升，但不可避免地会出现信息"孤岛"的问题。

联盟链介于公有链和私有链的中间，是由多个组织和机构共同参与维护的区块链。机构或组织只能通过授权进入，每个机构或组织可以管理多个节点，节点上的数据只允许在系统内部的不同组织机构之间流转。其核心特点是半去中心化、可控性较强、数据安全性较高、交易速度快。基于联盟链的优势，金融机构可以不再依靠核心企业的信用背书来决定是否放贷，而是基于整个链条上的企业资信做出信贷决策。这样可以避免因核心企业无力担保而产生的金融风险，使整个供应链的信用得到保障。

第二，实现动产抵押融资，加快资金流转。区块链的加入，使动产抵押融资成为可能。供应链金融主要分为应收账款融资和存货质押融资。中小微企业在向金融机构申请贷款时，需要将存货权和提货权转移给金融机构，金融机构将存货质押在指定的仓储保管。在中小微企业偿清贷款之前，存货不能在市场上流转。应用区块链技术之后，借助区块链的可溯源、防篡改、时间戳功能，中小微企业可以将抵质押的存货信息上传到区块链内，包括质押物的成分、交易历史、归属权、所在地等。金融机构可以通过区块链实时监控质押物的流转情况，进行有效控制。这种方式既减少了抵押物仓储保管的费用成本，又能让抵押物重新在市场上流转，降低中小微企业的融资成本，提高融资效率。

（三）"区块链+金融服务平台"模式

打造区块链产业金融服务平台的优势在于将政府、银行和企业数据信息对接起来，搭建"数据金桥"，推动企业数据增信。金融服务平台集合了政府相关部门掌握的众多企业的税收、社保、用水等信息，数据可免费向平台内金融机构开放，同时企业的荣誉称号、专利证书、资质认证等相关信息也为企业的数据增信提供了有力的支撑，节省了金融机构尽调成本，提高企业融资效率。区块链底层技术的引进，不仅对平台系统进行了优化，而且从以下两个方面扩大了金融服务平台的服务范围。

首先，为中小微企业定制专属服务。中小微企业可以在平台内部发布融资需求，平台基于区块链技术，对融资企业的相关信息进行多维度的采集以及交叉验证分析，为融资企业匹配相应的金融产品和服务。同时，系统会把企业的分析结果共享给平台内的金融机构。从提供单一的金融服务到提供多元化的金融产品，这一转变不仅解决了中小微企业融资无果的难题，金融机构的风险也得到了把控。

其次，有效降低资金端业务风险。普惠性金融服务综合平台以政府大数据、区块链、人工智能技术为支撑，利用政府涉企数据及社会数据，构建完善的中小微企业信用体系，高效智能链接企业与金融机构之间的融资和信贷需求，有效降低了资金端业务风险，实现金融机构"愿意贷、放心贷"，同时助力解决中小微企业融资难、融资贵的问题。

三 区块链技术在中小微企业融资领域的应用

（一）项目介绍

为助力科技型中小微企业转型升级，牧融集团专项研发"牧融信源区块链"金融服务平台。该服务平台主要应用于融资租赁行业，由设备供应商、承租人、出租人、第三方技术服务商共同参与。充分发挥区块链具有的"去（多）中心化、时序数据、集体维护、可编程和安全可信"的优势，通过不同信息渠道和资料数据获取各类信息存证，确保数据真实性，提高信任传递效率。在传统的授信技术和信贷评审技术基础上，从整个产业链的角度对企业进行整体的资信评估。进一步完善风险管控机制，降低交易成本和交易风险。同时，引进相关金融机构，根据链上企业自身情况和相应需求为其提供金融服务，增加企业资金授信额度，提升放款速度，缓解中小微企业资金压力，助力中小微企业实现转型升级。该项目已于 2021 年 4 月落地。

（二）平台系统架构介绍

在创新拓展方面，牧融信源区块链平台设置了 3 个层面的应用，主要包括访问层、应用层和支撑层。运用区块链的分布式、防篡改、可追溯的特性，为交易双方搭建了一个多方参与的网络中心平台。

（1）访问层：交易双方可通过访问层端口进入平台，输入及查询数据信息。访问层主要包括 PC 端、移动端、微信端。

（2）应用层：平台应用层分为客户端及管理端，客户端主要包括租赁申请、资产信息、还款记录、实名认证、租赁记录、我的资料、信用认证、现金账户、银行卡。管理端主要包括客户管理、融资管理、租赁管理、合同管理、风险管理、财务管理、资产管理、租后管理、运营管理。

（3）支撑层：平台支撑层主要包括业务逻辑、数据服务、内容资源。业务逻辑主要对接第三方征信及风控系统；数据服务对接实名验证、反欺诈系统及三方征信；内容资源对接短信通道及三方支付。

（三）平台系统优势

针对中小微企业融资难的困境，牧融信源区块链服务平台在解决中小微企业信息不对称、资产变现难、融资效率低、非系统性风险高等问题上具有一定优势。

1. 打破信息壁垒, 提高融资效率

将区块链技术应用于金融机构融资服务领域, 平台利用其去中心化、开放性的特点, 确保链上的交易及数据真实完整、公开透明。核心企业及供应商借助区块链技术, 搭建区块链体系内共享账本, 共同设定账本规则, 共享账本信息。链上所有节点集体维护发生融资服务产生的交易数据, 架起交易各方的"信息金桥", 实现交易各方信息流、资金流、物流的统一流转调配, 打破信息壁垒, 提高融资效率。

2. 运用智能合约, 降低融资成本

智能合约是区块链技术的核心构成要素, 是运行在区块链上的一段代码, 这段代码定义了一个协议, 当满足一定条件后, 代码自动履约, 中间无须第三方参与。平台内的交易双方存在付款约定时, 可以通过区块链智能合约技术, 约定付款条件、付款方式、付款期限、付款金额等, 同时可以对接付款方对应的金融机构, 账款到期后, 程序自动进行应收账款结算, 简化交易结算流程, 提高结算效率, 降低融资成本和融资风险。

3. 信息真实可循, 把控融资风险

利用区块链技术建立融资网络多中心平台, 多方参与交易过程, 基于区块链可溯源的特性, 使得交易双方从合同签订、资料提交到交易履行整个过程"有迹可循", 确保了交易数据的真实性, 降低了交易中的监管成本。同时, 由于链上的数据是经过验证后储存到区块里的, 具有不可篡改性, 所以参与交易的企业可以完全信赖这些数据, 金融机构可以根据相关数字信息向中小微企业提供合理的金融服务, 有效把控非系统性风险。

4. 健全信用担保体制, 完善融资环境

在区块链技术下, 链上数据公开透明, 平台内所有参与主体共同监督维护, 不再需要第三方协助, 能够最大限度地防止三方机构监管不力以及伪造虚假信息行为的发生。链上交易过程连续记账, 所有参与方注册信息真实有效, 能够降低金融风险, 补全第三方信用担保体制的漏洞, 进一步完善资本市场融资环境。

四　牧融信源区块链应用实践

近两年来，我国融资租赁行业正进入转型调整期。一方面，融资租赁行业立法滞后。我国融资租赁行业市场渗透率低，市场交易额不高，相关法律法规中涉及融资租赁的条款较少，一旦发生经济纠纷案件，各方权益难以得到保障。另一方面，融资租赁行业信用环境较差。由于没有相关制度制约，人们法律意识淡薄，导致整个行业信用环境较差，承租企业欠租现象严重，债市违约现象频发，为部分租赁企业的发展蒙上了"阴影"。融资难、融资贵成为租赁行业实现高质量转型发展的最大阻碍。重庆融玖电缆有限公司（以下简称"融玖电缆"）是一家典型的科技型中小微企业。为了完成企业战略布局与提升影响力，亟待增加机器设备投入生产，企业急需外部资金支持。但传统金融机构对其支持力度有限，借贷门槛高，融资时间长且只为其提供短期贷款服务，资金支持不能覆盖企业整个生产周期。企业需要更多的融资渠道筹集资金摆脱发展转型困境。

利用牧融集团研发的牧融信源区块链金融服务平台，融玖电缆成功获得莱福特融资租赁持牌金融机构的直接资金支持，完成业务生产预期规划，迈出企业战略布局最重要的一步。

业务交易流程步骤如下。

（1）承租人（融玖电缆）向设备供应商提出需要的租赁设备。

（2）承租人（融玖电缆）向出租人（莱福特）提交租赁申请。

（3）技术服务商（牧融集团）承接由出租人（莱福特）提供的承租人（融玖电缆）信息数据，上传到牧融信源区块链金融服务平台，进行多方交叉认证，确保数据真实性、准确性。同时，通过平台授权，承租人（融玖电缆）信息数据在链条内实现了可控共享，企业信任实现了无损传递。

（4）技术服务商（牧融集团）通过平台对数据信息进行反复查证，并出具承租人（融玖电缆）授信评估。

（5）出租人（莱福特）通过牧融信源区块链金融服务平台出具的授信

评估与承租人（融玖电缆）签订租赁协议。

（6）出租人（莱福特）通过授信评估，确保承租人（融玖电缆）具有偿债能力，遂向设备供应商购买承租人（融玖电缆）所需设备。

（7）出租人（莱福特）将设备款项支付给设备供应商，设备供应商向承租人（融玖电缆）提供所需租赁设备。

（8）承租人（融玖电缆）根据租赁协议要求按约向出租人（莱福特）偿还租金。

在项目整个交易流程中，技术服务商（牧融集团）以独立第三方的身份将链上数据进行整合管理，利用区块链技术不可篡改、可追溯的特性，同步交易双方之间的数据往来，保障流程的安全，为所有参与方提供完全的审计跟踪服务。利用该平台，不仅实现了 10 个工作日内快速放款，还增加了双方合作的黏性，为后续的长久合作奠定了基础。

五 结语

区块链技术为解决中小微企业融资难、融资贵问题提供了新的突破口。随着区块链技术的不断进步，应用场景也不断得到拓展，相关企业也逐渐增多。我国政策支持和资本推动使得区块链产业发展处于快速上升期。本报告通过探讨区块链技术在中小微企业融资领域的价值和应用，探索区块链技术助力中小微企业融资的三种模式。利用技术赋能金融服务，打破企业与金融机构之间的信息"孤岛"，搭建信息共享平台，追踪信息来源，验证信息真伪，衡量数据价值。同时，帮助金融机构识别并判断数据价值，通过信息流和价值流促进资金的流动，构建行业交易的共赢生态。

参考文献

［1］《2020 年中国中小微企业数字化升级研究报告》，艾瑞咨询。

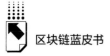

［2］浦心怡、张庆民、代润霞：《基于区块链技术的中小微企业融资模式研究》，《供应链管理》，2021。

［3］姚前主编《中国区块链发展报告（2021）》，社会科学文献出版社，2021。

［4］周达勇、吴瑶：《区块链技术下供应链金融与科技型中小微企业融资》，《新金融》2020 年第 10 期。

［5］程冰欣、董亚辉：《区块链在我国中小微企业融资方面的应用探析》，《经济研究导刊》2018 年第 35 期。

［6］王雷：《供应链金融》，电子工业出版社，2017。

B.21
区块链在高等教育管理领域的应用实践

严 挺　李梦尧　胡 峰　杨大炯　陈鸿刚*

摘　要： 近年来，随着我国高等教育改革的不断推进，高等教育管理数据信息也日益增多，传统的高等教育模式正面临着巨大挑战。本报告从我国高等教育信息化发展的背景入手，系统分析了高等教育管理领域面临的顶层设计缺失、资源共享率低、协同创新率低等问题，展示了区块链技术在我国高等教育管理领域的具体应用场景。郑州大学"厚山链"是区块链在高等教育领域应用的典型案例，主要通过应用区块链技术，解决高等教育管理中存在的信息不对称、数据难维护、用户不信任、责任难判定、数据不可信、系统难对接等问题，进而有效赋能教育管理，最大限度地实现高等教育数据生命周期管理和数据价值评估，为推动人才培养奠定了坚实可信的基石。同时，进一步介绍了基于"厚山链"建立的河南省区块链高校联盟，促进校际联盟的应用创新和生态创新。

关键词： 区块链　高等教育　教育管理

一　教育信息化发展背景

随着科学技术与教育相互融合的不断深入，信息化背景下的知识和教育正在被重新定义，传统的教育治理体系和治理能力正在发生深刻而复杂的变化。

---

* 严挺、李梦尧、胡峰、杨大炯、陈鸿刚，北京众享比特科技有限公司。

2021 年 3 月，"十四五"规划提出建设高质量教育体系，到 2035 年建成教育强国。2021 年 7 月，教育部等六部门联合印发了《关于推进教育新型基础设施建设构建高质量教育支撑体系的指导意见》，旨在建立优质的教育支撑体系，赋能教育创新和优质发展，提供个性化的灵活服务，深度融合科学技术与教育，促进教育整体发展水平的提升。

2020 年 4 月，教育部发布了《高等学校区块链技术创新行动计划》，要求相关高校充分发挥自主创新优势，加快开展区块链理论研究。鼓励高校加强与行业龙头企业实现产学研深度融合，积极实施"区块链技术示范应用行动"。

在高等教育方面，2018 年 8 月，教育部发布了《关于加快建设高水平本科教育全面提高人才培养能力的意见》，要求形成高层次人才培养体系，明确了构建高水平本科教育人才培养体系的主要任务和关键措施。

随着社会生产力的提高和智能时代的加速到来，学校的发展将更加突出个性与创新，从知识传播和消费进一步转向知识分享和创造。学校原有的工业化教学方式正在向智能化转变，学习的目的正在从人才分层向学习习惯培养和知识构建转变。学科建设从单一的专业知识培养向跨学科融合转变。教师、家庭和社会的共同参与，也将加速推动未来教育模式对现有教育模式的颠覆。学习内容的变化、学习资源的增加、教学和管理模式的革新等教育领域的创新，都将推动教育的不断转型升级。

二 我国高等教育管理现状及问题

高校是培养人才和输送人才的特殊社会组织。现代高校有三大基本职能：人才培养、科学研究和社会服务。人才培养是高校的核心工作；科学研究不仅是高校的重要职能，也是人才培养的重要载体；社会服务是人才培养和科学研究职能的延伸。这三个职能的实现都离不开科学管理。在信息高速发展的时代，管理也是生产力。高校应充分认识到，不断提升管理水平和能力具有重要的意义。

（一）高等教育管理领域现状

我国高等教育的快速发展，产生了如下问题：办学规模持续扩张，在校生数量不断增加，学科专业逐渐分化，教学组织和教学管理工作复杂性也随之提升。

为适应这些新的变化，改进高校现有的管理模式，提高日常教学管理的效率，建立科学规范的教学管理体系是必然趋势。

20 世纪 90 年代中后期以来，网络技术在我国逐渐普及，"教育信息化"概念开始出现。在我国教育信息化二十余年的发展历程中，有以下几件具有较大影响的事件。2012 年教育部发布了《教育信息化十年发展规划（2011-2020 年）》，提出"中国数字教育 2020"行动计划。重点实现高质量的数字资源共享，实现系统互联和数据交换，构建纵向贯通、横向融通的教育管理信息化体系。2016 年，教育部发布《教育信息化"十三五"规划》，提出信息化校园建设应关注从支持教育教学融合到育人的信息化全过程。2018 年，教育部发布《教育信息化 2.0 行动计划》，提出发展基于互联网的教育服务新模式，探索信息时代教育治理新模式。一系列规划的制定和实施表明，我国教育信息化的战略地位已经确立。

（二）我国高等教育管理发展中存在的问题

目前，我国高等教育管理正经历着从信息化向智能化的演进过程。全面提升教育服务能力、促进教育治理体系和治理能力现代化以及构建智慧时代的教育新生态是当前的主要任务。虽然我国高等教育管理取得了令人瞩目的成效，但仍存在一些困难和问题。

1. 缺乏顶层设计，资源重复建设

目前，高校的大部分部门和院系都是一个"独立王国"，各个部门根据各自的需求拥有自己的 IT 系统。大部分学校都有数十个甚至上百个网站，包括校级门户网站、职能部门网站和二级院系网站。一般来说，这些网站对服务器要求并不高，但都有独立的物理服务器，并付出了高昂的成本，导致

了资源浪费。随着高校办学规模的扩大和业务部门的增加，学生往往需要登录多个管理系统等待审批。

此外，各个系统的不同步对各种数据统计的精确性也造成了较大阻碍，各种数据难以形成关联并同步更新。各部门、单位、院系建设的后台数据库一旦发生数据变化，可能会导致原有数据信息的丢失。

这一系列问题的出现原因是缺乏顶层设计。因此，建立低成本、高性能的云数据系统势在必行。

2. 数据共享率低，形成数据"孤岛"

从高校管理现状来看，其业务应用系统多数各自为政，系统间难以实现数据共享和交换，大量数据无法得到有效集成。原因在于高校的管理组织架构是自上而下的金字塔式结构，缺少整体统筹规划。

另外，各个高校间的教育资源难以共享，存在信息"孤岛"，造成了资源浪费。教育部科技发展中心发布的《中国高校信息化发展报告（2020）》显示，我国高校能够实现数据交换和数据共享的业务系统平均占比仅为26%。对数据进行分析和整合，充分释放数据的价值是当下发展的要求。我国高校需要进行应用驱动型建设，建以致用。

3. 整体发展水平不均衡，协同创新率低

从高校整体发展水平角度来看，不同类型高校发展不平衡的问题较为突出，信息化投入、人员配置和基础设施建设等不均衡，一流大学处于领先地位。

此外，校企合作不足也是当前高等教育管理中存在的问题。企业擅长技术而缺少实际业务数据，高校擅长业务而技术储备有所欠缺，二者合力研发仍有待探索。

三　区块链在高等教育管理领域的应用场景

区块链实际上是一种分布式数据库。区块链本质上是一种分布式节点共享、共同记账的数据账本，是基于 P2P 网络、分布式技术和密码学算法等

基础技术要素的新型应用模式。区块链技术在"互联网+教育"生态建设中的价值主要体现在以下几个方面。

（一）高校学生学习记录采集与共享

目前，我国的教育管理主要采用中心化存储的方式对学生日常学习的数据进行记录和采集，可能会导致系统健壮性难以保证、数据信息易伪造篡改、数据采集和维护成本较高等问题。

利用区块链技术，学生信息上链，高校可以跟踪学生过去表现，如学习内容、学校记录、所获奖惩等，从而进一步了解学生在校的真实情况。教师或学校对学生的评价也更加公开透明，各高校不需要搭建平台来获得学生的其他素质评分。

（二）学生证书认证

由于证书造假的成本较低，学历学位证书伪造和学术不端现象在教育领域一直屡见不鲜。

区块链技术可以提供具有公信力、低成本的证书体系，确保学生学历学位证书和获奖等信息的真实性。此外，颁发证书、审查学历资料等的时间和人力成本也将得到有效节约，高校也可以节省数据库建设方面的费用。在区块链上存储成绩单和资格证书等信息，用户可以更方便地查验证书是否可信，同时打击虚假信息。

（三）高校教学资源共享

各高校拥有丰富的学习课件和工具软件等资源，但各高校资源信息容易形成"孤岛"，共享效率低、成本高，资源信息提供方无法有效管控和共享资源。

信息需求方、信息提供方在区块链上进行个人信息注册，可以实现信息资源全流程的自动执行，构建资源共享成本低、资源共享效率高、信息资源

高质量流转的新生态。各高校可以发挥数据资源要素价值，构建大规模开放式信息资源共享网络。

（四）高校校园"一卡通"

校园"一卡通"是智慧校园建设的重要组成部分。现阶段，使用校园卡可以享受本学校的相关服务，但难以享受其他学校的服务，导致各校之间的交流受阻。

利用区块链技术可以整合不同高校之间的校园卡信息，通过智能合约，保证不同高校一卡通实现有效、开放、可追踪的集成管理。同时，利用区块链技术不可篡改和可溯源的特性确保校园卡数据的安全。

（五）数字平台学习认证体系

随着互联网教育的快速发展以及线上教育的普及，各高校的线上课程资源日益丰富。学生有机会依据个人兴趣在数字平台选择课程，同时也减少了教师的教学负担。由于目前存在学分体制不完善、网络课程不被一些学校承认等问题，高校学生的线上学习成绩难以获得认证，对更多高校使用网络平台进行教学造成了一定影响。

基于区块链技术的数字平台学习认证体系可以利用区块链技术中"时间戳"，保证学生在线学习信息的真实性，解决学生在线学习认证难的痛点。

（六）校园学术版权维护

在科技高速发展的今天，个别网民会通过零成本复制等手段进行知识信息获取。高校师生同样面临着自己制作的网络课程或学术论文被盗用的问题，严重打击了创作者的积极性，在被侵权后也难以进行有效的版权维护。

应用区块链技术构建高校学术版权维护系统，可以记录教育资源的版权信息和交易信息，实现对原创作品的有效管理，提高知识产权和教学资源版权的安全性和可靠性。

（七）高校资产管理的合理运用

高校拥有大量的实验室、仪器设备等教学科研资产，当前大多数高校仍采取集中式系统管理方法，导致了实验室和资产闲置、难以共享、管理不集中等问题。

区块链技术与高校资产管理相结合，可以改进资产管理方式和工作流程，解决高校资产管理过程中存在的安全、效率、成本及信任缺失等问题，从而促进高校资产设备的合理运用。

（八）高校之间形成分布式教育系统

现阶段，教育体系仍以正规教育为主导，需要由学生就读的大学颁发学历学位证书，证明学生对专业的精通程度，这给学生进行更广泛的学习带来了一定的阻碍。

利用区块链技术可以构建分布式教育系统，使教育走向全面开放发展的新阶段，促进构建全民参与、协同发展的"一体化教育体系"。未来，高校学生除了可以在本校学习专业知识外，还有机会在其他学校或培训机构自主学习专业课程，获得具有同等效力的课程证书，取得其拥有某一领域知识和技能的有效证明。

四　郑州大学"厚山链"

为加快区块链与高等教育融合发展，响应国家政策号召，郑州大学联合北京众享比特科技有限公司共同打造"厚山链"项目，推进区块链技术在高等教育管理中的创新应用，解决高等教育教学管理中存在的难点和痛点问题。

郑州大学是教育部与河南省人民政府合建高校，是国家"双一流"建设高校，也是"211工程""一省一校"建设高校。郑州大学现有在校生7万余人，是全国在校生人数最多的高校。规模庞大的在校生，对郑州大学的教育管理提出了新的挑战。

北京众享比特科技有限公司为"厚山链"项目提供区块链技术支持，与郑州大学深入合作，打造基于区块链技术的高校学生信息管理系统，整合学生从录取入学到毕业的全流程数据，构建了一个管理学生全生命周期的区块链高校学生信息管理平台。"厚山链"还建立起了河南省区块链高校联盟，促进校际联盟的应用创新和生态创新。

（一）项目系统设计

1. 项目概述

郑州大学"厚山链"项目是区块链技术在教育领域的创新性应用，利用区块链解决教育数据管理过程中面临的数据确权、安全存证、溯源审计等问题，进一步赋能教学管理系统，实现教育数据生命周期管理及数据价值评价，为推进人才培养奠定坚实可信的基础。

"厚山链"项目基于区块链技术，通过记录数据产生全过程，保证数据的客观性、真实性、完整性，构建完整的可信数据链，实现人才培养数据的全生命周期管理及数据价值评价，解决数据的产生、管理、交换、治理等过程面临的数据确权、安全存证、溯源审计、过程欠缺、最高权限缺乏制约、人情关系干涉等问题，确保了数据的安全和共享，从而构建了安全、高效、可信、开放的教育资源新生态。图1显示了"厚山链"系统架构。

2. 主子链架构

"厚山链"以 ChainSQL 主子链技术为核心，搭建包括招生、教务、学工、各教学单位、就业等在内的联盟链，不仅提供了有效的管理手段，提升了数据的安全性和可审计性，还实现了数据的可视化管理，简化了多方审核流程，提高了管理效率。主子链架构如图2所示。

"厚山链"项目支持与高校各系统的对接，将学生全流程数据上链，保证学生信息的真实性和可信度。上链后的学生信息通过分布式技术存储到所有节点，保证高校各部门之间共享信息。同时，项目利用区块链技术优化系统数据共享过程，包括招生单位、校内培养、就业、归档等，并将学生异动管理、培养方案变更管理等过程记录在链上，便于进行数据分析和审计。

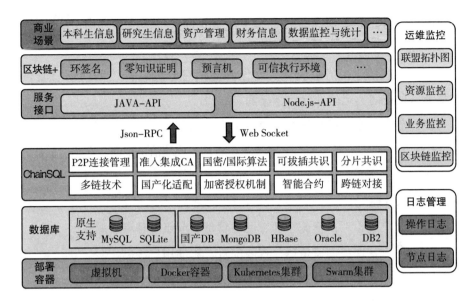

图1 "厚山链"系统架构

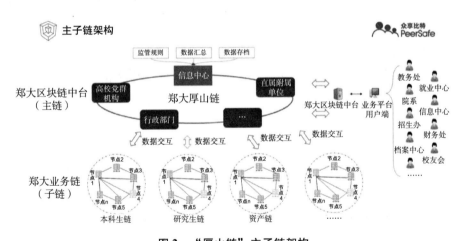

图2 "厚山链"主子链架构

（二）主要功能

1.信息查询

（1）招生信息：信息统计、文件上传、学生信息查询。

（2）教务信息：信息统计、招生信息查询、学籍信息查询、毕业信息查询、成绩信息查询。

（3）学生信息：信息统计、创先评优信息查询、科技创新信息查询、奖学金信息查询、纪律处分信息查询。

（4）就业信息：信息统计、就业信息查询。

（5）档案信息：信息统计、档案信息查询、成绩信息查询、毕业信息查询。

（6）校友信息：信息统计、学生信息查询。

2. 系统管理

（1）区块链管理：资源管理、网络管理、节点管理等。

（2）用户管理：创建角色、权限配置、添加用户等。

（3）服务器监控：带宽、磁盘占用、CPU 占用率、内存占用。

3. 信息预警

对链上学生信息进行统计，给出不同维度的统计报表，更直观地展示链上数据情况。

4. 信息统计

业务系统与厚山链系统中数据不一致时，给出预警提醒。

（三）项目创新点

1. 技术创新

（1）国产自主可控：使用支持国密的 ChainSQL 作为底层，保证学分、评价数据不可篡改，多活节点保证系统安全可靠性。ChainSQL 是首个获得国家密码局颁发的"商用密码产品型号证书"的区块链产品；现已完成与龙芯 CPU、华为 TaiShan200 服务器、麒麟/统信操作系统、人大金仓/达梦数据库等产品的兼容性认证。

（2）安全存证：将学生信息资料进行上链存证，确定各方权利主体。在进行数据确权的同时，也防止了证据存储丢失的问题，保障数据安全。

（3）真实完整：系统内的数字签名、电子证书、取证时进行存取文件Hash 比对，共同保证了学生信息资料的真实性和完整性。

（4）溯源审计：利用区块链可追溯的特性，实现实时追溯学生信息的登记及变更情况，如有数据被故意篡改情况，可进行追责。

2. 流程创新

各部门从区块链上进行数据调用，确保各部门之间共享信息的一致性；分布式架构的区块链教育数据共享方案，突破了传统中心化模式，各院系直接从本节点获取数据，学生转学、升学响应更加迅速。

3. 模式创新

招生办、教务处、院系、就业、档案馆等学生信息管理中涉及的各方机构利用区块链系统实现授权机制下的信息公开和共享，降低沟通成本，提升教学管理效率。

"厚山链"还构建了高校联盟，打造行业标准链，实现高校间信息互享，在不建设中心化系统、不直接共享全部数据的情况下，满足院校之间信息的隐私保护与数据可信共享需求。

（四）"厚山链"河南省区块链高校联盟

1. 高校联盟简介

郑州大学在教育数字化转型升级方面已经开展了多年的创新研究，作为发起高校与河南省内外的 18 所高校签署了区块链联盟合作协议，共建省内外高校区块链联盟生态。

河南省区块链高校联盟基于"协同共治、开放共享、互信共识"的建设理念，以各高校作为联盟节点，将各高校相关数据存储在联盟链上，实现数据在联盟节点间实时同步，各个学校可快速查询所需数据。

河南省区块链高校联盟是一次推进人才培养机制改革的前瞻性探索，随着高校联盟合作逐渐走向多元化，"厚山链"促进了校际联盟的应用创新和生态创新，更充分地发挥联盟治理的作用，将促进高校联盟成员教育水平共同提高，不断提升高校的治理能力，助力现代大学治理体系建设。

2. 高校联盟部署架构

河南省区块链高校联盟以 ChainSQL 主子链技术为核心，具备国产自主

可控、灵活装配、软硬一体、开源开放等突出特点,各项性能国际领先,联盟高校共同维护主子链架构。

与以"自有云"为基础设施的国内大型区块链网络不同,高校联盟的主链节点支持华为云、阿里云、青云等云端部署和本地部署,实现了真正的从源头开始的分布式。

高校联盟的主子链技术和联盟链治理已在实际运转,在各高校子链中,区块链已结合具体场景实现落地。高校主链提供数据中台、账户管理、权限管理、数据监管等服务。高校子链提供不同业务场景,实现数据隔离和子链之间的数据互通。实现"建链即可用,上链即可用"。具体实现方案如图 3 所示。

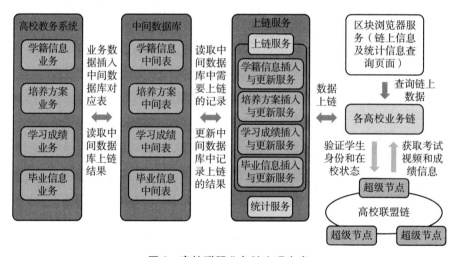

图 3　高校联盟业务链实现方案

3. 高校联盟治理

高校联盟的主链节点均为各地高校,多高校覆盖,保证了利益不相关性和审计独立性。高校节点间可以通过持续验证的联盟治理方式,真正实现分布式管理。

（1）发起提案

成员发起提案,包括新成员加入、开辟子链、改变治理规则等,设定截止时间。

（2）成员投票

所有高校联盟节点成员进行投票，可选通过/驳回/放弃投票，超过截止时间视为放弃投票。

（3）统计结果

到达截止时间统计投票结果，按照联盟规则（可通过此流程修改，初始设置为超半数投票同意即通过）统计提案是否通过。

（4）提案执行

如提案通过，则执行提案；否则不执行。

4. 河南省高校联盟选课平台

2022年3月，郑州大学与郑州轻工业大学、中原工学院、河南财政金融学院共建的河南省高校联盟选课平台正式启用。该平台是全国首个基于区块链技术的高校联盟选课平台，是郑州大学"厚山链"的应用拓展，实现了四所联盟高校之间的课程共享和学分互认。

通过河南省高校联盟选课平台，学生可以根据个人兴趣爱好在其他高校选择优质课程。同时，通过区块链互信机制，可以实现各高校之间课程共享、学分互认和数据互通，解决了高校学分不互认等痛点难题，提高了高校资源利用率，促进教育公平，提高教育质量，促进教育管理现代化。

不同于普通的线上教学，联盟高校课程共享做到了通过智慧教室实现跨校师生课堂互动，在丰富学生课程选择、加强师生互动交流的同时，也使教育资源深度共享的愿景成为现实，充分释放区块链赋能教育的创新力量。

（五）项目未来规划

未来，河南省区块链高校联盟将进一步推进区块链在教育领域的应用实践与实施路径的研究，完善本科教育管理机制，构建标准统一、数据规范的区块链联盟体系，推进基于区块链技术的科教互动，促进产学研合作，形成技术引领、产业融合的新机制。

同时，将继续探索共享教育资源、科研资源、实验室资源等，实现联盟内资源整合、信息共享、协调发展。依托区块链技术的创新应用，对行业发

展实施有效的数字治理，推动人才价值体系升级，为教育行业科技化、创新化发展提供驱动力。

（六）项目意义

1. 提升教育管理行业效率

"厚山链"作为基于区块链技术的人才培养全过程管理平台，树立了区块链赋能教育管理系统的"新标杆"，开启了"区块链+教育"联盟生态的新时代，对学校纪检监察部门、各部门管理人员、学生等都有重要意义。

对于学校纪检监察部门，"厚山链"项目实现了教育数据全生命周期管理和数据价值评价，实现了数据"谁登记、谁负责、谁受益"管理。

对于各部门管理人员，项目提供了有效的管理手段，有助于提升教育管理数据的安全性和可审计性，同时能够可视化管理数据生命周期的各个阶段，减少烦琐的多方审核流程，缩短业务处理时间，降低运营管理成本。

对于高校学生，区块链技术允许高校、用人单位进行跨系统、跨平台地查询学生在校的信息，可以提升用人单位信任度。

2. 助力教育行业数字化转型

郑州大学"厚山链"在教育领域的应用，将推进"区块链+教育"深度融合，构建安全、高效、可信的开放教育资源新生态，助力加快教育行业数字化转型。

"厚山链"项目积极探索高等教育创新发展路径，搭建高等教育人才培养全过程管理平台，推进了信息技术和高等教育的融合，提高了高等教育信息化管理水平，为提升高校治理能力、完善现代高校治理体系，进行了积极的探索。随着区块链技术与高等教育的不断深入融合，区块链技术将会促进高等教育领域产生更深层次的变化。"厚山链"也将成为教育行业的"新型基础设施"，"引爆"新一轮数字化教育浪潮。

五　总结展望

现阶段，信息技术在经济社会发展的各个领域和环节均发挥着重要作用，很大程度上改变了人们的生活、工作和学习。信息技术的日新月异，使社会结构呈现了许多新的特征，对高等教育人才培养体系提出了新的要求。

数字技术与教育的深度融合，已成为未来教育行业发展的重点方向。数字化转型不仅为教育行业的变革、升级、创新提供了有效的解决方案，也为积极解决研发设计能力不足、平台管理水平落后、行业标准不成体系等痛点难题提供了新契机。区块链作为价值互联网时代的核心技术，为教育管理的创新和变革提供了新的技术可能性。区块链技术将持续赋能教育领域，服务于国家战略，加快推进教育现代化，促进教育强国建设。

郑州大学"厚山链"适应数字化技术变革，积极探索区块链在人才培养全过程管理中的应用，共同构建高校区块链联盟生态，为教育与技术融合做出了示范。

参考文献

［1］商用密码产品认证证书，国家密码管理局商用密码检测中心。
［2］教育部科技发展中心：《中国高校信息化发展报告（2020）》，2021。
［3］陈桂香：《大数据对我国高校教育管理的影响及对策研究》，2017。
［4］蒋叶红：《对话理论视域中的高校学生管理研究》，2017。
［5］王婷：《区块链+教育的应用及挑战》，2019。
［6］杨现民、李新、吴焕庆等：《区块链技术在教育领域的应用模式与现实挑战》，2017。

经典应用案例
Topic Cases

B.22
招标采购行业混合链模式的应用研究

胡志高　张新芳　周怀珏　秦瑶瑶*

一　区块链技术在招投标行业应用分析

（一）政策背景

近年来，区块链技术应用于招投标采购行业得到了国家各部委的大力支持。

2018年12月，国家发改委下达课题要求中国招标投标协会组织中国招标投标公共服务平台开展"推进互联网＋招标采购，优化市场营商环境研究"的课题研究，目的是探索区块链技术在招标采购行业的应用实践，并在行业交易平台上开展试点实践验证。2020年4月，国家发改委发布《关于推进"上云用数赋智"行动　培育新经济发展实施方案》的通知（发改高技〔2020〕552号），旨在加快推进区块链技术在招标采购行业的应用。

＊　胡志高、张新芳、周怀珏、秦瑶瑶，北京中招公信链信息技术有限公司。

2020 年 7 月，国家发改委等 13 部门联合印发《关于支持新业态新模式健康发展激活消费市场带动扩大就业的意见》，提出探索运用区块链技术完善多元价值传递和贡献分配体系。

（二）行业现状及存在问题

招投标行业发展 30 多年来，随着招标采购业务的不断推进、政策制度的不断完善，传统线下纸质交易逐步转变为全流程电子化交易。然而，当前平台交易仍基于传统集中式数据库、中心化存储的架构模式，在电子化、无纸化发展背景下，面临诸多可信交易难题，如交易主体在交易过程中提供客观可信的交易证明存在难度，跨行业、跨区域资源共享难实现等，这些可信交易难题严重影响了交易平台的建设进程。

区块链技术能够保障主体可信、交易可信、协作共享，因此成为解决平台面临的难题、推进全流程无纸化发展的必然选择，尤其是在存证溯源、司法取证等方面更是大有作为。区块链技术能有效解决招投标行业"信任"危机，并实现可信认证，从而构建诚信交易市场体系。

二 中招公信链应用研究招标采购行业混合链新模式

中招公信链自 2020 年涉足招标采购行业，利用区块链技术解决交易流程中电子数据易变、易篡改、易丢失等普遍性难题，从而保障交易数据的真实性与完整性。2021 年，中招公信链已开通五级节点网络，覆盖上链存证查证等服务，满足企业在交易全流程的业务上链需求，2021 年接入行业司法链（北京互联网法院）——天平链二级节点。

为了满足行业交易平台对多元化业务的需求，结合内部交易和外部协同情况，中招公信链在原有服务体系下又提出了适用于招标采购行业的混合链新模式，即三层架构模式（见图 1）。

万链互联区块链中台实现了与上层应用的上链存证和用链查证业务应用的结合。该模式既融合了平台区块链两层架构模式的优点，又利用了混合链

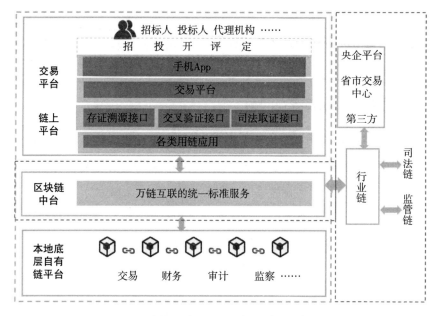

图1 中招公信链三层架构混合链新模式

新模式的优点，通过开放兼容的区块链中台，实现了平台链与行业链、司法链的交叉验证、跨链互证，共建行业联盟生态。同时，上层业务与下层区块链相分离，使统一标准的中台服务与任意的底层区块链平台兼容互通，减弱了业务系统对区块链系统的强依赖。

此外，还可以在传统的三层架构体系基础上，结合移动 CA 扫码和链上交互通道，构建满足平台专业化、个性化、多元化发展需求的"互联、互通、互信"新模式，提升平台可信交易水平，助力平台实现数字化转型，构建链上交易、链上交互、链上监管、链上治理的万链互联可信交易体系。

三 中招公信链简介以及混合链的优势

北京中招公信链信息技术有限公司是由中国招投标协会组织、中国招投标公共服务平台发起，联合国内领先的技术公司、业务公司等八家龙头企业共同组建的区块链高新技术企业。

中招公信链是北京中招公信链信息技术有限公司秉持"服务行业生态建设、助力招采可信安全"发展理念构建的业内规模最大、覆盖最广的行业联盟链。它采用混合链模式，将自有链、行业链及司法链相融合，在保证数据安全、保护隐私、自主管控的基础上，实现统一标准、跨链共享、交叉验证、行业互信。

1. 高适配本地应用场景

为交易平台量身定制专享区块链解决方案，高度适配招标采购行业实际应用场景，根据具体业务需求共建底层链，实现本地化业务上链，亦可自主开发链上应用，满足多元化业务发展需求。

2. 资源共享和交叉验证

为交易平台提供区块链中台服务，助力交易平台与联盟链和其他行业链的互联对接、跨链验证，打造去中心化、互联共享互通的招标采购生态联盟。

3. 互联对接司法链

助力交易平台与司法链进行互联对接，实现上链信息在司法链的上链存证、一键取证，使司法效应延伸至各交易平台。

4. 统一技术标准

采用"节点存证+行业联盟链+司法链"三层通用技术架构的行业统一技术标准，助力交易平台作为节点加入招标采购行业联盟链，共同打造数字化采购新生态。

5. 国产自主可控

采用自底向上全部国内自主研发的区块链技术，支持国密算法，为招标采购行业各类市场主体和用户提供可信可控的链上交易解决方案。

6. 构建可信赖生态联盟

采用分布式数据存储方式，通过三次 Hash 值的转换，助力招标采购交易全过程安全可信，构建值得信赖的生态交易体系。

四 交易平台运用混合链的案例实践

北京中招公信链信息技术有限公司作为将区块链技术应用于电子招标采购行业的首批高科技企业，结合各交易平台自身的业务情况提供混合链的建设方案，现已落地实施。

（一）交易平台运用混合链的建设特点

交易平台采取了灵活可选的底层自有链平台、标准互联的区块链中台、自建自适的业务链上层，搭建与数字交易平台业务系统平行、数据可自主管控的链上平台，并通过链上交互网络实现与行业链、司法链的互联对接、跨链验证。

（二）交易平台运用混合链的优势

交易平台实现快速建链，一方面节省建设成本，另一方面保障交易过程自主可控，实现对数据管控以及对用户隐私的保护，满足本地化交易需求。

采用区块链中台服务，通过区块链中台提供的标准化服务，实现与行业联盟链、司法链的互联对接、跨链验证，构建万链互联生态联盟。

支持自主研发链上应用。可以通过交叉验证链满足主体对文件跨平台进行交叉验证的需求，同时延伸其他业务链，满足多元化发展需求。

建设区块链账本，构建权威交易体系，通过三次 Hash 值转换，实现本地账本与行业账本和司法链账本对接，完成行业数据标准化、互通共享，各交易平台能够全权掌控交易账本，满足招标采购业务上链存证和用链需求。

设置本地存证平台，实现链上信息可管控，通过存证平台实现无纸化链上交易信息存证查证；通过可视化的管理平台，实现在交易平台上能够全面查看上链业务信息、过程信息、主体信息等。

　　基于区块链技术的存储模式，使交易平台能够对本地原始文件和归档文件进行加密保存，实现长久保存，保障无纸化交易过程安全可信。

　　交易平台集成行业主体 CA 互认服务——中招互连 App。为市场主体提供扫码认证服务，将主体交易和主体信息进行绑定，满足多级上链需求，实现上链信息可追溯、身份可确认，构建诚信交易体系。

B.23
区块链密码应用安全解决方案

鹿淑煜　董坤朋*

一　概述

随着区块链技术的广泛应用，区块链技术与实体经济正加速融合，区块链与各领域业务结合的场景不断涌现，应用规模也进一步扩大。随之而来的安全问题也愈发增多，区块链的主要价值体现在其提供的信任机制上，如果安全风险得不到有效控制，区块链技术的大规模应用将无从谈起。因此，在区块链技术高速发展的同时，利用技术手段实施安全治理与防范，构建安全的区块链体系，让区块链技术真正可信可靠，是这个行业要重点解决的问题之一。

二　需求分析

各领域在建设区块链系统的过程中，存在的安全隐患主要有以下几个方面。私钥以文件形式存储，面临泄露风险；使用伪随机数生成器生成交易密钥；敏感数据明文存储，容易造成数据窃取；通信链路不够安全，数据明文传输；使用开源密码协议，易被攻击。

针对以上的安全风险，需求如下。

私钥安全管理：区块链应用密钥生成后，使用硬件密码模块进行加密保护，在私钥使用及生命周期管理过程中禁止以明文格式导出，确保密钥管理

---

* 鹿淑煜、董坤朋，三未信安科技股份有限公司。

安全性。

真随机数生成：使用合规的物理随机源生成器生成真随机数，保证密钥生成质量。

敏感数据安全存储：敏感数据在区块链平台和业务系统均进行加密存储，防止黑客攻击、数据丢失等情况造成隐私数据泄露。

通信链路加密传输：区块链节点之间通信使用合规的密码算法建立安全通道链路，实现数据加密传输。

使用合规密码产品：使用合规的商用密码产品提供密码运算功能，确保区块链底层基础密码模块的安全性。

三　方案架构

（一）技术架构

针对区块链节点及用户业务系统在区块链平台各层面面临的一系列安全风险，三未信安提供相应密码安全解决方案，满足区块链平台各系统的密码应用安全需求。区块链平台密码应用安全技术架构如图1所示。

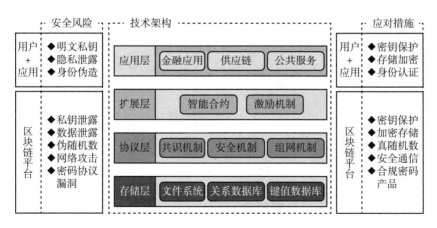

图1　技术架构

（二）部署架构

三未信安在为客户区块链平台提供安全解决方案的过程中，面向区块链技术架构，形成有针对性的一体化解决方案，满足区块链场景下各成员身份认证、区块链节点密钥安全管理、业务签名及账本数据保护等安全需求。

1.高性能服务器密码机

通过高性能服务器密码机模块封装区块处理流程，减少交易校验的过程，提高 Hash 计算和数据签名性能，使用 SM2 国密算法实现交易数据上链的安全签名，签名交易运算可达 30w/TPs。

2.密钥管理系统

密钥管理系统可提供区块链平台账户密钥、交易密钥、传输密钥、数据保护密钥的生成、安全下发等密钥生命周期统一管理功能。利用种子密钥管理及分层确定性多级子密钥生成机制，通过多级密钥体系结构，实现区块链链上交易数据的安全性，从而简化区块链平台与密码产品对接的复杂性，提高系统可伸缩性。

3.数字身份认证系统

利用数字身份认证系统，发挥区块链平台各节点数字身份证书签发功能。产品部署架构如图 2 所示。

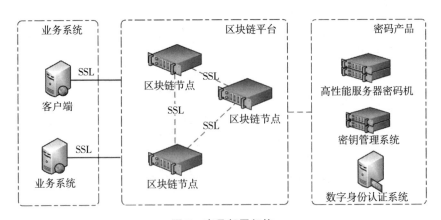

图 2　产品部署架构

四　方案优势

三未信安区块链密码安全解决方案具有较强的优势，具体如下。

（1）对区块链平台私钥安全存储、节点身份认证、链上数据保护等使用密码技术的模块进行安全加固，并提供国密算法支撑。

（2）提供支持区块链架构的高速服务器密码机等商用密码产品，满足区块链平台密码应用的安全需求。

（3）高速服务器密码机已经与 Fabric 区块链平台、FISCO BCOS 等开源区块链平台完成集成，可实现各业务领域下区块链平台与硬件密码产品的快速对接。

（4）三未信安牵头制定了 GM/T 0111-2021《区块链密码应用技术要求》行业标准，为企业区块链平台密码应用安全提供相应标准指导。

五　适用领域

该方案主要应用于联盟链技术平台，满足政务、金融、供应链等领域区块链技术平台中的密码应用需求。三未信安结合当前区块链应用对密码技术的需求提供成熟的商用密码产品，满足区块链系统在商用支撑体系下的密码安全应用需求。

六　应用案例

某市政务链搭建自主可控的区块链平台，构建政务服务中"一网通办""一次办成"等一体化服务体系，提高政务服务效率，降低社会成本。政务链平台在功能全面性、安全可靠性、密码合规性、自主可控能力等方面的创新为政务数据可信共享提供了新模式。三未信安区块链安全产

品融合政务链保险箱建设，提供高性能国密算法运算能力，满足区块链节点数据签名验签、数据加解密等功能需求，为区块链节点密钥安全保护、数据加密传输、数据加密存储、数据可追溯和数据便捷使用等提供了安全有效的密码服务支撑。

B.24
以区块链技术推动银行函证业务
数字化转型探索与实践

张 亮 周永红 侯 哲 母强生 李朋乐[*]

一 银行函证业务数字化转型的重要意义

银行函证是指注册会计师在审计工作中经企业授权后，独立向相关银行发送询证函，用以核实被审计单位账户及相关交易情况的一种审计程序。银行函证是注册会计师实行独立审计的核心程序之一，对识别财务报表错误与舞弊行为至关重要。对银行而言，虽然函证业务是一项基础性的常规服务，但其发生数量巨大，涉及大量上市公司，因而对效益的影响较大，而且有较强的风险外溢性。传统纸质函证存在回函效率低、安全性差、造假成本低等缺点，已无法适应当前信息化快速发展的需要。近几年，因函证回函问题造成的舞弊案件时有发生，给商业银行带来了一定的法律风险和声誉风险，给会计师事务所审计工作带来了不小的困难与挑战，也给资本市场的长期稳定发展带来了严重负面影响，损害了广大投资者的切身利益，相关问题引起了国家有关部门、人大代表、社会公众的广泛关注。因此，推进银行函证业务数字化转型具有重要意义且势在必行。

2020年8月，财政部、银保监会印发《关于进一步规范银行函证及回函工作的通知》（财会〔2020〕12号），2020年11月，银保监会办公厅印发《关于银行函证业务风险提示的通知》（银保监办发〔2020〕110号），明确要求推动银行函证数字化建设工作，鼓励第三方电子函证平台发展。

---

* 张亮、侯哲、李朋乐，中国银行业协会；周永红、母强生，工银科技有限公司。

2021 年 8 月，国务院办公厅印发《关于进一步规范财务审计秩序促进注册会计师行业健康发展的意见》（国办发〔2021〕30 号），指出要加强银行函证数字化平台建设，开展银行函证第三方平台试点工作并在上市公司年报审计中推广应用。2022 年 1 月，财政部、银保监会等 5 部门印发《关于开展银行函证试点工作的通知》（财会〔2022〕5 号），要求 32 家中央企业上市公司、7 家会计师事务所和商业银行在 2022 年审计高峰期开展银行函证试点工作。

二　区块链技术应用于银行函证业务的探索实践

国际上电子函证已被普遍使用，美国已经有超过 100 家银行不再回复纸质函证，国内部分银行也积极开展了函证电子化试点工作，通过银行与事务所系统直连收发函证，积累了宝贵经验。为进一步提升电子函证应用广度与深度，切实降低各方接入和使用的成本，市场迫切需要独立的、可信的、安全的、自动化程度高且可供多方参与的第三方电子函证平台。在银保监会、财政部的指导下，中国银行业协会牵头搭建了以区块链为底层技术的银行函证区块链服务平台（以下简称"平台"），为银行及会计师事务所提供电子函证收发服务，满足监管部门对银行函证业务数字化、规范化的转型要求。2020 年 12 月，平台正式对外发布，试运行一年多来，整体运行情况良好，已有 100 余家商业银行和近 200 家会计师事务所申请加入平台。

平台充分借助金融科技力量，通过数字化简化函证处理流程，有效避免了传统纸质函证模式的多种弊端。平台选择以区块链技术作为底层技术，依托区块链难篡改、分布式、可追溯的特性，高效对接银行和会计师事务所，加快了函证流转效率，大幅降低了回函时长，并有效避免了传统函证工作的弊端，减少、降低各关联方人工介入频次以及数据错漏和舞弊的风险，做到了"信息安全、数据可信、链路清晰、流程规范、业务高效"。同时，平台还有以下三方面核心优势。一是功能定位方面。提供 API 标准化接口和 B/S

网页客户端两种接入模式，可实现全流程线上函证操作，减少人工介入，降低数据错漏和舞弊风险。二是技术选择方面。选择自主可控、安全可信的底层区块链技术，确保各节点留痕可追溯，避免人工干预，提高函证公信力。三是安全应用方面。只保留函证传输过程信息，不保留函证数据信息，确保用户信息的隔离与保密，同时平台部署环境拥有金融级安全防护，可实现全天候安全稳定运行。

三　在电子函证平台中应用区块链技术的具体优势

"区块链+银行函证"场景结合，可有效解决传统纸质函证业务处理过程中人工干预导致的舞弊风险问题，实现降低函证业务过程中操作风险、法律风险和声誉风险的目标，提升银行函证流转质效，建立社会信用体系。基于区块链技术可实现函证流转信息上链加密存储，确保传输信息的真实可信，利用区块链技术搭建第三方电子函证平台，推进银行函证数字化转型具有以下三方面关键优势。

一是传统中心化的电子函证平台易篡改，存在与银行、审计单位合作造假的可能，并且造假记录无法追溯，缺乏有效的防范机制。银行函证区块链服务平台依托区块链数据上链之后难以篡改的特性，将函证进行哈希之后上链，利用链上哈希数据校验函证有效性，确保函证信息不被篡改。

二是传统中心化的电子函证平台往往因询证函涉及各银行隐私数据，对数据保密性要求高，而难以获得各银行信任，缺乏大规模推广条件。银行函证区块链服务平台依托区块链强大隐私安全体系与大规模组网能力，在满足各方数据隐私保护需求的前提下，具有大规模推广的可能性。

三是传统中心化的电子函证平台函证程序中的各项记录难以查找，监管成本高，导致监管工作难以执行。银行函证区块链服务平台利用区块进行链式存储，数据每一步操作都有准确记录并且难以篡改，实现了数据的可追溯、不可篡改、不可抵赖，分布式特性也易于监管接入，可有效降低监管成本，提升监管效率。

四　区块链技术在银行函证业务场景的应用流程

引入区块链技术，将电子函证申请、分发、授权、回函等全流程信息上传区块链保存，解决了电子函证业务过程的信任问题，平台各业务环节与区块链交互的流程如图1所示。

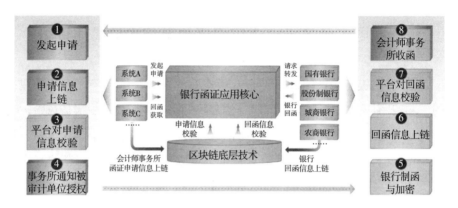

图1　银行函证区块链服务平台各业务环节与区块链交互

上述流程分为如下8个阶段。

（1）会计师事务所发起申请：会计师事务所业务人员需要函证的基本信息，并按照相应的函证格式模板制作函证申请，将申请信息加密后提交函证申请。

（2）会计师事务所上链存证：会计师事务所将函证申请报文及相关加密文件生成哈希摘要，并上链存证。

（3）平台校验函证申请信息：平台调用链上存证信息，与平台通过互联网收到的申请信息进行哈希摘要比对，确保平台接收的申请信息未篡改。

（4）被审计企业授权：被审计单位登录银行企业网银，进行授权、缴费操作，银行记录授权信息并将信息上链。

（5）银行制作函证与加密：银行汇集函证数据，制作回函文件，并对文件进行加密。

（6）银行将回函信息上链：银行对回函报文及加密文件生成哈希摘要，上链存证后，向平台进行回函。

（7）平台对回函信息校验：平台利用链上存证信息，确保平台接收的回函信息未篡改。哈希校验通过后，平台通知会计师事务所下载加密的回函文件。

（8）会计师事务所接收回函：会计师事务所从平台下载电子回函文件，使用会计师事务所私钥对电子回函文件进行解密，解密成功后可查看函证内部信息。

五　区块链技术推进银行函证数字化转型的前景展望

区块链技术在银行函证业务领域的运用，大幅提升了银行函证回函质效，将在以下方面充分发挥作用，实现多方共赢：一是有助于夯实市场会计信息质量，维护市场经济秩序，助力打赢防范化解金融风险攻坚战；二是有助于促进银行数据治理水平提升，加强内部控制，同时提升审计质量，保障银行信贷资产安全；三是有助于提升会计审计工作信息化水平，提升审计工作效率和质量，促进注册会计师行业高质量发展；四是有助于降低企业函证业务成本，降低实体经济负担，减少资源浪费，助力实现"双碳"发展目标。下一步，平台将在监管部门指导下，进一步扩大银行及会计师事务所接入规模，同时研究扩展平台用户类型，如集团财务公司、资产评估公司、证券公司、律师事务所等，共同打造数字化函证业务生态圈，促进函证业务朝着集约化、电子化、规范化和精细化的方向转型升级，助力打赢防范化解金融风险攻坚战。

参考文献

［1］《关于进一步规范财务审计秩序促进注册会计师行业健康发展的意见》（国办

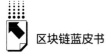

发〔2021〕30号）。

［2］《关于进一步规范银行函证及回函工作的通知》（财会〔2020〕12号）。

［3］《关于银行函证业务风险提示的通知》（银保监办发〔2020〕110号）。

［4］《关于开展银行函证试点工作的通知》（财会〔2022〕5号）。

［5］张亮、侯哲、李德林：《以区块链技术推动银行函证数字化》，《中国银行业》
2020年第9期。

B.25
隐私计算技术在数据要素流通
领域的探索与实践

顾冉 程烨*

一　数据流通面临安全挑战

随着数字化和信息化浪潮渗透到各行各业，我国数据服务市场已经到了前所未有的大爆发阶段，数据要素市场环境也呈现新形态。

（一）数据流通的市场需求显著增强

伴随着5G、物联网、云计算、工业互联网等技术的迅速发展，数据量已经进入爆发增长的阶段。海量数据的合理流通释放出巨大的社会经济价值。数据如水，能形成大江大河，滋润万物生长。当前，国内各行业对数据流通的需求日趋旺盛，IDC在2021年8月发布的《2021年V2全球大数据支出指南》中预测，到2024年全球大数据市场支出规模将达到约2983亿美元，而中国大数据市场规模也将超过200亿美元；毕马威在2021年4月发布的《2021隐私计算行业研究报告》中指出，国内隐私计算技术服务营收将在2024年触达100亿~200亿元。

（二）数据流通中的数据安全风险加剧

随着数据科学、人工智能、区块链等技术的快速发展和应用，数据蕴含的信息和价值日益彰显。数据的核心价值在于连接和共享，数据通过跨业

---

* 顾冉、程烨，杭州煜辰数智科技有限公司。

务、跨场景、跨行业的流通，进一步丰富了数据的样本量及维度，进而能催生更多的应用场景。由于数据具有易删、易改、易复制等特性，不可避免地会形成数据泄露、数据滥用等安全隐患。一方面，流通过程中机密数据和个人隐私存在泄露风险和安全隐患，加剧了监管机构、数据要素市场参与主体对数据流通问题的担忧；另一方面，在现有监管条件下，业界仍没有形成明确统一的数据权属规则，在数据流通链条中，如何确定数据的归属方、保证数据归属方的权益，尚待进一步形成共识。

二 隐私计算发展趋势

近年来，欧美各国及其他地区在隐私计算的政策、技术和业务领域也进行了积极广泛的探索实践。2019 年，信息技术研究分析机构 Gartner 首次将隐私计算列为处于启动期的关键技术；2020 年，Gartner 又将隐私计算列为2021 年企业机构九大重要战略科技之一，并预测隐私计算将迅速得到落地应用，预计到 2025 年应用范围将覆盖全球一半的大型企业机构。

随着我国数据相关立法进程的不断加快，相继出台数据安全、个人信息保护领域的法律法规。《数据安全法》《个人信息保护法》两部重要法律于2021 年的正式颁布实施，更是完善了国家数据相关立法的顶层设计。隐私计算作为数据应用与安全的平衡支点正成为国内数据流通领域最受关注的技术热点，国内已在金融、医疗、政务等行业领域开展相应场景实践。

隐私计算是面向隐私信息全生命周期保护的计算理论和方法，是隐私信息的所有权、管理权和使用权分离时隐私度量、隐私泄露代价、隐私保护与隐私分析复杂性的可计算模型与公理化系统。隐私计算技术是指在保护数据本身不对外泄露的前提下实现数据分析计算的技术体系，它涉及密码学、分布式计算、人工智能、数据科学等众多领域。与传统数据的使用方式相比，隐私计算更专注于数据使用过程和计算结果的保护，其目标是在保证数据安全的前提下实现数据价值的最大化。当前，隐私计算技术主要涵盖多方安全计算、联邦学习、可信执行环境、同态加密、区块链辅助的隐私计算等。

三　数据要素流通领域的落地实践

随着科技的进步，依托多方安全计算、联邦学习等隐私计算技术，行业一直在试图打造"数据可用不可见，数据不动价值动"的数据要素交易流通新模式，探索数据共享融合创新的新思路、新方向。在隐私计算的技术体系下，两个参与方或多个参与方在各自数据不出域的前提下，可以实现跨私域的联合运算、联合建模，从而解决数据隐私与数据共享融合的应用难题。

（一）政务数据开放共享场景

当前，随着政府数字化改革的推进，运用有效的方式解决政务"数据孤岛"的问题、建立政府部门间的数据开放共享平台成为一种创新尝试。比如，传统"数据仓库"式的数据开放平台由各数据主体将数据传输、汇集到平台上，供有数据权限的数据应用主体下载、获取、使用。此模式在数据时效性、数据应用落地适配度、数据安全保护、数据监管等方面都缺乏有效解决方案，收效甚微。

隐私计算技术的发展恰恰给政府管理变革带来新的契机。隐私计算、区块链技术在兼顾数据权属的同时，又能保障数据质量，提升数据共享的效率、效果，并可实现可追溯，有助于提升监管效率。

图1是一个典型的政务数据开放共享案例。该共享平台依托某省大数据局的公共数据服务平台，利用隐私计算平台搭建中间计算环境，联通与人行、税务、海关、公安等机构的交互网络，运用多方安全计算技术，各部门在自有网络内运算业务子模型，并将运算结果反馈回平台进行二次计算，从而在技术上实现"数据可用不可见，不拿数据拿结果"，在应用上实现"谁也不违规，谁都得实惠"的多赢效果，真正破解政府各机构数据共享难题。

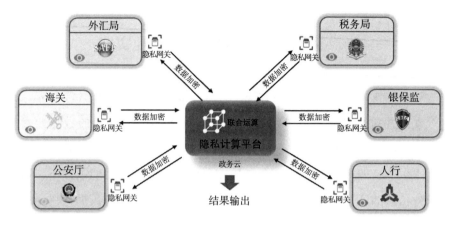

图1 某省政务数据开放共享平台

（二）普惠金融服务场景

隐私计算技术的核心优势是分离数据所有权、控制权和使用权，并开创"数据特定用途使用权流通"新范式。在此模式下，数据流通主体可以不再是原始数据或明文数据，而是具备特定价值的数据要素或数据标签，可以利用智能合约控制数据用途和用量，实现数据使用的可控、可计量。

同时，基于隐私计算技术还可有效缓解数据价值共享中面临的"不愿、不敢、不能"等难题，让数据资产价值化，强化数据资产运营能力，盘活数据资产，更好地释放数据价值，从而进一步激发金融业务创新动能。在联合风控的业务场景下，可以利用隐私计算技术，将市场监管、政务、税务、银行、社保、金融、信用体系等数据安全、有效地整合和利用，在保障数据安全和隐私的情况下推动数据的联合建模，实现对企业的精准刻画以及对企业风险的精准评估，从而赋能普惠金融、绿色金融、产业金融，使金融更好地服务于实体经济。

如图2所示，以金融综合服务隐私智能平台为例，该平台致力于支撑政府主导、企业运营的惠普金融服务体系，支持将政务数据与运营商、银行、

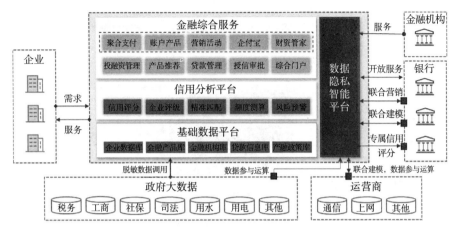

图2 普惠金融服务案例

融资担保等机构和企业线上对接，解决中小微企业融资难、融资贵等问题。通过该平台，引入政府合规数据源进行联合建模和评估，可以为企业提供量身定制的金融服务，驱动金融服务的精准投放。

（三）保险反欺诈业务场景

保险欺诈一直是保险业风险防控的痛点，尤其是车险、健康险、意外险等，而科技进步又使保险欺诈趋于专业化、隐蔽化、高科技化。

当下，保险公司、监管机构、执法部门等之间缺少数据安全协作的机制和技术支撑，这使保险机构在案件处理环节往往消耗大量人力和物力，没有风险预警和监测的有效手段，既对行业的稳定运行和消费者利益保护构成严重的威胁，又给保险公司风险防控带来巨大的挑战。

打造基于隐私计算的保险反欺诈方案，在保险公司、监管机构、执法部门等多方数据不出私域的前提下，各参与方进行联合建模，安全、有效地使用多方数据资源，在出险、核保和理赔过程中建立反欺诈预警机制，并利用图数据库及知识图谱技术，快速、准确地定位风险因子，发现可疑人员及团伙，从而满足智能化、自动化分析、研判和做出决策的需求（见图3）。

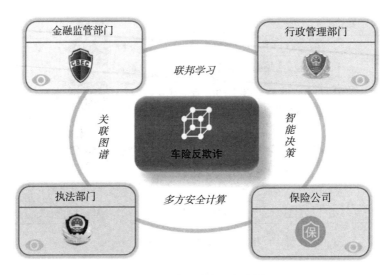

图 3 保险反欺诈业务案例

四 总结与展望

隐私计算将加速推动金融、医疗、政府、运营商、企业等实体的数字化转型，结合区块链、大数据、人工智能等创新技术，打造体系化的隐私计算行业解决方案，打通跨主体、跨行业、跨层级的数据生产要素，从而构建一个安全的数据要素流通交易体系，赋能数字经济领域，释放数据价值。

B . 26
基于区块链技术的数字藏品赋能实体产业探究与实践

杭州复杂美科技有限公司

一 数字藏品背景

（一）数字藏品的基础属性

数字藏品是数字化的收藏品，数字化是手段，本质是收藏品，一方面收藏品离不开其艺术属性或文化属性，另一方面数字藏品通过在区块链上生成独一无二、不可篡改的权利凭证，并将权利凭证流转在区块链上永久留痕，使其在创作、存储、复制、传播、溯源、鉴定等各个方面具有传统收藏品无可比拟的优势。

（二）国内数字藏品市场的发展与面临的挑战

2022 年 4 月，工业和信息化部工业文化发展中心发布《关于征集首批工业文化数字藏品的通知》。为落实国家"十四五"规划纲要和八部门联合印发的《推进工业文化发展实施方案（2021－2025）》，市场正在筹建工业元宇宙服务平台，并于 2022 年推出首批工业文化数字藏品。与此同时，国家卫星气象中心、人民日报社、上海交响乐团、嵩山少林寺等单位也相继发行了自己的数字藏品。由此可见，数字藏品具有广阔的发展前景，带来了一种新的营销模式，对数字藏品具有相同爱好的人能够构建相应的文化社区，而数字藏品则成为沟通的桥梁。然而，数字藏品作为新兴事物也面临诸多的挑战。

（1）目前市场上数字藏品金融属性占比过高，缺乏艺术属性和文化属性的数字藏品占据多数，炒作风险过高。

（2）作为新兴事物，公众认知不足，存在大量极具迷惑性的虚假诈骗项目，导致市场混乱。

二 基于区块链技术的西湖龙井数字藏品赋能实体案例

（一）背景信息

龙坞镇龙门坎村位于杭州市西湖区转塘街道西南部，有着悠久的产茶历史，具备深厚的茶文化积淀。

（二）总体方案

结合龙门坎村现状与数字藏品面临的重点问题，杭州复杂美科技有限公司构建了一个集合商品存证溯源、消费者验真防伪、链上购物、数字藏品的复合平台。基于 Chain33 区块链搭建的基础资源链，建设"上链购商城+上链查溯源"系统，同时结合一物一码一通证一藏品为消费者提供保真可验的购物体验。消费者在商城购物时，不仅可通过商品的存证哈希值查看溯源信息，下单后，订单、物流、用户信息绑定上链，保证货码人匹配，同时还可获得对应的数字藏品，数字藏品本身蕴含了品牌方的品牌文化，而品牌方通过数字藏品宣传品牌文化获取消费者的文化认同，以此提升商品销量，实现以虚促实。

（三）实现途径

1. 部署上链查存证溯源系统，实现信息共享，形成全链路闭环

利用区块链技术的去中心化的优势，整合 IoT 等物联网技术，搭建商品链上追溯平台，将产品研发、原料采购、生产、物流以及销售全环节的数据

实时上链，共享链上数据信息，使各环节信息连贯，形成产地、厂商到消费者的监管闭环。

2. 存证上链溯源

系统提供了上层存证溯源平台和下层区块链的对接，支持 JRPC、Java-SDK 等接口。SDK 中提供了区块链地址、私钥的生成、数据的签名、数据的上链、数据的加密。开放的标准接口可供第三方应用系统调用后根据约定的数据格式批量传输数据，对接上链；对于一些本身自带标准接口的第三方应用系统，也可以主动拉取数据后，调用接口批量上链。

3. 数字凭证发行

基于商品溯源存证数据和真实产量，发出每个商品对应的防伪数字凭证，系统在链上通过智能合约发行通证到企业账户，发行后即可与商品进行绑定，消费者在确认收货时，该商品对应的唯一编号将会转到用户账户，作为正品消费凭证。

4. 用户终端扫码验真

支持 PC、H5 展示方式，扫描二维码，可全程跟踪存证溯源流程，系统会多维度展示数据，上链数据清晰可见，用户可实时掌握存证溯源各个阶段的详细数据记录情况，将所有相关数据进行关联展示，通过对上链数据Hash 值的查询，可了解当前数据的所有关联数据，为方便查询上链时间排序，上链完成后系统生成一张防伪数字凭证，用户通过扫码溯源标签领取，只有有对应的防伪数字凭证的才是真正的龙门坎西湖龙井。区块链浏览器支持 PC、H5 展示方式，根据屏幕大小，自动配置。为方便管理，区块链浏览器研发数据统计功能，根据存证溯源中的资料计算数据结果，并对结果进行展示。

三　总结

龙门坎西湖龙井茶案例实现数字藏品对实体产业（龙井茶）的赋能，同时让数字藏品拥有茶文化属性。通过"区块链+龙井茶"模式，链接生

产、运输、仓储、交易等全过程，创新地根据实际茶叶产量将纸质防伪证明发行成数字凭证，形成具有信用价值的数据链，在消费者和农户之间架起了信任的桥梁；而数字藏品的趣味性及其蕴含的茶文化，增加了消费者对龙门坎西湖龙井的喜爱度与黏性，大大提升了销量，随着线下数字艺术展览的建设与数字藏品的权益赋能，龙门坎村的文旅经济将会进一步繁荣。

附　录

Appendixes

B.27

中国区块链发展大事记（2021）

1月5日　数字人民币在上海试点使用，首次实现脱离手机"硬钱包"支付模式。本次试点是继深圳、苏州手机扫码、碰一碰支付之后，在上海第一次实现脱离手机的"硬钱包"支付模式。

1月27日　国内首个自主可控区块链软硬件技术体系"长安链"发布。并推出供应链金融、碳交易等首批应用场景。国家电网、中国建设银行、腾讯、北京微芯研究院等27家成员单位共同签订倡议书，共建长安链生态联盟。

1月31日　中共中央办公厅、国务院办公厅印发《建设高标准市场体系行动方案》。方案提出，在强化市场基础设施建设方面，加大新型基础设施投资力度，推动第五代移动通信、物联网、工业互联网等通信网络基础设施，人工智能、云计算、区块链等新技术基础设施，数据中心、智能计算中心等算力基础设施建设。

2月1日　全国首个"区块链数字社区"在四川德阳国家级经开区乐安社区、东山社区和沂河社区落地示范，服务于社区治理、自治、民生服务和

基层党建，实现社区共建、共治、共享，服务于社区公益、志愿者活动、社区电商和闲置物品交换。

2月23日　兴业消费金融于正式上线区块链电子存证系统，运用区块链、大数据等新型信息技术手段，在充分保护数据安全的前提下，通过打通金融机构业务系统和法院金融案件办理系统的数据对接，完成贷后处置线上一体运行，开启了金融案件纠纷化解新模式。

3月13日　《中华人民共和国国民经济和社会发展第十四个五年规划和2035年远景目标纲要》发布。针对区块链技术，纲要提出：推动智能合约、共识算法、加密算法、分布式系统等区块链技术创新，以联盟链为重点发展区块链服务平台和金融科技、供应链管理、政府服务等领域应用方案，完善监管机制。

3月19日　工业和信息化部信息技术发展司负责人杨宇燕表示，要推动数字产业做大做强。围绕"十四五"规划纲要列出的七大数字经济重点产业、十大数字化应用场景，重点发力，以应用为牵引，推动大数据、人工智能、区块链等战略性新兴产业发展，着力培育开源生态，打造具有国际竞争力的数字产业集群。

3月26日　最高人民法院发布关于人民法院为北京市国家服务业扩大开放综合示范区、中国（北京）自由贸易试验区建设提供司法服务和保障的意见。其中提出，加强对量子信息、人工智能、高端芯片、区块链、生物医药、新材料等新科技革命和产业变革前沿领域的司法保护力度，依法保护对经济增长具有突破和带动作用的各类科技成果，总结提炼科技创新司法保护新规则。

4月25日　中国-东盟区块链公共服务平台——"桂链"平台正式发布，并启动全面接入国家级新型基础设施"星火·链网"。

4月26日　中共中央办公厅、国务院办公厅印发了《关于建立健全生态产品价值实现机制的意见》，并发出通知，要求各地区各部门结合实际认真贯彻落实。意见指出，要促进生态产品价值增值，建立生态产品质量追溯机制，健全生态产品交易流通全过程监督体系，推进区块链等新技术应用，实现生态产品信息可查询、质量可追溯、责任可追查。

5月18日 中国人民银行通过官方微信公众号发布《中国互联网金融协会、中国银行业协会、中国支付清算协会关于防范虚拟货币交易炒作风险的公告》。

6月7日 工业和信息化部、中央网络安全和信息化委员会办公室发布了《关于加快推动区块链技术应用和产业发展的指导意见》，明确指出，到2025年，我国区块链产业综合实力达到世界先进水平，产业初具规模。区块链应用渗透到经济社会多个领域，在产品溯源、数据流通、供应链管理等领域培育一批知名产品，形成场景化示范应用。

7月6日 人力资源和社会保障部联合市场监管总局、国家统计局正式发布9个新职业，其中有2个是区块链相关职业，名为区块链工程技术人员、区块链应用操作员，并正式纳入《中华人民共和国职业分类大典》。

7月16日 中国人民银行发布《中国数字人民币的研发进展白皮书》，对数字人民币体系的研发背景进行了详细阐释：（1）数字经济发展需要建设适应时代要求、安全普惠的新型零售支付基础设施；（2）现金的功能和使用环境正在发生深刻变化；（3）加密货币特别是全球性稳定币发展迅速；（4）国际社会高度关注并开展央行数字货币研发。

8月13日 北京市区块链技术应用协会组织举办了第二期"区块链应用架构师"岗位能力提升培训班，30余名培训学员参加了工信部人才交流中心《区块链产业人才岗位能力要求》考试。

8月18日 北京市政府印发《北京市"十四五"时期高精尖产业发展规划》，明确表示，打造面向未来的高精尖产业新体系，做优区块链与先进计算、科技服务业、智慧城市、信息内容消费这四个"北京服务"创新链接产业；力争到2025年区块链与先进计算产业实现营业收入超过6000亿元。

8月20日 十三届全国人大常委会第三十次会议表决通过《中华人民共和国个人信息保护法》（以下简称《个人信息保护法》）。该法自2021年11月1日起施行。这是一部全面规范个人信息保护，标志着我国数据安全

和个人信息保护已进入监管新时代。

9月24日 中国人民银行、中央网信办、最高人民法院、最高人民检察院、工业和信息化部、公安部、市场监管总局、银保监会、证监会、外汇局联合发布《关于进一步防范和处置虚拟货币交易炒作风险的通知》，严禁新增虚拟货币"挖矿"项目，加快存量项目有序退出。同时，通知也将虚拟货币"挖矿"活动列为淘汰类产业。

10月19日 国家标准《信息安全技术 区块链信息服务安全规范》（以下简称《安全规范》）研制启动会成功召开。此次会议由中国科学院信息工程研究所（以下简称信工所）组织承办。信安标委WG5组专家，信工所、浙江大学、中国电子技术标准化研究院、公安部第三研究所、北京大学、清华大学、中国信息安全测评中心、趣链、百度、腾讯、蚂蚁金服、京东、爱奇艺、人民网人民在线等近40家机构相关专业人员参与标准起草。

10月28日 Facebook宣布，把公司名称改为"Meta"，公司股票代码将从12月1日起变更为"MVRS。Facebook CEO马克·扎克伯格表示，元宇宙是下一个前沿领域，"下一个平台和媒介将是更加身临其境和具体化的互联网，你将置身于体验之中，而不仅仅是作为旁观者，我们称之为元宇宙"。

11月21日 嘉楠科技成功在纳斯达克挂牌上市，股票代码"CAN"。此次IPO发行价最终锁定为每股9美元，总计募资9000万美元。

11月22日 四川省推进数字经济发展领导小组办公室印发了《四川省"十四五"软件与信息服务业发展规划》。规划提出壮大发展信息服务业，围绕区块链等新兴领域关键共性技术着力发展突破，满足信息服务业的发展需求。加快发展新兴软件产业，主要针对人工智能、数字文创、区块链、卫星互联网、量子科技五大新兴领域，努力打造国内具有重要影响力的产业高地。

12月6日 科技部发布了国家重点研发计划"区块链"重点专项2021年度拟立项项目安排公示的通知，并公示了10个项目。其中包括"新型区块链体系架构设计理论与方法""区块链生态安全监管关键技术研究"等项目，承办单位包括 7 家高校、2 家研究院、1 家公司。

12 月 18 日　由北京区块链技术应用协会（BBAA）主办、北京中科金财科技股份有限公司联合主办，"2021 金融科技、监管科技、区块链蓝皮书发布会"成功举行。大会隆重发布《中国金融科技发展报告（2021）》、《中国监管科技发展报告（2021）》以及《中国区块链发展报告（2021）》年度蓝皮书。

12 月 22 日　中央网信办、中央宣传部、国务院办公厅等 17 个部门和单位发布《关于国家区块链创新应用试点入选名单的公示》，公示名单共 15 个综合性试点单位（地区）、164 个特色领域试点单位拟入选，覆盖实体经济、社会治理、民生服务、金融科技四个大类 16 个领域。

12 月 27 日　百度发布了首个国产元宇宙产品"希壤"，该产品打造了一个跨越虚拟与现实、永久续存的多人互动空间。依托百度大脑视觉、语音、自然语言理解技术以及百度智能云算力，"希壤"实现了 10 万人同屏互动和"万人演唱会级"真实声效还原。用户可实现在电脑、手机、可穿戴设备上登录"希壤"，创造专属的虚拟形象，完成听会、逛街、交流、看展等社交活动。

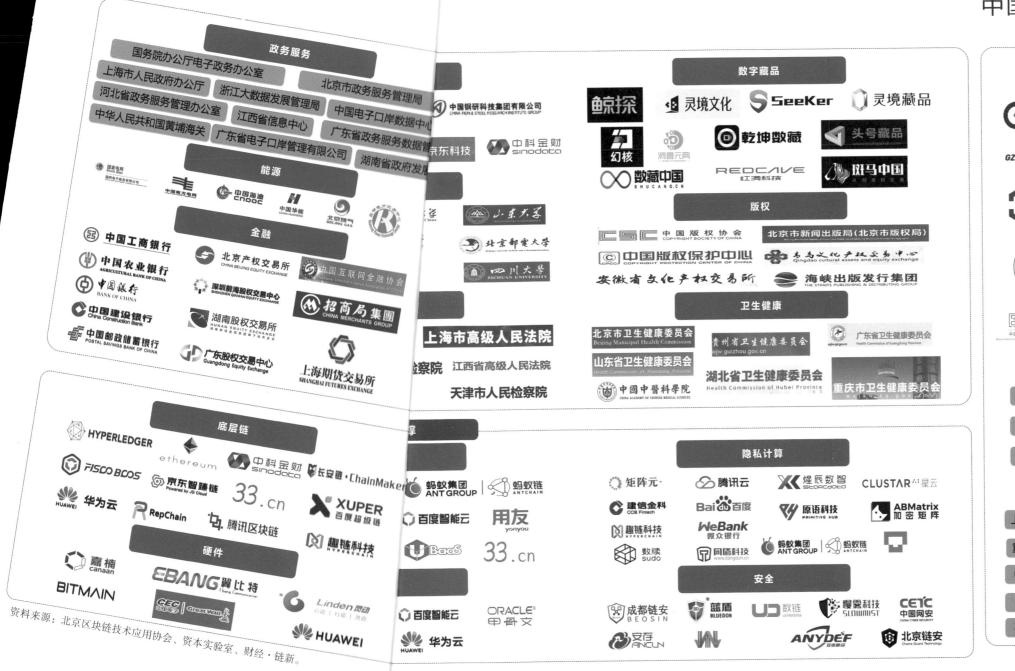

资料来源：北京区块链技术应用协会、资本实验室、财经·链新。

Abstract

Since 2021, blockchain has received new development opportunities, which are mainly reflected in the continuous maturity of technology and the continuous enrichment of application scenarios, especially the rise of the meta universe and the implementation of digital collections. It does not only give blockchain as an underlying technology more development opportunities, but also contain certain risks and challenges. The rapid development of blockchain has brought a new development stage of Internet 3.0. It has become an independent innovation technology and gradually separated from the development of virtual currency.

This book is divided into general report, policy and market, technology innovation, industry application and other parts. First, through the general report, it gives a comprehensive overview of the main features and potential risks of the development stage of Internet 3.0 brought about by blockchain technology, as well as the innovation and development strategies including distributed infrastructure, technological innovation, general standards, tax rules and the legal framework for DAO. Secondly, it discusses the relevant policies issued in the blockchain field in 2021, the overall development of the industry, the maturity of service capabilities and the security testing system of blockchain infrastructure. Thirdly, it describes the new trends in the development of blockchain technology in 2020. 2021 is a year when blockchain technology is developing towards refinement. There has been the integrated development of blockchain and other technologies, such as edge technology, privacy ledger, alliance chain platform construction, etc. Finally, this book studies some important scenarios for the implementation of blockchain in 2021. The application scenarios of blockchain in 2021 are more extensive, including government affairs, banking, industry,

energy conservation and environmental protection, digital collections, alliance chain, financing of small, medium and micro enterprises, higher education, Customs Trade and so on. They have made breakthroughs. They are widely used in various industries and cover a wide range of businesses. In addition, the book also shares cases of blockchain technology and applications, including bidding procurement, password application, bank letters, data element circulation and digital collections. In order to have a more comprehensive understanding of the specific situation and sub sectors of the development of China's blockchain industry in 2021, and to know the well-known enterprises of each track, this book also makes a summary of milestones and map retrieval description and analysis of blockchain for readers' quick view.

Keywords: Blockchain; Internet 3.0; Privacy Computing; Digital Collection; Industry Map

Contents

I   General Report

B. 1   Web 3. 0: A New Generation of Internet   *Yao Qian* / 001

Abstract: With the iterative innovation of various information technologies, the Internet is showing a trend of evolution to Web 3. 0. Web 3. 0 focuses on users, emphasizes users' own autonomy, and uses distributed ledger technology to build Distributed Public Key Infrastructure (DPKI) and a new trusted distributed identity management system. Web 3. 0 is a safe and credible value Internet, a new economic system jointly built and shared by users and builders, and a three-dimensional intelligent holographic Internet. As a credible end-to-end value transfer technology, distributed ledger technology will become the cornerstone of the meta universe economic system. In the development of Web 3. 0, we should be vigilant against industrial foam, capital speculation and application risks. The innovation and development strategy of Web 3. 0 includes distributed infrastructure, well governed technological innovation, common standards, clear and fair tax rules, legal framework for Dao, etc.

Keywords: Web 3. 0; Distributed Ledger; Meta Universe; Risk Supervision

区块链蓝皮书

II Policy and Market Reports

B . 2 2021 Chinese and Foreign Block chain Related Policies

Sorted and Analyzed   *Liang Wei, Ran Wei and Feng Peilin* / 015

Abstract: As block chain accelerates its integration into all areas of social and economic development, its application value continues to gain prominence and the associated risks are gaining attention. In this context, government departments in various countries continue to introduce relevant policies in 2021 to keep up with the pace of change. These policies cover three major themes: block chain industry applications, cryptocurrency regulation, and the issuance of digital currency by the People's Bank of China. Driven by policies, countries have formed different transmission effects in block chain industry ecology construction, block chain infrastructure building, block chain application activity, hot application areas, and application achievements. From the multi-dimensional comparative analysis at home and abroad, it can be seen that Chinese government departments have established the most systematic and perfect block chain policy environment in the world. At the same time, the block chain technology and industry landscape is still under rapid change, and domestic block chain policies will be continuously adjusted and optimized accordingly.

Keywords: Block Chain; Metaverse; New Infrastructure; Digital Economy; Industrial Policy

B . 3 Development and Research of Web 3. 0

Huang Jingyi, Zhu Yan and Zhu Peiyu / 032

Abstract: As a concept that continues to be hot since 2021, Web 3. 0 based on blockchain is becoming an inevitable trend of future Internet development, and has made certain progress in technological innovation, application scenarios and financial services. This article introduces the development of Web 1.0 to 3.0, Focus on the relationship between Web 3.0 and the Metaverse, discussing the situation of Web 3.0 in terms of technological innovation, social form development, social governance progress, etc. At the same time, it also pointed out the core application methods of Web 3.0 in the fields of digital asset confirmation and Decentralized Finance and Decentralized Autonomous Organization. Finally, it expounds the important impact of improving the value of data elements in the form of Internet 3.0 on the development of my country's digital economy.

Keywords: Web 3.0; Digital Economy; Metaverse; Blockchain

B.4   Research on Standardization of Blockchain Service
Capability Maturity   *Li Ming, Wang Chenhui and Xie Jilei* / 041

Abstract: At present, the application of blockchain has penetrated into many fields such as product traceability, data circulation, supply chain management, government services, energy and power, etc. It has gradually played a role in optimizing business processes, reducing operating costs, and building a credible system. With the continuous development of China's blockchain technology and industry, the comprehensive strength has continued to improve, and the scale of industrial has gradually expanded, the overall development trend is changing from product driven to service driven. Starting from the demand side of blockchain services, this paper uses the core ideas and methodologies such as CMMI and ITSS for reference, sorts out the evaluation elements of Blockchain services, studies the Blockchain service capability model, forms the basic framework of blockchain services, and explores and proposes a set of the evaluation system and requirements of blockchain service capability maturity, thereby promoting the industry to summarize, condense and improve the best practices of blockchain services, and promote the high-quality development of the blockchain industry.

Keywords: Blockchain; Blockchain Industry; Blockchain Services

B.5 Construction of a Blockchain Infrastructure Security

Evaluation System *Pan Yan, Zhong Fahui, Tong Wei,*

Yang Mengqi and Yu Yuzhou / 054

Abstract: As an important component of information infrastructure, blockchain has developed rapidly in recent years. While blockchain technology has continued to improve, the implementation of various applications also put forward new requirements for the function and performance of the blockchain. To cope with the problems such as weak technology independence of the underlying technology and insufficient attention to the technical compatibility, this paper proposes a blockchain infrastrcture security testing framework by studying the current status of localized infrastructure, the development of blockchain standards as well as testing experience. The blockchain infrastructure security testing framework aims to escort the security of Chinese blockchain infrastructure from the dimensions of function, performance, compatibility, etc.

Keywords: Information Infrastructure; Blockchain; Basic Hardware; Basic Software

Ⅲ Technology Innovation Reports

B.6 zkLedger++: An Enhanced Auditable Privacy Preserving

Ledger *Zhu Li / 065*

Abstract: How to balance the ability for verifiability and privacy protection for transactions is one of the main challenges to the blockchain technology. zkLedger, being the first ledger system which supports privacy preservation and third party auditing at the same time, was published by MIT Media Lab in NSDI'18 meeting. We proposed an enhanced version of this technology in this article, which is called zkLedger++. zkLedger++ can fix a severe security problem of zkLedger at a minor cost of performance. It can be leveraged by the banking or security industry in the construction of an auditable privacy preserving centralized or decentralized ledger.

Keywords: Blockchain; Zero Knowledge Proof; Privacy Protection; Surveillance; Banking System

B.7 Blockchain-based Privacy-Preserving Collaboration Platform

and Its Application in Data Factor Value Circulation

Wei Changzheng, Ding Hui, Yan Ying and Zhang Hui / 089

Abstract: With the rapid development of blockchain technology and step-by-step explorations of applications focusing. The data value circulation system driven by innovative technologies such as blockchain, big data, and privacy-preserving computing has become an indispensable pillar of the digital economy. This article introduces the value of data factor circulation and the challenges in data governance and innovation for the application of data circulation systems. Next, we analyze the main ideas of the integration of blockchain and privacy-preserving computing, including the use of the immutable nature of blockchain for privacy computing process tracing, and the use of blockchain in decentralized privacy-preserving computing orchestration and admission control among business stakeholders. After that, the design of ANTCHAIN blockchain-based privacy collaboration platform is proposed, including the innovative privacy-preserving collaboration architecture FAIR and its protocols, interfaces, language design, full data life cycle privacy protection, software and hardware integration and other technologies. Finally, we conclude this article with business applications of this platform in logistics finance, digital marketing and other scenarios.

Keywords: Blockchain; Private-Preserving Computing; Data Factor of Production; Data Circulation

B . 8　Blockchain Enables Cultural Industry Digitization

Xiao Wei，*Huang Yun* ／ 106

Abstract：The integration of culture and science and technology is the general trend. The national "14th Five-Year Plan" mentioned that "we should implement the digital strategy of the cultural industry, accelerate the development of new cultural enterprises, cultural formats and cultural consumption patterns". At present, the tide of digital collections is surging abroad, and the explosion of the digital cultural and creative industry shows the great potential of the deep integration of the cultural industry and blockchain technology. In China, there is a strong demand for content profit in art collection, audio-visual animation, cultural tourism and other industries. There is great potential to use blockchain technology to create more new business models for the cultural industry. As a leading blockchain technology provider, Baidu XuperChain has launched the Baidu XuperChain Digital Collection Platform and the Trusted Registration Platform. It integrates the innovation of blockchain technology and Internet technology, and pioneers the implementation of the de digital currency compliance incentive mechanism. With the help of standardized authorization and distribution mechanism, it integrates the digital collection into the scene end application of traditional Internet products, ensuring the ecological sustainable development of digital collections in an all-round way through standardized generation, trusted management and safe distribution of digital collections. Blockchain technology can promote the diversified development of the domestic digital cultural and creative market, and further tap the artistic, cultural and economic value of copyright works. It is expected that the space, scale and growth rate of the domestic digital cultural market will be very prospective in the future.

Keywords：Blockchain；Digital Collection；Metaverse；Digital Cultural Innovation；Cultural Industry

B.9 "Blockchain ＋" Multi Technology Integration Enables

Trusted Sharing and Use of Data   *Zhang Xiaojun* / 113

Abstract: Blackchain technology ensures secure data transmission and use through features such as anti-tampering and traceability. However, blockchain can only ensure of data on the blockchain. To ensure end-to-end security and trustworthinesss of data, blockchain needs to cooperate with other technologies. In this way, we can see that blockchain+IoT, blockchain+AI are complementary in technology capabilities and jointly maintain end-to-end secure data transmission.

Keywords: Blockchain Technology; Multi-Technology Fusion; On-chain and Off-chain Storage

B.10   Application Research of Blockchain and Edge Computing

Zhang Jinghui, Chen Chao / 128

Abstract: In the era of rapid development of the Internet, the importance of authenticity and integrity of data is self-evident, especially in sophisticated systems and transaction systems that require extremely high data. Blockchain is well known for its decentralization and immutability, however, blockchain does not guarantee the accuracy of the data entered on the chain. The purpose of introducing blockchain is to collect and manage data in a way that is beneficial to the participants, so the data used must be accurate, reliable and timely. As a high-tech product at the same time as the blockchain, edge computing may be the answer to solving the "first mile" of the blockchain. Integrating the blockchain into each layer of the edge computing architecture, combined with cryptographic technologies such as encryption authentication, solves the problem of data source and makes it possible to ensure the security of the entire data link. This paper gives an overview of blockchain and edge computing technology, analyzes the key stages included in the first mile of blockchain and some current solutions, and gives the motivation

requirements and basic architecture of blockchain integration of edge computing. Provide a reference for blockchain empowerment from the perspective of data integrity.

Keywords: Blockchain; Edge Computing; Internet of Things; Data Security

B.11 Research on Interoperation and Integration Mechanism Based on Consortium Blockchain Platform

Zuo Chun, Wang Yang / 138

Abstract: The application of consortium blockchain platform is equivalent to the many-to-many interoperation of applications based on ledger data structure. Compared with the traditional many-to-many interoperation, it requires a clearer division of labor. Based on the consortium blockchain platform, this paper studies the vertical interoperation and integration mechanism. Facing the requirements of complex scenarios, the data coupling mode based on the consortium blockchain ledger platform is studied. As the main direction of blockchain development, consortium blockchain relies on data structure specification to support the integration of the platform and application layers with other software, and information exchange. Based on this, this paper proposes the design and implementation method of the shared ledger data structure specification, and clarifies the key role of the alliance chain operation statement to support vertical interoperation and integration. In addition, this paper also puts forward the idea of building vertical interaction standards and classification standards for platforms and applications, and the division of labor strategy, which provide support for the practical application of consortium blockchain.

Keywords: Many-to-Many Interoperation; Vertical Packaging Integration; Shared Ledger Data Structure; Consortium Blockchain Division Mechanism

B.12   A Practice of Right to Data Portability Based on

Blockchain   *Yao Huiya, Li Bin and Gao Yuxiang* / 148

Abstract: Data is the core factor of production in digital economy. Topics such as to improve the production efficiency and promote the high-quality development of digital economy have been an important problem. Personal data makes up of the largest proportion among all types of data as well as carries a series of challenges in governance across various fields. Above all, transferring personal data between different institutions is a key challenge due to the inconsistence between the liability subject and the party in interest. Right to data portability is an innovative resolution that entitles the rights to individuals to transfer personal information between institutions. This article not only analyzes the advantages and disadvantages of platform-driven and government-driven models in secure storage, trusted transfer and collaborative production, but also proposes individual-driven practices based on blockchain particularly to realize the right to data portability.

Keywords: Right to Data Portability; Blockchain; Secure Storage; Trusted Transfer; Collaborative Production

B.13   The Basic Principle of zkEVM   *Zhu Li* / 164

Abstract: As the most recent development of zkRollup Layer 2 technology, zkEVM has become one of the most important research area of blockchains. Aims at providing the DApp developers with an easy to use and general purpose zkRollup solution, this technology has a vision of fully compatible with EVM, just to embrace the well developed ecosystems of EVM. zkEVM is the typical application of state of the art cryptography technologies in blockchains and its ideas can be referenced in other areas such as privacy computations. This article will provide a bird eye view to its fundamental principles.

Keywords: Blockchain; Zero Knowledge Proof; Virtual Machine; Polynomial Commitment

Ⅳ   Industry Applications

B.14   Improving the Effectiveness of Digital Governmental

Services Based on the ChainMaker

Beijing Municipal Administration of Government Services

and Beijing Academy of Blockchain and Edge Computing / 182

Abstract: The characteristics of multi-party consensus, tamper proof and traceable technology of blockchain highly match the development needs of trusted data sharing and efficient business collaboration faced by digital government. Blockchain has become the core technical force to promote the construction of digital government. Relying on the independent and controllable ChainMaker technology system and guided by governmental service application, taking the implementation of the National Blockchain Innovation Application Pilot Scheme as the main line, Beijing has built an integrated government digital service support system with blockchain core technology as the support, blockchain infrastructure as the base and blockchain governmental service application scenario as the driving force, providing blockchain application capacity of governmental service integration, including a set of blockchain computing infrastructure, a blockchain basic service platform and innovative application scenarios, foming the "1＋1＋N" mode. The ChainMaker integrated government digital service support system takes cracking the key problems, core bottlenecks, pain points and blocking points in the field of governmental services as the entry point and vital gripper, solidly promotes the application of blockchain in the whole field of governmental services, and promotes cross departmental and cross regional data circulation and sharing, business collaborative management and service efficiency improvement.

Keywords: ChainMaker; Blockchain; Baas Platform; Digital Governmental Service

B. 15　Practical Application of Digital Correspondence

　　　Infrastructure Based on Blockchain

BOYA Regulation and Compliance Blockchain

Technology Co. Ltd / 191

Abstract: The rapid development of modern information technology, especially the maturity of blockchain technology, provides an opportunity to put traditional offline confirmation into the digital practice. Based on the self-developed blockchain architecture and its distributed, tamper-proof and traceable technical advantages, the digital confirmation infrastructure is built to promote the intensive, standardized and digital development confirmation business. Digital confirmation solves the problem of "mutual trust" among banks, accounting firms and enterprises, and enhances the professionalism, uniformity and penetration of financial supervision at the same time. Promoting the digital confirmation is to consolidate the quality of confirmation and accounting audit, and provide effective support for optimizing the business environment and alleviating the difficulty and high cost of financing for small and medium-sized enterprises.

Keywords: Blockchain; Confirmation; Digitization Auditing; Mutual Trust

B. 16　Industrial Internet Public Service Platform Empowers

　　　Supply Chain Financial Risk Control

Wang Hui, Li Yu and Wang Jiaojie / 201

Abstract: Industry is the core subject of the national economy. In recent

years, the Party Central Committee and the State Council have attached great importance to financial services in the industrial field, especially increasing the financial services assistance to small and medium-sized industrial enterprises, so as to stabilize and activate the operation of the entire "industrial chain". Small and medium-sized enterprises are controlled by the domestic financial risk prevention and control mechanism. Under the normal situation of the epidemic, the difficulty and high cost of financing are more prominent, and the operation of the industrial economy is facing great downward pressure. The public service platform based on blockchain provides a good medicine for the financing of small and medium-sized industrial enterprises and a reliable basis for the risk assessment of financial institutions. The public service platform integrates emerging technologies such as blockchain, Internet of things, privacy computing, etc., draws on, analyzes, and forms a data risk assessment model of mutual recognition among financial institutions, creates a credible and dynamic data ecological pool, and truly realizes the transformation of static risk assessment into a new dynamic, reliable, and reliable leap forward risk assessment model. At the same time, in the context of the national unified market, the public service platform helps to optimize the industrial chain, becomes an important support for enterprises' international competition, and promotes the high-quality development of China's economy, stability and long-term development.

Keywords: Public Services; Dynamic Risk Control; Blockchain; Credible Service

B. 17 Research on Blockchain-based Trusted Carbon Emission
Data Management

Zhao Tong, Gu Qingshan, An Li, Xu Shaoshan

and Dong Ning / 206

Abstract: The key of dual-carbon strategy's effective applications and implementations would be the dual-carbon data management and certification model, which shall be credible and effective. Thus, OneConnect, together with China Quality Certification Center (aka: CQC) and China Mobile, has developed " Blockchain-based Carbon Emission Data Management Platform". With blockchain utilized as the infrastructure, firstly, the platform manages the entire data process, from data collection to data analysis; secondly, the platform collaborates with software and hardware systems such as IoT devices and existing information systems. Based on this, the platform supports a more credible carbon system, including emission data managements and carbon emission certifications. Also, the platform would be the credible basis for carbon asset management. The platform has been selected as the national "blockchain + energy" pilot, and won CAICT High-value Case Award.

Keywords: Blockchain; Carbon Emission Management; Carbon Assets

B. 18   Application Practice of Digital Collections Based on Blockchain

Sun Rong, Xia Ning, Yuan Liwei and Chen Mincong / 219

Abstract: The power of technology is changing day by day, the charm of culture is everlasting, the integration of technology and culture makes the digital cultural industry come into being. In the past year or so, the digital culture industry has been booming and digital collections have been developing like wildfire, injecting new vitality into the digital economy. In this paper, the study compares the relevant contents of digital collections in four dimensions: the background of digital collections generation, the concept of digital collections, the current situation of domestic and international development, and the application value and challenges, in order to form an overall knowledge of digital collections. Taking the WhaleQuest digital collection platform as an example, as a leading digital collection platform in China, it further realizes cultural value,

artistic value and economic value through the integration of blockchain technology and Internet innovation technology, and it is believed that with the promotion of blockchain and other technologies, it will help push China's cultural and creative industry to a new stage.

Keywords: Blockchain; Digital Collections; Application Practice

B.19 Scenario Exploration and Application Practice on Backbone Nodes of Xinghuo BIF

Jin Jian, Luo Song, Ma Chao, Zhang Yu and Chen Chang / 233

Abstract: Xinghuo Blockchain Infrastructure Facility (Xinghuo BIF) is a "new infrastructure at the national level" oriented to the digital economy with the vision of promoting the development of industrial Internet and industrial digitization transformation, enhancing the capability of independent innovation and technological capacity building, and further improving the capability of blockchain independent innovation. The backbone node is the industry side of the Xinghuo BIF, and the ecological role in the whole system is very important. This report mainly introduces the Xinghuo BIF and the backbone nodes, focusing on the Xinghuo BIF backbone nodes (Kunshan) and Xinghuo BIF backbone nodes (Jiaozhou) as examples, explaining the construction scheme of the backbone node, the application scenarios after it is online, and summarizing the construction results of the backbone node.

Keywords: Blockchain; Xinghuo BIF; Backbone Node; New Infrastructure

B. 20   Application of Blockchain Technology in Financing of

Micro, Small and Medium-Sized Enterprises

MuRong Muti-Regional Group / 242

Abstract: With the development of economy, micro, small and medium-sized enterprises have become the main force to promote the high-quality development of China's economy. Firstly, this paper analyzes the importance of MSMEs to China's economic development, and points out the problems such as insufficient internal financing, difficult external financing, less effective anti-collateral assets, and imperfect capital market credit guarantee system. Based on the problems existing in the current financing of MSMEs, the application value of blockchain in the financing field of MSMEs is analyzed, and three models of "blockchain bank lending service", "blockchain + supply chain finance" and "blockchain + comprehensive financial service platform" are established by using the characteristics of blockchain such as tamper-proofing, traceability and decentralization and the relevant theories of traditional bank credit, supply chain finance and financial service platform to find a breakthrough for the financing difficulties of micro, small and medium-sized enterprises. Finally, this paper discusses the practice and significance of blockchain technology in the financing of MSMEs by taking "Mu Rong Xinyuan blockchain" as an example.

Keywords: Blockchain; Supply Chain Finance; Financing of MSMEs

B. 21   Application of Blockchain in Higher Education Management

Yan Ting, Li Mengyao, Hu Feng, Yang Dajiong

and Chen Honggang / 255

Abstract: In recent years, with the continuous advancement of China's higher education reform, the data and information of higher education management are increasing, and the traditional higher education model is facing

great challenges. This report starts from the development background of my country's higher education informatization, and systematically analyzes the top-level design problems faced in the field of higher education management, low rate of resource sharing, and low rate of collaborative innovation. Taking Zhengzhou University's "Houshan Chain" as a typical case, through the application of blockchain technology, it can solve the problems of information asymmetry, difficult data maintenance, user distrust, difficult responsibility determination, untrustworthy data, and difficult system connection in higher education management, etc. Houshan Chain effectively empowers education management, optimally realizes higher education data life cycle management and data value evaluation, and lays a solid and credible foundation for promoting the better development of talent training. This report further introduces the blockchain university alliance in Henan Province established by "Houshan Chain" to realize the application innovation and ecological innovation of the inter-school alliance.

Keywords：Blockchain；Higher Education；Educational Management

V Topic Cases

B.22 Research on the Application Of Hybrid Chain Model in
the Bidding and Procurement Industry

Hu Zhigao，Zhang Xinfang，Zhou Huaijue and Qin Yaoyao / 270

B.23 Blockchain Cryptographic Application Security Solutions

Lu Shuyu，Dong Kunpeng / 276

B.24 Exploration and Practice of Digital Transformation of
Bank Correspondence Business Promoted by
Blockchain Technology

Zhang Liang，Zhou Yonghong，Hou Zhe，

Mu Qiangsheng and Li Pengle / 281

B . 25 Exploration and Practice of Privacy Computing Technology
in the Field of Data Element Circulation

Gu Ran , Cheng Ye / 287

B . 26 Exploration and Practice of Blockchain Technology Based
Digital Collection Empowering Real Industries

Hangzhou Fuzamei Technology Co. , Ltd. / 293

Ⅵ Appendixes

B . 27 The Memorabilia of Blockchain in China （2021）   / 297
B . 28 Blockchain Industry Map in China （2021）   / 303

社会科学文献出版社

皮 书

智库成果出版与传播平台

❋ 皮书定义 ❋

皮书是对中国与世界发展状况和热点问题进行年度监测，以专业的角度、专家的视野和实证研究方法，针对某一领域或区域现状与发展态势展开分析和预测，具备前沿性、原创性、实证性、连续性、时效性等特点的公开出版物，由一系列权威研究报告组成。

❋ 皮书作者 ❋

皮书系列报告作者以国内外一流研究机构、知名高校等重点智库的研究人员为主，多为相关领域一流专家学者，他们的观点代表了当下学界对中国与世界的现实和未来最高水平的解读与分析。截至 2021 年底，皮书研创机构逾千家，报告作者累计超过 10 万人。

❋ 皮书荣誉 ❋

皮书作为中国社会科学院基础理论研究与应用对策研究融合发展的代表性成果，不仅是哲学社会科学工作者服务中国特色社会主义现代化建设的重要成果，更是助力中国特色新型智库建设、构建中国特色哲学社会科学"三大体系"的重要平台。皮书系列先后被列入"十二五""十三五""十四五"时期国家重点出版物出版专项规划项目；2013~2022 年，重点皮书列入中国社会科学院国家哲学社会科学创新工程项目。

皮书网

（网址：www.pishu.cn）

发布皮书研创资讯，传播皮书精彩内容
引领皮书出版潮流，打造皮书服务平台

栏目设置

◆ **关于皮书**

何谓皮书、皮书分类、皮书大事记、
皮书荣誉、皮书出版第一人、皮书编辑部

◆ **最新资讯**

通知公告、新闻动态、媒体聚焦、
网站专题、视频直播、下载专区

◆ **皮书研创**

皮书规范、皮书选题、皮书出版、
皮书研究、研创团队

◆ **皮书评奖评价**

指标体系、皮书评价、皮书评奖

◆ **皮书研究院理事会**

理事会章程、理事单位、个人理事、高级
研究员、理事会秘书处、入会指南

所获荣誉

◆ 2008 年、2011 年、2014 年，皮书网均
在全国新闻出版业网站荣誉评选中获得
"最具商业价值网站"称号；

◆ 2012 年，获得"出版业网站百强"称号。

网库合一

2014 年，皮书网与皮书数据库端口合
一，实现资源共享，搭建智库成果融合创
新平台。

皮书网

"皮书说"
微信公众号

皮书微博

权威报告·连续出版·独家资源

皮书数据库
ANNUAL REPORT(YEARBOOK)
DATABASE

分析解读当下中国发展变迁的高端智库平台

所获荣誉

- 2020年，入选全国新闻出版深度融合发展创新案例
- 2019年，入选国家新闻出版署数字出版精品遴选推荐计划
- 2016年，入选"十三五"国家重点电子出版物出版规划骨干工程
- 2013年，荣获"中国出版政府奖·网络出版物奖"提名奖
- 连续多年荣获中国数字出版博览会"数字出版·优秀品牌"奖

皮书数据库

"社科数托邦"
微信公众号

成为会员

　　登录网址www.pishu.com.cn访问皮书数据库网站或下载皮书数据库APP，通过手机号码验证或邮箱验证即可成为皮书数据库会员。

会员福利

- 已注册用户购书后可免费获赠100元皮书数据库充值卡。刮开充值卡涂层获取充值密码，登录并进入"会员中心"—"在线充值"—"充值卡充值"，充值成功即可购买和查看数据库内容。
- 会员福利最终解释权归社会科学文献出版社所有。

社会科学文献出版社 皮书系列
SOCIAL SCIENCES ACADEMIC PRESS (CHINA)
卡号：377317353276
密码：

数据库服务热线：400-008-6695
数据库服务QQ：2475522410
数据库服务邮箱：database@ssap.cn
图书销售热线：010-59367070/7028
图书服务QQ：1265056568
图书服务邮箱：duzhe@ssap.cn

基本子库
SUB DATABASE

中国社会发展数据库（下设 12 个专题子库）

紧扣人口、政治、外交、法律、教育、医疗卫生、资源环境等 12 个社会发展领域的前沿和热点，全面整合专业著作、智库报告、学术资讯、调研数据等类型资源，帮助用户追踪中国社会发展动态、研究社会发展战略与政策、了解社会热点问题、分析社会发展趋势。

中国经济发展数据库（下设 12 专题子库）

内容涵盖宏观经济、产业经济、工业经济、农业经济、财政金融、房地产经济、城市经济、商业贸易等 12 个重点经济领域，为把握经济运行态势、洞察经济发展规律、研判经济发展趋势、进行经济调控决策提供参考和依据。

中国行业发展数据库（下设 17 个专题子库）

以中国国民经济行业分类为依据，覆盖金融业、旅游业、交通运输业、能源矿产业、制造业等 100 多个行业，跟踪分析国民经济相关行业市场运行状况和政策导向，汇集行业发展前沿资讯，为投资、从业及各种经济决策提供理论支撑和实践指导。

中国区域发展数据库（下设 4 个专题子库）

对中国特定区域内的经济、社会、文化等领域现状与发展情况进行深度分析和预测，涉及省级行政区、城市群、城市、农村等不同维度，研究层级至县及县以下行政区，为学者研究地方经济社会宏观态势、经验模式、发展案例提供支撑，为地方政府决策提供参考。

中国文化传媒数据库（下设 18 个专题子库）

内容覆盖文化产业、新闻传播、电影娱乐、文学艺术、群众文化、图书情报等 18 个重点研究领域，聚焦文化传媒领域发展前沿、热点话题、行业实践，服务用户的教学科研、文化投资、企业规划等需要。

世界经济与国际关系数据库（下设 6 个专题子库）

整合世界经济、国际政治、世界文化与科技、全球性问题、国际组织与国际法、区域研究 6 大领域研究成果，对世界经济形势、国际形势进行连续性深度分析，对年度热点问题进行专题解读，为研判全球发展趋势提供事实和数据支持。

法律声明

"皮书系列"（含蓝皮书、绿皮书、黄皮书）之品牌由社会科学文献出版社最早使用并持续至今，现已被中国图书行业所熟知。"皮书系列"的相关商标已在国家商标管理部门商标局注册，包括但不限于 LOGO（▓）、皮书、Pishu、经济蓝皮书、社会蓝皮书等。"皮书系列"图书的注册商标专用权及封面设计、版式设计的著作权均为社会科学文献出版社所有。未经社会科学文献出版社书面授权许可，任何使用与"皮书系列"图书注册商标、封面设计、版式设计相同或者近似的文字、图形或其组合的行为均系侵权行为。

经作者授权，本书的专有出版权及信息网络传播权等为社会科学文献出版社享有。未经社会科学文献出版社书面授权许可，任何就本书内容的复制、发行或以数字形式进行网络传播的行为均系侵权行为。

社会科学文献出版社将通过法律途径追究上述侵权行为的法律责任，维护自身合法权益。

欢迎社会各界人士对侵犯社会科学文献出版社上述权利的侵权行为进行举报。电话：010-59367121，电子邮箱：fawubu@ssap.cn。

社会科学文献出版社